I. Wort- und Sacherklärungen

Vorrede

3,4 f. *Operationen:* Tätigkeiten; von lat. opera.

3,8 *geizen:* gierig streben; Geiz hat urspr. die allgemeinere Bedeutung von ›Gier‹.

3,9 f. *drei außerordentliche Menschen:* ganz sicher Franz und Karl Moor; ob die dritte Person, wie Herbert Stubenrauch in der Nationalausgabe von Schillers Werken (NA III, 391) annimmt, Spiegelberg ist oder nicht doch Amalia, sei dahingestellt. Für Spiegelberg plädiert neuerdings wieder Hans Mayer, »Der weise Nathan und der Räuber Spiegelberg. Antinomien der jüdischen Emanzipation in Deutschland«, in: Jahrbuch der Deutschen Schillergesellschaft, 17. Jg. (1973) S. 269.

3,11 *Räderchen:* Terminologie in der Tradition der Aufklärung: Die innermenschlichen Vorgänge werden als eine Maschine gesehen, bei der zum Funktionieren Räder ineinandergreifen; vgl. S. 4,1 f.

3,13 *Geisterkenner:* Seelenkenner.

3,16 *Palisaden:* Das Lehnwort (von lat. palus, Pfahl) bezeichnet eine dichte Pfahlreihe, die früher zum Schutz von Befestigungen gebräuchlich war. Schiller meint hier Einschränkungen, die die drei dramatischen Einheiten darstellen; vgl. S. 12,3 f.; 20,29 *verpalisadieren.*

Aristoteles: wirkungsmächtigster griech. Philosoph der Antike (384–322), dessen unvollendet überlieferte »Poetik« das abendländische Grundwerk für die Gesetze der dramatischen Kunst wurde. Man entnahm aus der »Poetik« die drei Einheiten für die Tragödie, deren Diskussion zu Schillers Jugend durch Gotthold Ephraim Lessings »Hamburgische Dramaturgie« (1767–69) aktuell war. Nach den Gesetzen der drei Einheiten sollte die Tragödie (a) am selben Ort, (b) innerhalb eines Sonnenumlaufs, also eines Tages, (c) bei strenger Konzentration auf nur eine Handlung sich abspielen.

3,17 *Batteux:* Charles Batteux (1713–80), frz. Kunsttheoretiker, nach dem die Kunst die Aufgabe hat, die Schönheit der Natur nachzuahmen, um die Seele zu Gott zu erheben. Batteux forderte die strikte Anwendung der Aristotelischen Einheiten im Drama. Beide Autoren erscheinen Schiller als Repräsentanten derjenigen Kunstauffassung, die die Daseinsfülle durch engstirnige Kunstgesetze verkrüppelt.

3,19 *verbannet:* Erst im 19. Jh. fällt das -e- der Präsensendung bei der 3. Pers. Sing. durchgängig aus.

3,20 *Ökonomie:* eigtl. Wirtschaftlichkeit, hier: Aufbau, Konzeption; urspr. Hausverwaltung; von griech. oikeo, ›ich bewohne‹ und nemo, ›ich teile zu‹.

3,23 *ist in diese Notwendigkeit gesetzt:* ist vor diese Notwendigkeit gestellt.

3,25 *idealische Affektationen:* in der Wirklichkeit nicht vorkommende Geziertheiten; idealisch = nur in der Idee existierend; Affektationen von lat. affectatio, Künstelei. – Die starke Adjektivendung nach unbestimmtem Zahlwort oder Artikel war im 18. Jh. verbreitet und taucht in den »Räubern« häufig auf; vgl. etwa 5,7 *diese mutwillige Schriftverächter;* 11,11 *meine arme Lippen.*
Kompendienmenschen: Menschen, die es nicht in der Wirklichkeit, sondern nur zu Lernzwecken in Lehrbüchern gibt; compendium, lat., ›Abkürzung, Richtweg‹, daher: Lehrbuch.

3,28 *Kolorit:* Färbung, Farbwirkung; von lat. coloratus, ›gefärbt‹.

3,32 *kolossalischen Größe:* ungeheuerlichen Größe; das Adj. ist von lat. colossus, ›riesenhafte Erscheinung‹ abgeleitet.

3,34 *Labyrinthe:* Irrgänge; von griech. labyrinthos, ›Haus der Doppelaxt‹.

4,2 *in Franzen:* heute veraltete schwache Beugung. Zu Schillers Zeit war es üblich, auch Eigennamen zu deklinieren, was in den »Räubern« durchgängig geschieht.

4,3 *Abstraktionen:* Verallgemeinerungen, Begriffe; von lat. abs-trahere, ›abziehen‹.

4,4 *skelettisiert die richtende Empfindung:* nimmt das Fleisch, das ihr Leben ausmacht, von ihr und läßt nur das Knochengerüst übrig.

4,6 *den wir ihm nicht beneiden:* um den wir ihn nicht beneiden. In Analogie zu lat. und frz. Formen ist im 18. Jh. ›beneiden‹ mit Dat. der Person und Akk. der Sache aufgekommen. Bei Schiller noch in den späteren Stücken.

Erläuterungen und Dokumente

Friedrich Schiller
Die Räuber

HERAUSGEGEBEN VON
CHRISTIAN GRAWE

PHILIPP RECLAM JUN. STUTTGART

Friedrich Schillers Schauspiel »Die Räuber« liegt unter
Nr. 15 in Reclams Universal-Bibliothek vor. Auf diese
Ausgabe beziehen sich auch die Seitenverweise

Universal-Bibliothek Nr. 8134 [3]
Alle Rechte vorbehalten. © 1976 Philipp Reclam jun., Stuttgart
Gesamtherstellung: Reclam, Ditzingen. Printed in Germany 1982
ISBN 3-15-008134-3

4,10 *Mißmensch:* übel geratener Mensch; im Grimmschen
Wörterbuch nur die vorliegende Stelle angegeben.

4,11 *Konterfei:* Abbild; von frz. contrefaire, ›nachmachen‹.

4,12 *Mechanik:* Vgl. Anm. zu 3,11.

4,23 *bekömmt:* Schon das Mhd. kennt nebeneinander die
Formen ›komen‹ und ›kömen‹. Die umgelauteten Formen
sterben gegen Ende des 18. Jh.s aus.

4,23 f. *Brutus:* Stubenrauch (NA III,392) bezieht den Namen auf den ersten röm. Konsul Lucius Junius Brutus;
näher liegt aber wohl der Cäsar-Mörder Marcus Junius
Brutus (um 85 bis 42), den Schiller in den »Räubern« *den
letzten aller Römer* (S. 109,33) nennt und den er auch in
»Fiesco«, V,5, erwähnt. Er war zudem ein Zeitgenosse
des Catilina.

4,24 *Catilina:* korrupter röm. Politiker, der 63 v. Chr. den
Sturz der Regierung versuchte, aus Rom vertrieben und
in der Schlacht bei Pistoria geschlagen und getötet wurde.
Er lebt in der Nachwelt durch Ciceros Senatsreden gegen
ihn und durch Sallusts Werk über die catilinarische Verschwörung.
Konjunkturen: Schicksalsverkettungen; von lat. coniunc-
tio, ›Verbindung‹.

4,29 *enthusiastischen:* begeisterten; von griech. en-theos,
›gottbegeistert‹. Das Wort dringt über das frz. enthou-
siaste im 16. Jh. ins Dt. ein.

4,31 *unidealische Welt:* die Welt, die seinen Idealen nicht
standhält, sondern schlechter ist.

4,32 *Don Quixote:* Titelgestalt aus dem gleichnamigen Roman des span. Dichters Miguel de Cervantes (1547–1616),
Prototyp des weltfremden Narren, der in der Vorstellung, Gutes zu tun, Unheil anrichtet.

4,34 *dörfen:* schon im Mhd. entstandene Nebenform zu
›dürfen‹. Die Präsensformen sind hervorgegangen aus
dem Prät. ›dorfte‹ und hielten sich bis ins 18. Jh.; vgl.
S. 10,12; 21,14 f.; 65,40; 96,29; 107,4.

4,37 *itzo:* auch: itzt; beide Formen werden in den »Räubern« durchgängig gebraucht; sie werden gegen Ende des
18. Jh.s unüblich. Das mhd. ›ïë + zuo‹, ›die Zeit hindurch + zu‹ = ›zu dieser Zeit‹, wurde im Frühnhd. zu
›iezo, ieze, itz‹ gekürzt und erhielt vielfach die Auslaut-

erweiterung -t. Durch Akzentverschiebung wandelte sich
das anlautende i- zu j-.

Witz: ›Witz, witzig‹ meinen im Dt. urspr. ›Wissen, wis-
send‹, nehmen aber unter dem Einfluß des frz. esprit und
des engl. wit die Bedeutung ›Geist, Verstand, Geistrei-
chigkeit‹ an. Erst im 18. Jh. erscheint die heutige Bedeutung ›Spott, Scherz‹.

4,39 *Genie:* seit dem Beginn des 18. Jh.s im Sinne von
(feuriger Schöpfer-)Geist gebrauchtes Lehnwort aus dem
Frz. Später wird es auch auf den Träger dieses Geistes
angewandt und zum Modewort der Geniezeit, des Sturm
und Drang.

passiert: frz. passer, ›durchreisen. für etwas gelten‹; in
diesem letzteren Sinne hier.

4,40 *Satyr:* Bocksgestalt in der griech. Mythologie, die
flötespielend, lüstern und necklustig mit den Nymphen
in den Wäldern lebt. Schiller verwendet sie hier allego-
risch für die Angriffe auf die überkommenen Wahrheiten.

5,1 *edle Einfalt:* berühmte Formulierung aus den »Gedanken über die Nachahmung der griechischen Werke in der
Malerei und Bildhauerkunst« (1755) von Johann Joachim
Winckelmann (1717–68), die das Griechenbild der Goe-
thezeit entscheidend mitbestimmt hat: »Das allgemeine
vorzügliche Kennzeichen der griechischen Meisterstücke
ist endlich eine edle Einfalt, und eine stille Größe, sowohl
in der Stellung als im Ausdrucke.« (Reclams UB Nr.
8338 [2], S. 20.)

der Schrift: der Heiligen Schrift, der Bibel.

5,2 *Assembleen:* Versammlungen, Gesellschaften; von frz.
assemblée.

5,20 *imputabler:* höher zu veranschlagen; von lat. impu-
tare, ›anrechnen, zuschreiben‹.

5,21 *Klopstocks Adramelech:* in dem christlichen Epos
»Der Messias« (1748–73) von Friedrich Gottlieb Klopstock (1724–1803) nach dem Satan der mächtigste und
höchst boshafte Teufel.

5,22 *Miltons Satan:* die Zentralgestalt in dem christlichen
Epos »Das verlorene Paradies« (1667) von John Milton
(1608–74). Schiller spielt hier auf den 2. Gesang an, wo
Milton Satans Flug durch die noch ungestaltete Welt
schildert.

5,24 *Chaos:* in der griech. Mythologie der Zustand der Welt vor aller Formung.
Die Medea der alten Dramatiker: Medea war die Tochter des Königs von Kolchis. Sie verschaffte Jason das Goldene Vlies, heiratete ihn und ging mit ihm nach Griechenland. Als er sie verließ, tötete sie aus Rache ihre beiden Kinder. Überliefert sind die Medea-Dramen von Euripides (um 480 bis um 406) und Seneca (um 4 v. Chr. bis 65 n. Chr.).

5,26 *Shakespeares Richard:* Richard III., die Titelgestalt des gleichnamigen Stücks von William Shakespeare (1564 bis 1616), das auf »Die Räuber« stark eingewirkt hat.

5,38 *Dissonanzen:* Mißklänge; von lat. dissonus, ›durcheinandertönend, verworren‹.

6,7 *Pöbel:* ungebildetes Volk, das Schiller in allen Ständen findet; von lat. populus, ›Volk‹.

6,10 f. *auszureichen:* ungewöhnlich mit Akk. = bis zu etwas reichen.

6,11 *kleingeistisch:* geistisch, als Gegensatz zu körperlich noch im 18. Jh. üblich, z. B. »die geistischen Nachtschwärmerinnen« (Gespenster) Musäus.

6,13 *Apologie:* Verteidigung, Verteidigungsrede; von griech. apologia.

6,15 f. *gemeiniglich:* allgemein; ältere Form, die den mhd. Lautstand beinahe wahrt (›gemeineclîche‹).

6,17–20 *das ewige Dacapo mit Abdera und Demokrit . . . wollten:* Anspielung auf den Roman »Geschichte der Abderiten« (1778–80) von Christoph Martin Wieland (1733–1813). Darin werden der weise Naturphilosoph Demokrit und die törichte Bevölkerung von Abdera, seiner Heimatstadt, gegenübergestellt. Der berühmte Arzt Hippokrates (vgl. Anm. zum Titelblatt) soll Demokrit von seinem vermeintlichen ›Wahnwitz‹ heilen, den seine Mitbürger ihm andichten, weil er ihr schildbürgerliches Verhalten nicht mitmacht. Hippokrates aber erklärt alle Abderiten außer Demokrit für krank und empfiehlt ihnen, sechs Schiffsladungen voll heilkräftiger Nieswurz einzukaufen und »auf jeden Kopf sieben Pfund« (2. Buch, 7. Kap.), auf die Ratsherren die doppelte Portion, zu verteilen.
Verspottet wird auch die blinde Theaterleidenschaft der

Abderiten (3. Buch), die in Schillers Sinn Pöbel darstellen.

Günther Kraft (s. Anm. zu *Libertiner* im Personenverzeichnis) vermutet hier eine religiöse Anspielung: »Da [...] einer der führenden ›Freigeister‹, [...] Johann Konrad Dippel unter dem Pseudonym ›Christianus Demokritus‹ [...] in den 30er Jahren des 18. Jahrhunderts hervortrat und die Gemüter der Pietisten und der Orthodoxen erregte, kann dieser Hinweis Schillers auch als eine kritische Einbeziehung zeitgenössischer religiöser Probleme zu verstehen sein« (S. 139).

6,19 f. *Dekokt:* Absud, abgekochter Trank; von lat. decocta, ›Kühltrunk‹.

6,23 *wenn Sonne und Mond sich wandeln:* Vgl. Joel 3,4: »Die Sonne soll in Finsternis und der Mond in Blut verwandelt werden . . .«

6,23 f. *Himmel und Erde veralten wie ein Kleid:* Vgl. Jes. 50,9: »Siehe, sie werden allzumal wie ein Kleid veralten«; s. auch Jes. 51,6 und Ps. 102,27.

6,26 *jener Käfer:* Der Mistkäfer wurde dazu verwendet, die Perle in der Muschel freizulegen, indem er das Muschelfleisch rundherum abtrug.

6,29 *konfisziert:* eingezogen, beschlagnahmt; von lat. confiscare, ›in der Kasse aufheben, für die kaiserliche Kasse beschlagnahmen‹.

6,30 f. *Katastrophe:* dramatische Schlußphase der Tragödie mit dem Untergang des Helden; vgl. S. 44,34.

6,38 *Ostermesse. 1781:* Die alljährlich bedeutende österliche Buchmesse in Leipzig fand am Sonntag Jubilate, also am 3. Sonntag nach Ostern, im Jahre 1781 am 6. Mai, statt. Das Datum kann fiktiv sein und dem Mimikri des anonymen Autoren gelten, denn es gehörte zu den Gepflogenheiten der Verlage, ihre Neuerscheinungen auf die Ostermesse zu datieren.

Titelblatt

Ein Schauspiel: Nach dieser eigenen Kennzeichnung Schillers wird die Erstausgabe der »Räuber« von 1781 als *Schauspiel* zitiert, zur Unterscheidung von der Theaterausgabe von 1782, die Schiller »Trauerspiel« nannte.

Die Räuber.

Ein Schauspiel.

N. Sculp. Aug. V.

Frankfurt und Leipzig,
1781.

Titelblatt der Erstausgabe

Hippocrates: Hippokrates von Kos (um 460 bis um 377), griech. Arzt, der als Vater der Heilkunde gilt. Es handelt sich bei dem Zitat um den letzten Spruch der ihm zugeschriebenen »Aphorismen«, einer Sammlung von Sätzen über ärztliche Prognose und Therapie.

Quae medicamenta ... ignis sanat: lat.; was Arzneien nicht heilen, heilt das Eisen (das Operationsmesser); was das Eisen nicht heilt, heilt das Feuer (das Ausbrennen). Der Aphorismus, im Original griech., geht weiter: Quae vero ignis non sanat, ea insanabilia existimare oportet = Was aber das Feuer nicht heilt, muß als unheilbar angesehen werden.

Personen

Libertiner: lat., ›Freigelassener‹, wird seit der Reformation für Freigeister verwendet, die von der offiziellen kirchlichen Lehre und Zucht abweichen; das frz. libertin nahm die Bedeutung ›ausschweifender Mensch, Wüstling‹ an, und so ist auch Schillers Bezeichnung zu verstehen, wie die Kennzeichnung der Räuber als »Zirkel lüderlicher Brüder« in der »Selbstrezension« (s. Kap. V,5) nahelegt.

Günther Kraft (Historische Studien zu Schillers Schauspiel ›Die Räuber‹. Weimar 1959. S. 62–65 u. 129–134) weist darauf hin, daß ›Libertiner‹ im 18. Jh. vor allem eine religiöse Komponente hat. Libertinismus wird zusammen mit anderen Termini (Separatismus, Chiliasmus u. a.) für unorthodoxe christliche Gruppen verwendet, die von den etablierten Kirchen leicht ins Kriminelle abgedrängt wurden und wegen ihrer Verfolgung zu Bandenbildung neigten. Beim sogenannten Libertinismus spielte die chiliastisch-endzeitlich-weltbeglückende Komponente eine große Rolle, die die Ausmerzung des Bösen in der Welt plötzlich und radikal erwartet. Kraft bringt folgende Szenen in den »Räubern« mit dieser historischen Bewegung in Beziehung:

»a) Gespräch Franz und Maximilian von Moor (I/1) über religiöse Fragen (Geschichte des bußfertigen Tobias; ›Meine goldenen Träume‹; Zitate der ›Schrift‹);

b) Gespräch Karl von Moor und Spiegelberg (I/2) über neuchiliastische Thesen (Wiedererrichtung des Königrei-

ches zu Jerusalem; Vorstellung des ›Jüngsten Tages‹;
›Pietist‹–›Atheist‹ [Schufterle–Grimm]);
c) Monolog Franz von Moor (II/1);
d) Gespräch Maximilian von Moor und Franz von Moor
(II/2) mit zahlreichen Motiven aus der ›Schrift‹ (Geschichte Jakobs und Josephs; ›jüngstes Gericht‹);
e) Bericht Spiegelberg (II/3) über den bestialischen Über-
fall auf das Kloster (›als käm der Jüngste Tag . . .‹;
›. . . und die Bibel vollends hinausvotiert‹; ›Galgenpsalm‹
[Schweizer]; weitere biblische Zitate);
f) Pater zu Karl von Moor (II/3): ›jenem ersten abscheulichen Rädelsführer . . .‹ (Hinweis auf Lucifer); ›Pfuhl
der Verdammnis‹; ›das Jüngste Gericht waffnen, daß es
reißend daherbricht! reif zur Vergeltung, zeitig zur letzten Posaune!‹; dazu Dialog Karl von Moor;
g) Karl von Moor (III/2): ›Wettrennen nach Glückselig-
keit‹; ›bunte Lotto des Lebens, worein so mancher seine
Unschuld und – seinen Himmel setzt‹; ›Hochgericht‹;
h) Franz von Moor (V/1): ›bis an den Jüngsten Tag‹;
Ausmalung des ›leibhaft Konterfei vom Jüngsten Tag‹
gegenüber Daniel (Bild aus ›Offenbarung Johannis‹);
i) Pastor Moser (V/1) im Gespräch mit Franz von Moor;
k) Franz von Moor (V/1) zu Daniel: ›. . . In's T-fls Namen! So bet doch.‹ (Daniel: ›Postill und Bibelbuch an den
Kopf gejagt‹; ›Auch seine Gebete werden zu Sünden‹);
l) Der Alte Moor (V/2): Hinweis auf den ›Tau, der vom
Hermon fällt auf die Berge Zion . . .‹«

Bastard: uneheliches Kind, meist mit einem adligen Eltern-
teil. Das Wort kommt aus dem Altfrz. ins Mhd. und bezeichnet urspr. ein Kind, dessen Eltern aus verschiedenem
sozialen Milieu stammen.

Pastor Moser / Ein Pater: Bis ins 19. Jh. war die Darstellung geistlicher Personen auf der Bühne fast überall verboten. In der Bühnenfassung der »Räuber« wurde deshalb der Pater eine »Magistratsperson«, und Pastor Moser
wurde ganz gestrichen. Der Name des Pastors ist eine
Huldigung an Schillers Lorcher Lehrer, den Pastor Philipp Ulrich Moser (1720–92).

Der Ort . . .: Daß Schiller das Stück demonstrativ *in
Teutschland* spielen läßt, scheint die Erfüllung einer Forderung seiner stofflichen Quelle zu sein, denn Christian

Friedrich Daniel Schubart (1739–91) schreibt in seiner
Erzählung »Zur Geschichte des menschlichen Herzens«
(1775): »... ich gebe es [das Geschichtchen] einem Genie
preis, eine Komödie oder einen Roman daraus zu machen,
wann er nur nicht aus Zaghaftigkeit die Szene in Spanien
und Griechenland, sondern auf teutschem Boden eröffnet.« (Siehe Kap. III, 1.)

Teutschland: geht auf das ahd. Adj. ›diutisk‹ zurück. Im
Mhd. glich sich der Anlaut dem Stammauslaut an
(›tiutsch‹), was später unter Berufung auf den angeblichen Stammvater der Deutschen, Teut, beibehalten
wurde. Erst am Ende des 18. Jh.s setzt sich die korrekte
Schreibweise mit anlautendem d- wieder durch.

Die Zeit ...: Zusammen mit der geographischen Ansiedlung
des Stückes in Deutschland war es kühn, es in der fast
unmittelbaren Gegenwart spielen zu lassen, was in der
»zweiten verbesserten Auflage« von 1782 ausdrücklich
vermerkt wird: »Die Zeit der Geschichte um die Mitte
des achtzehenten Jahrhunderts.« Gegen Schillers heftigen
Widerstand verlegte der Mannheimer Intendant des Na-
tionaltheaters für die Uraufführung der »Räuber« die
Handlung in die Zeit, »als Kayser Maximilian den ewigen Landfrieden für Deutschland stiftete«.

In der Angabe der Handlungsdauer (*ohngefähr zwei
Jahre*) ist Schiller ungenau. Es kommen nur etwa 15 Monate heraus, wenn man die Zeitangaben aufeinander bezieht: In I, 1 (S. 10,15) wird als Datum des angeblich
von Karl geschickten Briefes der *1. Mai* genannt. In II, 1
(S. 43, 35) erklärt Franz Hermann, seit *eilf Monaten* sei
sein Bruder enterbt, was nicht ganz stimmen kann, da
Hermann dann in II, 2 (S. 49,7 f.) behauptet, Karl sei
bei dem *Treffen bei Prag* gefallen, also am 6. Mai 1757.
Es sind daher gut zwölf Monate vergangen. Die Nachricht führt den Scheintod des alten Moor herbei, der in
IV, 5 (S. 114,20 f.) bei seiner Befreiung sagt, er schmachte
drei volle Monde in dem Turm.

ohngefähr: Aus dem mhd. ›āne gevaere‹, ›ohne böse Absicht‹ entwickelte sich das frühnhd. Adv. ›ongefer(e)‹,
dessen Lautstand Schiller wahrt.

Erster Akt. Erste Szene

9,5 *Euch:* Im 18. Jh. sprachen Kinder ihre Eltern noch
nicht mit ›du‹ an; sie benutzten ›Ihr‹ oder das neuere
›Sie‹.
seht: seht aus; zu Schillers Zeit üblich, vor allem in
Süddtl.; vgl. S. 46,21.

9,10 *Korrespondenten:* Briefpartner; Fremdwort des 16. und
17. Jh.s zum mlat. correspondens, ›übereinstimmend‹, das
neben einem Verwalter des Briefverkehrs oder einem Be-
richterstatter auch einen Briefschreiber bezeichnet.

9,19 *Ahndung:* Ahnung; der irrtümlich aus dem mhd. Prät.
›ante‹ bzw. Perf. Part. ›geant‹ in die Mundarten abgelei-
tete Inf. ›anden‹ wurde als ›ahnden‹ durch Klopstock in
der Literatursprache des 18. Jh.s gebräuchlich; so auch
S. 11,17.

9,21 *Zeitung:* Nachricht von einer Begebenheit; in urspr.
Bedeutung bis ins 19. Jh. geläufig. Über den pluralischen
Gebrauch für die regelmäßige Zusammenstellung von
Tagesereignissen gelangt das Wort zu der heutigen Be-
deutung.

9,25 f. *verlornen Bruder:* Eine der Anspielungen auf das
biblische Gleichnis vom verlorenen Sohn (Luk. 15,11–32),
das im Stück immer wieder gegenwärtig ist. Entgegen der
früheren Annahme, Schiller habe »Die Räuber« urspr.
»Der verlorene Sohn« nennen wollen, macht Stubenrauch
(NA III, 313 f.) wahrscheinlich, daß erst Dalberg (vgl.
Kap. II, 3) dem Verfasser diesen Titel vorgeschlagen
habe, der aber gleich wieder aus der Korrespondenz verschwindet (s. Kap. IV, 3).

9,26–28 *Ich sollte ... Bruder:* alttestamentarischer Gedankenreim, also Parallelisierung von Wort und Sinn: *ich
sollte schweigen auf ewig – denn er ist Euer Sohn; ich
sollte seine Schande verhüllen auf ewig – denn er ist mein
Bruder.* Schiller verwendet den Gedankenreim in den
»Räubern« häufig; er ist ein Element der Bibelnähe des
Stückes.

9,31 *Aufführung:* Benehmen; das Subst. zum Reflexivum
›sich benehmen‹, was urspr. ganz allgemein heißt: in
einer bestimmten Weise auftreten.

9,32 *zehen:* zehn; die mhd. Form war im 18. Jh. noch geläufig.

zusetzen: hinzufügen; das Verb ist im 18. Jh. noch nicht auf die finanzielle Bedeutung verengt.

10,5 f. *Die Sünden ... Glied:* Vgl. 2. Mose 20,5: »[...] ich [...] bin ein eifriger Gott, der da heimsucht der Väter Missetat an den Kindern bis in das dritte und vierte Glied.«

10,13 f. *du ersparst mir die Krücke:* du ersparst mir, so alt zu werden, daß ich eine Krücke brauche.

10,20 f. *abnehmen:* entnehmen; im 18. Jh. noch gebräuchliche Bedeutung.

10,37 *wirklich:* schwäbisch, ›jetzt, augenblicklich‹; vgl. S. 28,10; 40,20; 91,33; daneben aber auch in der heutigen Bedeutung, z. B. S. 16,36: *Wirklich, ich glaube ...*

10,40 *Dukaten:* urspr. venezianische Goldmünze, die von 1559 bis 1871 auch dt. Währungseinheit war. Der Name kommt von der Münzumschrift »Sit tibi Christe datus quem tu regis ducatus« = Dir, Christus, sei dieses Herzogtum gegeben, das du regierst.

11,2 *Galan:* vornehmer Liebhaber; ein durch das Wiener Hofzeremoniell des 17./18. Jh.s verbreitetes Lehnwort zum span. Adj. galan(o), ›schön gekleidet, höfisch‹.

11,4 *Luderleben:* leichtfertiges sittenloses Leben. Aus dem mhd. Subst. ›luoder‹, ›Lockspeise‹, entwickelte sich die Bedeutung ›Aas‹, was dann einen gerissenen Menschen bezeichnete oder den hier vorliegenden Sinn annahm; vgl. das heutige ›Schindluder‹, was urspr. ›abgezogenes Aas‹ hieß.

11,8 *Eurer:* Anstelle des heute üblichen Akk. steht hier der Gen., der zu Schillers Zeit in der gehobenen Sprache und im Oberdt. üblich war.

Steckbriefe: seit dem 16. Jh. so genannt, weil sie urspr. zum Feststecken (ins Gefängnis stecken) einer Person angeordnet wurden.

11,9 *die Beleidigte:* starke Flexion des Nom. Pl., wie sie im Schwäbischen gebräuchlich ist.

11,16–33 *Schändlicher ... anklagen:* Vgl. das Ritterstück »Otto« (1775) von Friedrich Maximilian Klinger (1752 bis 1831), wo in I, 6 Konrad die Charakterzüge seines älteren Bruders Karl ganz ähnlich kennzeichnet. Auf die

Ähnlichkeit der Fabel von den »Räubern« und »Otto«
hat Erich Schmidt hingewiesen: »Der alte Herzog liebt
den Verstoßenen [älteren Sohn] heimlich weit inniger als
den Schleicher Konrad, der sich dann so grausam un-
kindlich zeigt. Die Schwärmerin Gisella bittet für Karl.
Wenn sie dem Greise auf der Laute wehmütige Melodien
vorspielt, ist es, als sähen wir den alten Moor und Amalia zusammen. Zuletzt stirbt der Herzog in den Armen
seines Rächers Karl« (»Lenz und Klinger«, 1878, S. 86
Anm.).

11,22 *dem ersten dem besten:* Erst am Ende des 18. Jh.s
entfiel der Artikel vor dem zweiten Superlativ.

11,22 f. *während daß:* im 18. Jh. noch gebräuchliche Verbindung.

11,23 f. *Predigtbüchern:* Sammlungen von erbaulichen Pre-
digten, die sich eng an einen Bibeltext anschließen.

11,25 *Julius Cäsar:* röm. Feldherr und Staatsmann, 44 v.
Chr. ermordet.
Alexander Magnus: Alexander der Große, König von
Mazedonien, starb 323 v. Chr. jung und unerwartet auf
seinem eroberischen Siegeszug durch Asien.

11,27 *Tobias:* Gestalt aus dem apokryphen, also in den
offiziellen kirchlichen Kanon nicht aufgenommenen, biblischen Buch »Tobias«, einer Familienerzählung zur Ver-
herrlichung streng gesetzlicher Frömmigkeit.

11,37–12,9 *Der feurige Geist … Manne machen:* Vgl. »Julius von Tarent« (1776) von Johann Anton Leisewitz
(1752–1806). In diesem Stück von zwei feindlichen, we-
sensverschiedenen Brüdern, die dasselbe Mädchen lieben,
charakterisiert der Vater, der Fürst von Tarent, in I, 6
die Jugend seiner Söhne (s. Reclams UB Nr. 111 [2]).
Die Züge beider scheinen für die Kennzeichnung Karl
Moors Vorbild gewesen zu sein.

12,1 f. *dahinschmelzt:* Schiller unterscheidet noch das transitive schwache Verb von dem intransitiven starken, mit
dem es heute zusammengefallen ist. Wir kennen den
Unterschied noch etwa in ›legen/liegen‹.

12,13 *Koketten:* zum frz. Adj. coquet (zu coq, Hahn, also
urspr. ›hahnenhaft‹), bezeichnet eine gefallsüchtige Frau,
später auch eine Dirne. Es wird gegen Ende des 19. Jh.s
durch ›Kokotte‹ (frz. cocotte) ersetzt.

girret: Vom Liebeston der Turteltaube, ›gur‹, wird im Mhd. das Verb ›gurren‹ abgeleitet. Luther führt es ins Nhd. als ›girren‹ ein (Jes. 38,14: »Ich ... girrte wie eine Taube«), wobei eine Vermengung mit dem mhd. Verb ›kirren‹, ›einen hohen Ton geben‹, vorliegt; vgl. S. 77,29.

12,14 *Phryne:* athenische Prostituierte des 4. Jh.s v. Chr., die als die schönste Frau ihrer Zeit galt und berühmten Bildhauern Modell stand (Knidische Aphrodite des Praxiteles).

12,16 *umgeht:* spukt.

12,18 *c'est l'amour qui a fait ça!:* frz., das hat die Liebe gemacht.

12,19 *Plane:* Pläne; Das aus dem Frz. (plan, ›Grundriß‹, später ›Entwurf‹) eingedeutschte Wort bildete im 18. Jh. den Plural noch ohne Umlaut; ebenso S. 13,9; 28,6.26; 84,28; 138,29.

12,20 *Cartouches:* Spitzname des bekannten frz. Räubers Louis Dominique Bourguignon (1693–1721), der auch in Deutschland zum literarischen Helden wurde.

12,21 *Howards:* Die bisher nicht identifizierte Gestalt gilt als engl. Räuber des 17. Jh.s. Über Schillers Quelle dazu gibt es keinerlei Nachweis.

12,24 f. *an der Fronte:* Das Anfang des 17. Jh.s wohl aus ital. fronte, ›Stirnseite‹, entlehnte Wort wandelt erst während des Ersten Weltkrieges seine Bedeutung zu: vordere Kampfzone.

12,26 *residieret:* von lat. residere, ›sitzen‹, den Wohnsitz haben‹.

12,29 *Monumente:* im 16. Jh. von lat. monumentum, ›Erinnerungszeichen, Mahnmal, Denkmal‹ entlehnt.

12,33 f. *Porträt:* frz. portrait, ›Darstellung‹, auch ›Darstellung eines Menschen‹, im 17. Jh. ins Dt. übernommen. – Es war üblich, das Bild eines Menschen auf dem Marktplatz aufzuhängen, wenn er als Verbrecher flüchtig war; er wurde auf diese Weise symbolisch gehenkt.

12,38 *Skorpionsstich:* Der giftige Stachel des Skorpions ist tödlich.

12,39 *Titelchen:* hier in der weniger gebräuchlichen Bedeutung von ›Ehrenbezeichnung, Anredeform‹.

13,4 *Universalkopf:* Alleskönner; spätlat. universalis, ›allgemein, zur Gesamtheit gehörig‹.

13,5 *gefaltnen:* gefalteten; während das starke Prät. ›fielt‹ bereits im 16. Jh. dem schwachen ›faltete‹ wich, setzte sich beim Perf. Part. das schwache ›gefaltet‹ gegenüber dem starken ›gefalten‹ erst im 18. Jh. durch.

13,14 *Orakel:* Schicksalsspruch, heilige Stätte, an der eine Gottheit sich den Gläubigen durch einen Priester kundtut; von lat. oro, ›ich rede‹.

13,24 *Wehmutter:* Hebamme; wahrscheinlich hat Luther das Wort eingeführt. Es ist gebildet mit dem Fem. Subst. ›die Wehe‹, das auf die idg. Interjektion ›wē‹ zurückgeht.

13,25 *hub:* zurückgehend auf das mhd. Prät. ›huob‹, dessen Diphthong im Nhd. zu -u- wurde; ebenso S. 108,2.

13,28 *Bauren:* Bei der Diphthongierung von mhd. ›bûr‹ zu nhd. ›Bauer‹ entwickelte sich der Überleitungsvokal -e-, der im Schwäbischen ausgespart blieb. In den »Räubern« gibt es zahlreiche ähnliche Formen, etwa: *Mauren, lauren, trauren, feuren.*

13,40 *verdammliche:* verdammenswert; eine im 18. Jh. nur noch in der Bibelsprache vorkommende Form.

14,1 f. *Nicht Fleisch ... Söhnen:* Vgl. »Nathan der Weise« (1779) von Gotthold Ephraim Lessing (1729–81), V, 7; V. 3653 f. u. 3662 f.:
[...] Aber macht denn nur das Blut
Den Vater? [...]
[...] das Blut, das Blut allein
Macht lange noch den Vater nicht!

14,3 *Abart:* Das Fem. Subst. wird im 18. Jh. von dem Verb ›abarten‹, ›von der Art abweichen‹ gebildet, bedeutet also ›aus der Art Geschlagenes, Entartetes‹; erst später entwickelt sich die heutige Bedeutung ›Unterart, Spielart‹.

14,6 *sagt die Schrift:* Mark. 9,47: »Ärgert dich dein Auge, so wirf's von dir! Es ist dir besser, daß du einäugig in das Reich Gottes gehest, denn daß du zwei Augen habest und werdest in das höllische Feuer geworfen.«

14,8 *gen:* gegen; aus ahd. ›gegin‹ wurde im Mhd. ›gein‹, was im Nhd. zu ›gen‹ zusammengezogen wurde. In biblischer und dichterischer Sprache hat sich die Form lange erhalten.

14,17 *hat's ihm geheißen:* Vgl. 2. Sam. 16,11: »Laßt ihn

bezähmen, daß er fluche; denn der Herr hat es ihn geheißen.«

14,18 *Busenkind:* Lieblingskind; ›Busen‹ wird bei Schiller
häufig verwendet für das Herz, den Sitz des Gefühls.

14,19 *Teilnehmung:* Teilnahme im Sinne von Anteilnahme;
im 18. Jh. gebräuchliche Form, die Schiller häufiger verwendet.

14,21 *den Garaus zu machen:* Der Ausdruck ›Garaus‹ ist
entstanden aus dem adverbialen ›gar aus‹, ›gänzlich aus‹
und bürgerte sich im 15. Jh. ein. Gehalten hat sich nur
die von Schiller verwendete Form im Sinne von: jemanden töten, vernichten.

14,27 *Exzesse:* Ausschweifungen, Ausschreitungen; von lat.
excedere, ›überschreiten‹.

14,29 *geilen:* Das Wort ist zu Schillers Zeit noch nicht auf
das Sexuelle verengt, sondern bedeutet: üppig, kraftvoll,
ausgelassen; bei Schiller auch als Verb im Sinne von
›üppig wachsen, wuchern‹, vgl. »Fiesco«, I, 9: »Mein Genie geilte frühzeitig über jedes Gehege.«
    Kitzel: Lust, Reiz, Verlangen, Wunsch; s. auch Anm. zu
97,4.

14,38 *Studium:* Eifer, Bemühen; verhältnismäßig seltene
Bedeutung des Wortes, das von lat. studere, ›lernen, eifrig
betreiben‹ abgeleitet ist.

15,11 *grausame Zärtlichkeit:* contradictio in adjecto, Spielart des Oxymoron, eine Stilfigur, die sinnreich pointiert
zwei einander scheinbar widersprechende Begriffe zu einer
Einheit verbindet.

15,12 *verkehren:* umkehren.

15,18 *zernichtet:* vom jungen Schiller häufig verwendete
Intensivbildung von ›vernichten‹, die schon im Frühnhd.
aufkam; ebenso S. 17,11; 32,20; 38,39; 127,7.39.

15,25 *worden:* zu Schillers Zeit übliche Kurzform des Perf.
Part. von ›werden‹; ebenso S. 24,22. – Auch der Ausfall
des Hilfsverbs in Nebensätzen war damals gängig, vor
allem bei poetischem Sprachgebrauch.

15,27 *Larve:* Maske.

15,38 f. *ihn ... wert haltet:* ihn für wert haltet; älterem
Sprachgebrauch folgend, schließt Schiller nach ›halten‹
das Prädikativum ohne Präp. an. Ähnliche Formen sind
häufig in den »Räubern«.

16,19 *ehernen Banden:* eisernen Fesseln; gegenüber dem
umgelauteten Pl. ›Bänder‹ bedeutet der nicht umgelautete
Pl. 1. ›Bindungen, enge Beziehungen‹, 2. als poetischer
Ausdruck ›Fesseln‹.

16,22 *Schoßkind:* Lieblingskind; ›Schoß‹ ist urspr. der
untere Teil eines Kleidungsstücks und wird dann auf den
Körperteil darunter übertragen; vgl. S. 18,32 *Schoß-
sünde.*
Der Wald ist heller: Der metaphorische Sinn des Satzes
wird deutlich aus der Bühnenfassung der »Räuber«. Dort
sagt Franz statt dessen: »Ein Riesenschritt zum Ziel.«

16,26 *ihr:* Das Wort bezieht sich auf Amalie, obwohl sie
noch gar nicht aufgetreten ist. Für die Bühnenfassung
wurde *und ihr* geändert zu »Auch Amalien«, aber in
dem danach gedruckten »Trauerspiel« kehrt Schiller zum
urspr. *und ihr* zurück; nur läßt er es jetzt fett drucken.

16,29–17,3 *Ich habe ... zu Werke?:* Bei Franz' Gedanken
haben offenbar mehrere Shakespeare-Monologe Pate gestanden: der Monolog des Bastards Edmund in »König
Lear«, I, 2; der Einleitungsmonolog der Titelgestalt in
»Richard III.« und die Monologe Glosters in »Heinrich VI.«, 3, III, 2 und 3, V, 6.

16,31 f. *der erste* / *der einzige:* In beiden Fällen ist ›als‹ zu
ergänzen, dessen Auslassung üblich war.

16,34 *einen Rest gesetzt hätte:* schwäbischer Ausdruck für:
bankrott gewesen wäre, einen Fehlbetrag in der Kasse gehabt hätte.

17,1 *hofieren:* jemanden umwerben, sich schmeichlerisch
gegen jemanden benehmen; entwickelt sich aus der urspr.
Bedeutung ›bei Hofe aufwarten‹.

17,2 *parteilich:* parteiisch.

17,13 *Pakta:* Verträge, Übereinkünfte; lat. Pluralendung.

17,14 *Weltzirkels:* von lat. circulus, ›Kreis‹; hier nach dem
davon abhängenden frz. cercle, ›Gesellschaftskreis‹.

17,16 *schachern:* feilschen, Geschäfte machen; Anfang des
17. Jh. aus dem hebräischen schāchar, ›als Händler her-
umziehen‹ über das Rotwelsch ins Dt. gekommen.

17,18 *wegzuschröcken:* wegzuschrecken; die Schreibweise
mit -ö-, die von dem Perf. Part. ›geschrocken‹ abgeleitet
ist, war im 18. Jh. üblich. Schiller verwendet sie in den
»Räubern« fast nur.

17,19 *gut geschriebener Wechselbrief:* finanziell abgesicherte Zahlungsanweisung.

17,20 *Bankerottierer:* von ital. banca rotta, ›umgestürzte Bank‹. Im Spätmittelalter wurde dem zahlungsunfähigen Kaufmann der Verkaufstisch umgestoßen. Das Wort übertrug sich auf den Kaufmann selbst. Erst im 19. Jh. bekam es die heute übliche frz. Endung und wurde zu ›Bankrotteur‹.

17,22 *unter dem Pantoffel zu halten:* Der Pantoffel ist wie der Schuh Zeichen der Herrschaft. Die damit zusammenhängenden Ausdrücke bürgerten sich im 18. Jh. ein. Wegen des häuslichen Charakters dieses Schuhwerks wurden sie auf die Herrschaft der Frau im Hause bezogen.

17,24 *schnackische:* im 18. Jh. verbreitetes Wort für ›spaßhaft, ulkig‹; vgl. das norddt. ›Schnack, schnacken‹.
für: vor; bis ins 18. Jh. waren beide Präpositionen weitgehend austauschbar.

17,28 *weiland:* mhd. ›wîlent, wîlen‹, ›manchmal‹ oder ›ehemals‹ wird im Nhd. durch Diphthongierung zu ›weiland‹ und auf die zweite Bedeutung beschränkt.

17,36 *Façon:* Form, Zuschnitt eines Kleidungsstücks; im 16. Jh. aus dem Frz. ins Dt. übernommen.

17,37 f. *wie wir zulegen:* in dem Maße, in dem wir zunehmen.

17,39 *Blutliebe:* natürliche Bindung unter Blutsverwandten.

17,40 *Hausmann:* ältere Bezeichnung für Familienvater.

18,2 *verdolmetscht:* übersetzt; aus dem Ungarischen ins Österreichische eingedrungenes Fremdwort.
aus ... dem Ofen geschossen: Die Geburt wird mit einer Metapher aus der Bäckersprache beschrieben: Der zum Laib geformte Teig wird in den Ofen eingeschossen.

18,4 *Konsequenz:* Folgerung, Folge; von lat. consequi, ›folgen‹.

18,5 *possierlichen:* spaßhaften, drolligen; im 16. Jh. aufgekommenes Adj. zum Verb ›possieren‹, ›Spaß treiben‹.

18,15 *da:* als; der temporale Sinn der Konjunktion war zu Schillers Zeit noch gebräuchlich.

18,17 f. *Kann ichs ihm Dank wissen:* Kann ich ihm dafür dankbar sein; das -s in ›ichs‹ stellt den Rest eines Gen. dar, der von ›Dank‹ abhängig war: Kann ich ihm des Dank wissen.

18,24 *stickt:* Schon im Mhd. gibt es zu ›stecken‹ die Nebenform ›sticken‹.
Aktus: hier ›Zeugungsakt‹; -us ist die lat. Endung.
18,25 *entstund:* entstand; erst am Ende des 18. Jh. verdrängte diese Form das bei Schiller gebrauchte Prät., das
sich aus dem mhd. ›stuont‹ ableitet.
18,32 f. *sich in ihrem Werk kokettieren:* Vgl. Bogen B
(Kap. II, 2) »sich in ihrem Werke bewundern«.

Zweite Szene

19,6 *Säkulum:* lat., Jahrhundert.
19,7 *Plutarch:* griech. Historiker (um 50 bis um 125), dessen Biographien großer Griechen und Römer Schiller
während seiner Karlsschulzeit begeistert las, und zwar in
der Übersetzung von Gottlob Benedikt Schirach (8 Bde.,
1776–80). In seiner »Selbstrezension« der »Räuber« sagt
er: »Rousseau rühmte es an Plutarch, daß er erhabene
Verbrecher zum Vorwurf seiner Schilderung wählte« (s.
Kap. V, 5), und bezieht das auf Karl Moor.
19,9 *Josephus:* Flavius Josephus (37 bis um 100), jüd. Ge-
schichtsschreiber. Seine griech. geschriebenen Hauptwerke
»Geschichte des jüdischen Krieges« und »Jüdische Alter-
tümer« bilden eine der Hauptquellen zur jüdischen Geschichte seiner Zeit.
19,10 *lohe:* im 18. Jh. aus dem Subst. ›Lohe‹, ›wallende
Glut‹ entwickeltes Adj.; vgl. noch das heutige ›lichterloh‹; vgl. S. 121,34 *in feuriger Lohe.*
Lichtfunke Prometeus': Nach der griech. Mythologie
stahl Prometeus den Göttern das Feuer und brachte es
den Menschen, womit die Entwicklung der Kultur begann. Er wurde zur Strafe von Zeus an einen Felsen ge-
schmiedet, wo ein Adler täglich von seiner Leber fraß.
Wegen seiner Unbotmäßigkeit gegenüber den Göttern gilt
Prometeus als der Ahnherr aller Aufrührer und Em-
pörer.
19,11 *Bärlappenmehl:* Der Same des Bärlappen (Lycopo-
dium annotinum) wurde zur Herstellung von Theater-
blitzen verwendet.
19,13 *Keule des Herkules:* In der griech. Mythologie trug
Herkules, Sohn des Zeus und der Alkmene, eine Keule

als Waffe, die das Symbol seiner Stärke war und von
dem wilden Ölbaum stammen sollte, der ihm in Olympia
heilig war.

19,16 *Abbé:* frz. Geistlicher der kath. Kirche, der die Wei-
hen empfangen hat, aber eine weltliche Stellung unter-
hält, häufig wie hier als Lehrer; urspr. Bedeutung: Abt
eines Klosters.
Hasenfuß: Feigling, ängstlicher Mensch; vgl. S. 29,27
Hasenherz.

19,18 *Salmiakgeist:* wäßrige Ammoniaklösung, die zur Be-
lebung eingeatmet wurde.

19,19 *Kollegium:* Vorlesung an einer Hochschule; von lat.
colligere, ›sammeln, zusammenfassen‹.

19,20 *kritteln:* von mhd. ›grübelen‹, ›graben, scharf nach-
denken‹; die Zwischenform zum Nhd. war ›grüdeln‹.
Hier: kleinliche Kritik üben, in welcher Bedeutung es
Klopstock eingeführt hat.

19,21 *Taktik des Hannibals:* karthagischer Feldherr
(247/246 bis um 183), der im 2. Punischen Krieg die
Römer auf ital. Boden bei Cannae vernichtend schlug.
Cannae gilt als Musterbeispiel der taktisch glänzend an-
gelegten Umzingelungsschlacht.

19,21 f. *fischen Phrases:* entnehmen einzelne Sätze, die sie
nicht verstehen, aus Livius' Werk über die röm. Geschichte.

19,22 *greinen:* jammern, weinend klagen; von mhd. ›grî-
nen‹, ›lachend oder weinend den Mund verziehen‹; ebenso S. 136,23.

19,23 *Scipio:* Publius Cornelius Scipio Africanus d. Ä. (um
235 bis 183), als Feldherr und Consul röm. Gegner Hannibals, den er schließlich auf afrikanischem Boden bei
Zama entscheidend schlug.
exponieren: übersetzen, legen aus; von lat. exponere.

19,24 *alexandrinisch:* in Alexandrinern (sechshebigen Jam-
ben), dem Versmaß des klassischen frz. Dramas und des
dt. Barockdramas. Es galt zur Zeit des jungen Schiller als
langatmig und altmodisch. Daher spricht Karl unmittelbar darauf von einem *französischen Tragödienschreiber.*
Ähnlich fragt Schiller in der Vorrede zur »Anthologie
auf das Jahr 1782«: »Wenn jeder, der seinen bezahlten
Schmerz in Leichenalexandriner auszutropfen versteht,

das für eine Vokation auf den Helikon auslegt – wird man uns Nordländern verdenken, mitunter auch in den Leierklang der Musen zu klimpern?«

19,26 *Gymnasien:* Lateinschulen; von griech. gymnos, ›nackt‹. Das Gymnasium war die Sportstätte der antiken Griechen, wo dann auch Unterricht durchgeführt wurde. Daher die Wandlung zu ›Lateinschule‹.

19,27 *Bücherriemen:* Schulbücher wurden früher, durch einen Riemen zusammengehalten, unter dem Arm getragen.

19,28 f. *Nürnberger ... Lebkuchen:* Nürnberg war schon damals der bedeutendste Ort der Lebkuchenherstellung.

19,31 f. *auf Stelzen ... zu werden:* Anspielung auf die – wie es Karl erscheint – gestelzte und künstliche klassische frz. Tragödie.

19,35 *Kastratenjahrhundert:* Die operative Entfernung der männlichen Keimdrüsen vor der Geschlechtsreife verhindert die Fortpflanzungsfähigkeit und den Stimmwechsel. Vor allem um die Sopranstimme zu erhalten, wurden im 18. Jh. Jungen kastriert. Schiller meint mit dem Ausdruck hier: das entmannte, weibische Jahrhundert.

19,36 f. *die Taten der Vorzeit ... die Helden des Altertums:* Selbstrechtfertigung Schillers dafür, daß er einen zeitgenössischen Stoff als Dramenhandlung wählt.

19,37 *Kommentationen:* von lat. commentatio, ›erläuterter Text‹.

19,38 *verhunzen:* verderben, auf den Hund bringen. Zu dem nach Art von ›siezen, duzen‹ gebildeten Verb zu Hund ›hunzen‹ (jmd. einen Hund nennen, wie einen Hund behandeln) tritt im 17. Jh. ›verhunzen‹, das von Lessing und Hamann in die Schriftsprache eingeführt wird.

20,5 *Konventionen:* Abmachungen, Übereinkünfte (im Sinne des herkömmlicherweise Geltenden); von lat. conveniens, ›übereinstimmend, passend‹.

20,7 f. *Ihro Gnaden:* formelhafte Anrede der Verehrung, in der höfisch-gesellschaftlichen Sprache des 17. und 18. Jh.s entstanden. ›Ihro‹ wird in Verbindung mit Titeln possessiv verwendet und trägt die ahd. Endung im Dat. Sg. und Gen. Pl., die aber nun in Sg. und Pl. alle Kasus und beiderlei Geschlechter umfaßt. ›Gnaden‹ ist ein in festen sprachlichen Formeln erstarrter Plural.

20,8 *hudeln:* schlecht behandeln, plagen, quälen; vom Subst. ›Hudel‹, ›Lappen, Lumpen, Lump‹.

Schelm: Das Wort ist germ. Ursprungs und bezeichnet den Leichnam, dann daraus abgeleitet den Todeswürdigen, wodurch sich schon im Mhd. die Bedeutung ›Bösewicht‹ ergibt.

20,11 *Aufstreich:* schwäbisch für: Versteigerung an den Meistbietenden; ebenso S. 30,15; 43,6; ähnlich *Abstreich*: Herunterhandeln auf die Mindestforderung (S. 22,7).

Sadduzäer: konservative Partei innerhalb des Judentums zur Zeit Jesu, die besonders bei den Reichen, Vornehmen und Priestern Anhang hatte.

20,13 *Judenzins:* hoher, wucherischer Zins.

20,14 *Schlamp:* Schleppe am Frauenkleid; von mhd. slampen, ›schlaff herunterhängen‹.

20,20 *Ins Loch:* volkstümlich für: ins Gefängnis.

20,29 *Extremitäten:* eine ungewöhnliche Wortbildung, die auch bei Schillers Vater nachgewiesen worden ist; eigentlich ›Extreme‹, also: außerordentliche Bildungen, hier im positiven Sinne.

20,32 *der Geist Hermanns:* Gemeint ist Hermann der Cherusker, der 9 n. Chr. dem röm. General Varus im Teutoburger Wald die Niederlage beibrachte, die die Romanisierung Germaniens verhinderte. Durch Klopstocks Drama »Hermanns Schlacht« (1769), dem später »Hermann und die Fürsten« (1784) und »Hermanns Tod« (1787) folgten, war die Gestalt als nationaler Heros aufgebaut worden. Kleist und Grabbe führten den Stoff literarisch zum Höhepunkt. Hermann wurde zur Verkörperung aller edlen Züge der Deutschen, vor allem ihres Freiheitswillens und einer unverdorbenen Natürlichkeit.

20,34 f. *Rom und Sparta:* als Beispiele für freiheitliche, von Männerherrschaft und soldatischen Tugenden bestimmte Republiken.

20,38 *Chapitre:* frz., Kapitel; du bringst mich aufs Chapitre = du bringst mich aufs richtige Thema.

21,2 *aufs Tapet bringen:* Tapet ist die grüne Tischdecke in Sitzungszimmern; daher: auf die Tagesordnung bringen.

21,4 *Vorhaut:* Anspielung darauf, daß Spiegelberg beschnitten ist. Ob er Jude ist oder nicht, wird vor allem

in der älteren Schiller-Literatur lebhaft diskutiert. – Wie
Jakob Friedrich Abel, Schillers Philosophieprofessor auf
der Karlsschule, in seinen Aufzeichnungen über Schiller
erläutert, liegen Spiegelbergs Vorschlag tatsächliche Ereignisse zugrunde: »Selbst der Plan Spiegelbergs, nach
dem h. Lande zu wandern ist eine Idee, mit der einer
seiner Kameraden, welchen Sch. als schlecht denkenden
Menschen verachtete, [sich] oft und lange getragen
hatte« (zitiert nach Weltrich I,842). Einen wichtigen
neuen Beitrag dazu bildet Philipp F. Veit, »Moritz Spiegelberg. Eine Charakterstudie zu Schillers ›Räubern‹«,
in: Jahrbuch der Deutschen Schillergesellschaft, 17. Jg.
(1973) S. 273–290.

21,5 *Barbier:* noch im 18. Jh. zugleich Chirurg und Haar-
schneider.

21,6 *Bärenhäuter:* Nach Tacitus' »Germania« trugen die
Germanen Felle und faulenzten im Frieden; sie lagen also
auf der Bärenhaut; daraus wird im 16. Jh. ›Bärenhäuter‹.

21,9 *Manifest:* Programmschrift meist politischen Inhalts;
von lat. manifestare, ›offenbaren, sichtbar machen‹.
ausgehen: hinausgehen.

21,9 f. *zitieren ... ißt:* rufen alle Juden auf, nach Palästina
zu kommen. Noch heute essen die orthodoxen Juden kein
Schweinefleisch.

21,11 *Dokumente:* von lat. documentum, ›Urkunde‹.

21,11 f. *Herodes der Vierfürst:* Herodes Antipas. Bei der
Vierteilung des jüdischen Reiches Herodes' des Großen,
seines Vaters, um 4 v. Chr. wurde er der Herrscher von
Galiläa und Peräa und damit der Landesherr Jesu. Er
ließ Johannes den Täufer hinrichten und wurde 39 n. Chr.
von dem röm. Kaiser Caligula verbannt.

21,13 *Viktoria:* lat., Sieg; hier ›Siegesgeschrei, Jubel‹.

21,15 *weils:* solange es; bis ins 18. Jh. in dieser urspr. tem-
poralen Bedeutung verwendet.

21,16 *Zedern ... Libanon:* Vgl. Hes. 27,5: »Sie haben [...]
die Zedern von dem Libanon führen lassen und deine
Mastbäume daraus gemacht.«

21,22 *den verlorenen Sohn spielen:* reumütig nach Hause
zurückkehren; s. Anm. zu 9,25 f.

21,24 *Substituten:* lat., Stellvertreter; Amtsschreiber, die
die Erlasse der Stadtverwaltung schriftlich niederlegten.

21,29 *Kollegio:* lat. Dativendung; gemeint ist das Ratskollegium der Stadt.

21,30 *Revanche:* frz., Rache.

21,31 *schmollte:* von mhd. smollen, ›unwillig schweigen‹ bekommt im Schwäbischen die Bedeutung ›lächeln‹. Der junge Schiller verwendet das Wort öfter, und zwar mit dem Sinn ›überlegen lächeln‹, vgl. S. 89,33 oder »Fiesco«, III,2: »niederzuschmollen in der Menschlichkeit reißenden Strudel« und III,10: »Fiesco (schmollt). Ich bin Ihnen sehr verbunden.«

21,31 f. *Reskript:* lat. rescriptum, ›Erlaß, Bescheid‹.

21,33 *Stund / Knoch:* Entsprechend den umgangssprachlichen Formen im Schwäbischen läßt Schiller häufig auslautendes -e, -er und -en fort. »Die Räuber« enthält viele Beispiele dafür, im folgenden etwa: *Meng, Ripp, Eingeweid.* Je temperamentvoller Spiegelberg auf den folgenden Seiten argumentiert, um so auffälliger ›schwäbelt‹ er.

21,34 *Rundung:* Umgebung.

21,35 *düsselten:* sprachen leise; Seitenform zum Subst. ›Dusel‹, aus dem mhd. twas, ›Tor‹ (eigtl.: der, der verwirrt schweigt); vgl. das nhd. tuscheln.

21,36 *Pursche:* oberdt. Nebenform zu ›Bursche‹, alter Plural von ›Burschen‹.

22,1 *Schießen zu Hornberg:* sinnbildlich für ein Unternehmen, das zu nichts führt; wahrscheinlich von dem Versuch Hornbergs, einer Stadt im Schwarzwald, 1519 ihre Belagerer aus Villingen durch eine (erfolglose) Kanonade abzuschütteln. In anderen Versionen hatten die Hornberger ihre Munition bei einem Salut verschossen und standen bei einer Belagerung ohne Munition da oder verbrauchten ihre für einen Salut bestimmte Munition schon beim Probeschießen.

22,2 *Konzilium:* lat., Rat, Gruppe.

22,4 *Wir sorgten:* wir waren besorgt.

22,6 *forcieren:* frz., zwingen.

22,7 *Abstreich:* Siehe Anm. zu 20,11.

22,8 *Batzen*: süddt. Währung aus dem 16. Jh. im Wert von vier Kreuzern. Durch die Reichsmünzordnung von 1559 wurde sie abgeschafft; vgl. das Volkslied »Ein Heller und ein Batzen . . .«

22,11 f. *Leichenpomp . . . Carmina:* Begräbnisfeier und dazu gedichtete Trauergesänge und -gedichte (von lat. carmen, ›Lied‹).

22,19 f. *Mort de ma vie:* frz. Fluch: Tod meines Lebens; er entspricht etwa dem dt. ›verdammt‹.

22,20 *Garnison:* frz., Besatzung.

22,27 *den alten Filzen hast aufgezogen:* den alten Geizhals [seinen Vater] hast verspottet. ›Filz‹ ist eine gestampfte Masse aus Tierhaaren. »Wegen seiner Lodenkleidung (mhd. vilzgebûr) heißt der Bäurische spätmhd. vilz, wegen seines Geizes wird dieser Filz zu ›Geizhals‹« (Kluge). Ebenso S. 29,3.

23,1 *wie wenig:* schwäbisch, wenigstens.

Schuh: andere Bezeichnung für das alte Längenmaß Fuß (etwa 30 cm).

23,3 *Pflumpf:* lautlich korrekte Verschiebung des plattdt. ›plumps‹ zum Oberdt.

23,9 *Seelengaudium:* gaudium, lat., ›Vergnügen‹, also: Seelenvergnügen.

23,15 f. *auf mich dar:* auf mich los.

23,17 *Tausend Schwerenot!:* ›Schwerenot‹ Zusammenschreibung für ›schwere Not‹, das frühnhd. speziell Epilepsie bedeutet. Diese Bedeutung liegt wohl auch der Verwendung als Fluch zugrunde, hier durch ›Tausend‹ verstärkt; vgl. auch S. 59,14; 61,26.

dir: der sog. ›freie Dativ‹ oder Dativus ethicus, wie er in volkstümlicher Redeweise und Dichtung bes. gebräuchlich ist; er bezeichnet die Person, die an einer Situation oder einem Geschehen im Satz inneren Anteil nimmt oder nehmen soll; vgl. auch S. 55,23.31.

just: gerade, eben, Adv., entlehnt aus frz. juste (vgl. justamente aus frz. justement), fand erst in der 2. Hälfte des 18. Jh.s aus der Volkssprache Eingang in die bereits derbere Schriftsprache (Sturm und Drang).

23,19 *wütig:* ältere Form von ›wütend‹ (mhd. ›wüetic‹).

resolviert: entschlossen; von lat. resolutio, ›Entschließung‹; ebenso S. 57,4.

23,33 *Dein Pfund vergraben:* Anspielung auf das Gleichnis von den anvertrauten Pfunden (Luk. 19,11–28).

23,38 *Seelenjubilo:* Vgl. *Seelengaudium* S. 23,9; jubilo, lat., ›ich jauchze‹.

24,3 *Kanaille:* frz., Schuft, Lump.
24,4 f. *bei geraden Fingern verhungern:* ehrlich verhungern;
vgl. das Gegenbild: krumme Finger machen = stehlen.
24,11 *wenn mein kreißender Witz in die Wochen kommt:*
wenn mein hochschwangerer Einfallsreichtum zu gebären
beginnt.
24,18 *bramabarsiert:* schneidet auf, prahlt; wohl von span.
bramar, ›toben, brüllen‹; in Dtl. seit Beginn des 18. Jh.s
nachweisbar.
24,26 *Kropfpulver:* Pulver zur Heilung der krankhaften
Vergrößerung der Schilddrüse.
24,26 f. *Kamerale:* von ital. camera del commune, ›Stadt-
kämmerei‹, später dann: Volkswirtschaftslehre.
24,27 *die Sullys:* Herzog Maximilien de Sully (1560–1641),
Finanzminister Heinrichs IV. von Frankreich.
24,28 *Louisdore:* frz. Goldmünzen, die, unter Louis XIII.
zuerst geprägt, von 1641 bis 1803 in Umlauf waren.
24,30 *Memmen:* Feiglinge; von mhd. memmendic, ›sanft‹.
24,33 *Schandsäulen:* Schandpfahl, Pranger; vgl. Anm. zu
S. 38,24.
24,35 *edler:* Komparativ ohne Endung: edleres.
25,5 f. *aufgehoben:* ausgehoben.
25,12 *hieher:* ahd. hiar war im Mhd. zu ›hie‹ geworden mit
Abfall des -r wie in ›da‹. Wenn sich ein vokalisch anlau-
tendes Adv. anschloß, blieb -r- bewahrt: hierinne. Von
diesen Verbindungen aus ist ›hier‹ im Nhd. wieder zu
allgem. Geltung gelangt.
25,24 *Gestus:* Gesten; lat. Pluralendung -us.
25,25 *Sankt-Veits-Tanz:* krankhafte Körperzuckungen; der
Name rührt von dem heiligen Veit her, der bei Krankheit
angerufen wurde. Ebenso wurden Tänze religiöser Bege-
sterung im Spätmittelalter genannt.
25,32 *Pantomimen eines Projektmachers:* wortloses Gebär-
denspiel eines Pläneschmieds.
im Stubeneck: im Süddt. übliches Neutr.
25,33 *La bourse ou la vie!:* frz., Geld oder Leben!
26,5 *kürzlich:* kurz.
26,11 *traktiert:* behandelt; von lat. tractare.
26,11–13 *bis deine Haare ... werden:* Vgl. Dan. 4,30: »...
bis sein Haar wuchs so groß wie Adlerfedern und seine
Nägel wie Vogelklauen wurden.«

26,29 *vermaledeiten:* verfluchten; im 13. Jh. aus dem frz. maldire (später maudire) gebildet, das von lat. male- dicere, ›übelsagen‹ stammt.

26,33 *raffiniert:* sinnt auf, denkt sich aus; von frz. raffiné, ›verfeinert, durchtrieben‹.

26,34 *Mähre:* mhd. mar, marc, ›Streitroß‹; das Wort wird schon zu Schillers Zeit fast nur noch abfällig gebraucht: abgemagertes, kraftloses Pferd.

26,35 *Hundsfott:* eigtl. Geschlechtsteil der Hündin (urspr. ›futt‹, das erst im 18. Jh. zurücktritt); Schimpfwort für einen verächtlichen Menschen, dem Sinn nach auf die Schamlosigkeit der läufigen Hündin bezogen.

27,7 *lichten Galgen:* licht (mhd. lieht) heißt ›hell‹; vgl. ›lichterloh‹. »Wenn Schiller vom ›l. G.‹ spricht, so scheint das ein Widerspruch zu sein. Aber er nennt ihn so, weil Verbrecher frühmorgens, wenn der Tag licht wurde, ge- henkt wurden« (Trübners Deutsches Wörterbuch, Bd. 4, 1943, Sp. 460). Ebenso S. 59,21.

27,19 f. *auf Borgs:* auf Pump, geliehen; älterer Ausdruck, eigentlich nur in der Wendung ›auf Borg(s) nehmen oder geben‹.

27,32 *Schuldturm:* Zahlungsunfähige Schuldner wurden früher in Gefängnisse gesperrt, diese aber befanden sich meist in den Kellern der dickwandigen Turm- und Be- festigungsanlagen.

27,32 f. *zusammenschnurren:* schrumpfen.

27,33 *zum Jüngsten Tag posaunt:* Nach Offenb. 8–11 bla- sen sieben Engel zu Beginn des Jüngsten Gerichts die Posaune; vgl. S. 47,10: *die Glocke der Auferstehung läu- tet.*

27,35 f. *Bänkelsängerlied:* Lied eines fahrenden Musikan- ten, der für den Vortrag seiner Balladen von den Zu- hörern Geld kassierte. Um besser gesehen zu werden, stand er auf einer Bank.

27,37 *zum Kalbsfell schwören:* Soldat werden; der Soldat leistete seinen Eid auf die mit Kalbsfell bespannte Trom- mel.

27,39 *milzsüchtigen Laune:* schlechten Laune; Hypochon- drie wurde schon in der Antike auf eine Erkrankung der Milz zurückgeführt.

28,1 *nach dem Takt ... gehn:* Spießruten laufen.

28,2 f. *im Galliotenparadies ... hinterherschleifen:* galli-
otto, ital., ›Galeerensklave‹; *Vulkan:* in der röm. Mythologie der göttliche Schmied. Der Ausdruck bedeutet daher: als Sklave auf einer Galeere eine schwere Eisenkette
am Fuß tragen.

28,6 f. *sie treffen endlich auf eins:* sie kommen schließlich
auf eins hinaus.

28,10 *rezensiertet:* Bücher kritisch besprächt; von lat. re-
censere, ›mustern, durchlaufen‹.
  wie's wirklich Mode ist: wirklich ist wieder das schwäbische ›jetzt‹; vgl. Anm. zu 10,37. Schiller selbst gab wenig später die »Anthologie auf das Jahr 1782« heraus,
die im wesentlichen mit eigenen Gedichten gefüllt war;
zum angeblich aktuellen Bezug dieser Stelle siehe Stubenrauch (NA III,403).

28,11 f. *ihr ratet nach zu meinen Projekten:* nach = nahe;
ihr erratet meine Pläne beinahe.

28,13 *Pietist:* Anhänger einer protestantischen Glaubens-
richtung, die, im 18. Jh. vor allem in Schwaben und
Mitteldtl. verbreitet, ein verinnerlichtes und auf persön-
liche Erweckung durch Gott geleitetes Christentum predigte. Die Verspottung der frömmelnden Art der Pietisten ist in den dt. Literatur des 18. Jh.s verbreitet; siehe
etwa die Lustspiele »Die Pietisterei im Fischbeinrocke«
von Luise Adelgunde Gottsched (1713–62) und »Die Betschwester« von Christian Fürchtegott Gellert (1715–69).

28,15 *Atheist:* Gottesleugner; von griech. a-theos, ›ohne
Gott‹.

28,16 *Wir könnten ... schlagen:* Wir könnten den Wahr-
heitsgehalt der vier Evangelien angreifen, um Aufsehen
zu erregen.

28,17 *ließen ... verbrennen:* Angeblich sittlich gefährliche
Bücher wurden öffentlich verbrannt. Laut Scharffenberg,
einem Mitschüler Schillers, hat dieser während der Entstehung der »Räuber« gesagt: »Wir wollen ein Buch
machen, das aber durch den Schinder absolut verbrannt
werden muß« (Schillers Persönlichkeit I,162).

28,19–22 *Oder zögen ... lautet:* Franzosen = frz. Krankheit = Syphilis. Der genannte Arzt ist an seinen Queck-
silberkuren zur Bekämpfung der Syphilis reich geworden
und hat sich von dem Verdienst ein Haus gebaut.

28,26 *honette:* ehrenwerte; von lat. honestus, ›anständig‹ über das frz. honnête ins Dt. gekommen.

28,32 *poussieren:* behagen, schmeicheln; von frz. pousser, ›treiben, drängen‹.

28,39 *Hollunke:* seltene Nebenform zum heutigen ›Halunke‹; im 16. Jh. aus tschech. holomek ›nackter Bettler‹ entlehnt. Schiller verwendet sie auch in »Fiesco«, III,4.

29,3 *Dritteil:* Schon im Mhd. wird -tel aus dem urspr. -teil, das sich aber mundartlich zu Schillers Zeit noch gelegentlich fand.

29,6 f. *das goldne Alter:* einer der Mythen der abendländischen Philosophie, der von der Antike bis etwa noch zu Marx reicht. Danach herrschten am Anfang oder werden am Ende der Geschichte paradiesische Zustände für den Menschen herrschen.

29,8 f. *Pestilenz, teure Zeit:* Vgl. Matth. 24,7: »[...] und werden sein Pestilenz und teure Zeit«; schon bei den Propheten häufig.

29,13 *Finten:* im 17. Jh. aus ital. finta übernommen; eigtl. ein Fechterstreich, bei dem ein falsches Ziel vorgetäuscht wird.

29,14 *respektiert:* geachtet; von lat. respectare, ›Rücksicht nehmen, achten‹.

29,15 f. *bei lebendigem Leibe gen Himmel fahren:* am Galgen aufgehängt werden; daher die folgende Ausmalung.

29,16 *trutz:* oberdt. Nebenform zu ›trotz‹, die den mhd. Lautstand wahrt; ebenso S. 35,7; 43,28; 92,29 f.

29,20 f. *die Engel ... halten:* der oberste Rat der Teufel tagt; *Synedrium:* griech. oberste Behörde in Jerusalem und Ratsversammlung überhaupt.

29,22 *Monarchen:* griech., Alleinherrscher.
Potentaten: Machthaber (Pl.); von lat. potentia, ›Macht‹.

29,24 *Jupiters königlichem Vogel:* Der Vogel des höchsten röm. Gottes, des griech. Zeus, war der Adler.

29,26 *vor dem dreibeinigen Tiere:* vor dem Galgen, der eine Konstruktion aus drei Holzpfosten darstellte.

29,28 *Universalgenie:* Alleskönner; von lat. universalis, ›allgemein‹.

29,29 *reformieren:* lat. reformare, ›verändern‹.
Schindanger: Begräbnisstätte der Verbrecher; schinden, mhd., ›häuten‹; anger, mhd., ›nicht kultiviertes Gras-

land‹. Auf den Schindanger wurde urspr. nur das gestorbene Vieh geworfen, dann auch die Hingerichteten, die kein Begräbnis auf dem Kirchhof erhielten.

29,33 *Successionsleiter:* Nachfolgeordnung; von lat. successio, ›Nachfolge‹.

29,34 *Oktavseiten:* Oktav ist ein Buchformat.

29,37 *kein Wasser im Hirn gehabt haben:* ein kluger Mensch gewesen sein. Die Passage klagt die verkehrte Rangordnung der Welt an: Auch der unbedeutendste Fürst wird in den Geschichtsbüchern verewigt, aber die Universalgenies enden gerade wegen ihrer Genialität, die sich im Rahmen der bestehenden Ordnung nicht entfalten kann, als Verbrecher. Der Wanderer, der einen Gehängten sieht, folgert deshalb richtig, daß dieser ein kluger Mann gewesen sein muß.

30,3 *Prostitution:* zu Schillers Zeit häufig noch nicht verengt auf das Sexuelle: Ehrlosigkeit, Erniedrigung; von lat. prostituere, ›preisgeben‹.

30,5 f. *ein Pülverchen ... fördert:* Gift bei sich haben, mit dem man sich töten kann. *Acheron:* in der griech. Mythologie der Fluß, jenseits dessen das Totenreich beginnt.

30,8 *Katechismus:* Luthers Leitfaden des christlichen Glaubens in Frage und Antwort; daher hier: so lautet auch mein Glaubensbekenntnis.

30,9 *Blitz!:* wie hier früher als Fluch oder Ausruf des Erstaunens gebräuchlich; vgl. auch Anm. zu S. 42,33.

30,11 *ein anderer Orpheus:* ein zweiter Orpheus. Der mythische Sänger konnte durch seinen Gesang und sein Leierspiel alle Lebewesen zur Ruhe bringen; so auch hier das allegorisierte Gewissen.

30,14 *Si omnes ... dissentio:* lat., Wenn alle zustimmen, widerspreche ich nicht. Mit Komma hieße der Satz: Wenn auch alle zustimmen, ich nicht; ich widerspreche.

30,16 *Quacksalber:* Kurpfuscher. Das Wort ist im 16. Jh. aus dem Niederländischen übernommen worden: kwakken, ›schwatzen, prahlen‹; salf, ›Salbe‹.
Jauner: ältere Form von ›Gauner‹, die den urspr. Anlaut bewahrt, denn ›junen‹ ist ein im 15. Jh. belegtes rotwelsches Wort für ›spielen‹.

30,25 f. *Myriaden:* griech., Zehntausend; hier im übertragenen Sinne: Unzählige.

31,15 *Stockfisch:* Der getrocknete Fisch wurde metapho-
risch im 16. Jh. auf langweilige, phantasielose Menschen
als Schimpfwort übertragen.

31,19 *Erzt:* sprachl. Sonderform im 15. bis 18. Jh. für
›Erz‹.

31,25 *Megäre:* in der griech. Mythologie eine der drei Erinnyen, der Rachegöttinnen; daher hier im übertragenen
Sinne: wenn Vaterliebe sich rasend gebärdet.

31,26 *verwilde:* veraltet für ›verwildere‹.

32,6 *Pasquill:* »anonyme Schmäh- oder Spottschrift auf e.
Person in Wort oder Bild. Der Name entstammt e. 1501
von Kardinal Caraffa ausgegrabenen und vor seinem
Palais Braschi in Rom aufgestellten antiken Torso des
Aiax oder Menelaos, den die spottlustigen Römer des
16. Jh. nach e. gegenüberwohnenden Schneider Pasquino
(Diminutiv: Pasquillo) nannten und an den sie wie eben
jener Schneider solche Schmähschriften, bissige Satiren
und Epigramme auf Zeitereignisse und -zustände anhef-
teten, die z. T. unter dem Titel P. gesammelt herausgegeben wurden« (Gero von Wilpert: Sachwörterbuch der
Literatur, ³1961, S. 435).

32,18 *Otterbrut:* Vgl. Matth. 3,7; für die Menschheit allgemein, die seit dem Sündenfall falsch ist.

32,19 *wo ich . . . erzielen:* wo ich auf das Herz ihres Lebens
zielen.

32,23 *weisen:* lenken, belehren; von mhd. wîsen, ›weise
machen‹.

32,36 *So wahr meine Seele lebt:* Vgl. 1. Sam. 20,3: »Wahrlich, so wahr der Herr lebt, und so wahr diese meine
Seele lebt.«

33,1 *Star:* Augenkrankheit, die durch Trübung der Linse
bewirkt wird. Sie erscheint schon im Mhd. unter diesem
Namen, den der starre Ausdruck der erblindeten Pupille
nahelegt.

33,2 *ins Käficht:* in den Käfig; die Auslauterweiterung -t,
die im Frühnhd. häufig auftritt, wie auch das Neutr.
waren im 18. Jh. üblich.

33,6 *an Menschheit appellierte:* mich an die Menschheit
wandte; von lat. appellare, ›zur Rede stellen, mahnen‹.

33,27 *aufgeworfenen:* in die Luft geworfenen.

33,30 *Fatum:* lat., Schicksal.

Jeden ereilet endlich sein Tag: Anspielung auf Vergils »Aeneis«, X,467: »Stat sua cuique dies.«

33,32 *Rad:* aufs Rad flechten; früher übliche Hinrichtungsart: Dem Delinquenten wurden mit einem Wagenrad, auf das er dann gebunden wurde, die Glieder zerschmettert.

33,35 *Dein Register ... weggelassen:* eine dunkle Anspielung Spiegelbergs, auf Moor einen Mordanschlag zu machen, was im Laufe des Stückes nicht geschieht. Angemessener im Hinblick auf IV,5 mit Spiegelbergs Verrat und Ermordung durch Schweizer schreibt Schiller in der »Trauerspiel«-Fassung: »Dein Register hat ein Loch! Du hast Verrätherey weggelassen!«

Dritte Szene

34,9 *Kissen von Eider:* Die Federn der nordischen Gänseart Eider sind besonders weich und daher als Kissenfüllung beliebt.

34,13 *zween:* Das Mhd. unterscheidet noch strikt die drei Genera bei dem Numerale ›zwei‹: Mask. ›zwēne‹, Fem. ›zwō‹, Neutr. ›zwei‹, die Schiller noch korrekt verwendet, obwohl zu seiner Zeit die Unterschiede schon verschwunden waren und das Neutr. sich durchgesetzt hatte, vgl. etwa S. 76,13 *zwo Flammen.*

34,15 f. *Auf seinem Todbett ... Karl:* Vgl. Leisewitz' »Julius von Tarent«, II,5; dort sagt Aspermonte, als Julius mit Bianca fliehen will: »Ziehen Sie hin – und lassen Sie Ihren Vater in seinem Sterbezimmer umsonst nach einem Sohne suchen.«

35,15 *Metze:* urspr. Kurzform des Namens Mechthild; von daher für: Mädchen niederen Standes, dann für: Dirne.

35,39 *das garstige Laster:* die Syphilis, die im folgenden von Franz scheußlich ausgemalt wird.

36,7 *eitrigten:* Die Auslauterweiterung -t nach dem Adjektivsuffix -ig entsteht im 18. Jh. in Analogie zur Erweiterung der Subst. auf -ich (vgl. *Käficht,* Anm. zu 33,2). Schiller verwendet die heute veraltete Form öfter in den »Räubern«, etwa: *blattrigt, zackigt, zottigt, staubigt.*

36,13 *Siechenhause:* Krankenhause; aus dem Mhd. stammendes Wort: siech(en)hus.

36,14 *zuzublinzen:* blinzen: urspr. Form zu dem bereits im

19. Jh. vorherrschenden ›blinzeln‹; ähnlich S. 62,18.
ruftest: im 18. Jh. gelegentlich gebrauchtes schwaches Prät.

36,21 *englischen:* engelgleichen; heute ungebräuchlich gewordene, damals sehr verbreitete Form; vgl. S. 50,23 *Englische Seele.*

36,22 *balsamischen Atem:* Balsam ist das wohlriechende Harz der Balsamstaude.

36,22 f. *Ambrosiadüften:* Düften wie von der Götterspeise Ambrosia in der griech. Mythologie.

36,27 *Walplatzes:* mhd. wal, ›Schlachtfeld‹; vgl. S. 44,26 *Walstatt.*

36,32 *äsopischen Krüppel:* Der griech. Fabeldichter Äsop (6. Jh. v. Chr.) war der Überlieferung nach verkrüppelt.

36,33 *Rubin:* dunkelrot glänzender Edelstein. Das Wort (von lat. rubeus, ›rot‹) kommt über das frz. rubin um etwa 1200 nach Dtl.

36,34 *blattrigten Lippen:* entstellt durch die Blattern, eine früher weit verbreitete Krankheit, die den Körper, vor allem das Gesicht, durch die Narben von Pusteln entstellte.

36,36 *Festen:* dichterisch für ›Festungen‹.

37,35 f. *welche Blume war mir über die Rose:* welche Blume galt mir mehr als die Rose.

38,23 *Ehe:* eher; beide Formen gehen auf das mhd. ēr, ›früher‹ zurück. Adv., wie hier, und Konjunktion (ehe = bevor) differenzieren sich erst im Nhd., aber die Schillersche Form herrscht noch lange vor; ebenso S. 45,9; 117,14.

38,24 *Pranger:* Bis ins 19. Jh. wurden Verbrecher zur öffentlichen Schaustellung, Züchtigung und Verspottung an einen Holzpfahl auf dem Marktplatz gekettet. Das Wort taucht erst im 14. Jh. auf, obwohl die Sache älter ist.

38,32 *Lotterbube:* Lotter-: mhd. lotter ›schlaff, locker, leer‹; als Substantiv mit moralischem Akzent einen Landstreicher bezeichnend.

38,35 f. *Purpur der Gesalbten:* Das Anlegen des mit teurem Purpur gefärbten Mantels gehörte zu den Ritualien bei der jüdischen Königskrönung. Es spielt noch bei der Verspottung Jesu eine Rolle (vgl. Matth. 27,28).

Zweiter Akt. Erste Szene

40,4–41,36 *Es dauert ... Gift:* Der ganze Monolog Franz'
steht in engem gedanklichem und sprachlichem Konnex
mit Schillers Dissertation »Über den Zusammenhang der
tierischen Natur des Menschen mit seiner geistigen«, die
er im November 1780 als medizinische Prüfungsarbeit
einreichte.

40,7 f. *dem unterirdischen Zauberhund:* der im Märchen
häufig vergrabene Schätze zu bewachen hat.

40,10–12 *das eiserne Joch des Mechanismus ... den Schnek-
kengang der Materie:* Gemeint sind die rein physischen
Funktionen des Körpers. Das Vokabular dafür ist in der
aufklärerischen Tradition gängig. Franz geht der natürliche Verfall des väterlichen Körpers zu langsam, deshalb
will er ihn durch seelische Erschütterungen beschleunigen.

40,13 f. *Licht ... Öltropfen:* Der Gedanke ist in die Metapher der Öllampe gekleidet.

40,25 *Gichtrige Empfindungen:* in Schillers Terminologie:
Krämpfe; deutlicher wird diese Bedeutung an zwei Stel-
len in »Fiesco«; I,7: »Ich weiß eine Zeit, wo du bein
Anblick einer Krone Gichter bekommen hättest.« und
I,12: »Dein Leben sei das gichterische Wälzen des ster-
benden Wurms.«

41,4 *bis hieher und nicht weiter:* Vgl. Hiob 38,11: »Bis
hierher sollst du kommen und nicht weiter.«

41,9 *Flor des Lebens:* Blüte des Lebens; von lat. flos,
›Blume‹.

41,14 *Arsenal:* aus dem Arabischen ins Ital. eingedrungenes
Wort: Vorratsgebäude, vor allem für Kriegsgerät; hier:
Vorrat.

41,20 f. *Eumenide:* euphemistischer Name (die Wohlgesinn-
ten) für die Erinnyen, die griech. Rachegöttinnen, die den
Verbrecher verfolgten und ihm seine böse Tat so lange
ins Ohr flüsterten, bis er seelisch zusammenbrach; daher
die folgenden Bemerkungen über die wiederkäuende
Schlange.

41,26 *Grazien:* Göttinnen der Anmut in der griech. Mythologie.

41,32 *Furientrupp:* Furien ist der röm. Name der Erinnyen;
vgl. Anm. zu 41,20 f.

41,34 f. *des Zergliederers Messer:* bei einer möglichen Leichensezierung.

41,36 *korrosivischem:* zersetzendem; von lat. corrodere, ›zernagen‹.

41,40 *Prognostizieren:* medizinischer Terminus: den Verlauf einer Krankheit bestimmen; von lat. prognoscere, ›vorherwissen‹.

42,2 *Deus ex machina:* lat., der Gott aus der Maschine; im übertragenen Sinne: jemand, der wie gerufen kommt. Der Ausdruck entstammt der griech. Theatergeschichte: Häufig löste am Ende des Stücks ein in einer Theatermaschine aus den Wolken auf die Bühne kommender Gott die Handlungsverwicklungen.

42,3 *Junker:* Sohn eines Edelmannes; aus dem mhd. junc herre, ›junger Herr‹.

42,11 *Haar auf der Zunge:* Haare auf den Zähnen; in beiden Fällen ist statt ›auf‹ ›über‹ gemeint: Frauen mit Haarflaum auf der Oberlippe galten als maskulin, herrisch, streitsüchtig.

42,33 *Wetter Element!:* ›Wetter‹ häufig als Fluch in Verbindung mit Naturereignissen wie Donner, Blitz, Hagel; vgl. S. 43,21 f.; 55,32 f.; 62,33 f.; 71,17.

43,1 *zwischen dem Rindfleisch und Meerrettich:* schnell und nebenher, wie zwischen zwei Gängen einer Mahlzeit.

43,12 *Ratze:* Nebenform zu ›Ratte‹. Sie ist schon im Ahd. (ratza) und Mhd. (ratze) nachweisbar und aus einer germ. Koseform ›ratizo‹ entwickelt. Gebräuchlich war sie vor allem im Oberdt.; vgl. noch heute ›ratzekahl‹ = kahl wie ein Rattenschwanz.

43,24 *ihn und ihn:* Die Wiederholung als Emphase stammt aus dem Alten Testament. Gemeint ist also mit dem doppelten *ihn* dieselbe Person.

43,35 *eilf:* ältere Form für ›elf‹, denn das Mhd. hat ›eilif‹ aus ›ein‹ + lif = eins darüber (über zehn). Die Form hält sich bis zum Ausgang des 18. Jh.s; ebenso S. 53,21; 138,14; 139,36.

44,4 *Ich will ihn am Kruzifix erwürgen:* Wenn er vor dem Kruzifix betet; vgl. Shakespeares »Hamlet«, III,3 (Hamlets Skrupel, den König beim Beten zu töten) und IV,7, wo Laertes auf die Frage des Königs »Was wollt Ihr unternehmen?« antwortet: »Ihn in der Kirch' erwürgen.«

44,13 *glostet:* glimmt; das mhd. Verb, das ›glänzen, verhalten glühen‹ bedeutet, hält sich im Westoberdt. bis in
Schillers Zeit und erscheint als dichterisches Wort noch
im Expressionismus.

44,25 f. *Treffen bei Prag:* Sieg Friedrichs des Großen über
die Österreicher im Siebenjährigen Krieg (1757). Die Angabe ist wichtig für die Bestimmung der Handlungsdauer;
vgl. Anm. zu Personen: *Die Zeit.*

44,30 *Kommission:* Auftrag; von lat. commissum, ›das An-
vertraute‹.

44,31 *glaubig:* gläubig.

44,36 *Vivat:* lat. er lebe, Heil.

44,40 *zumal:* noch in der mhd. Bedeutung: ›zu male‹: zugleich.

45,4 *einiger:* im 18. Jh. noch häufig für ›einziger‹ gebraucht; vgl. S. 79,23 f. *ein einiges Wort;* 139,26 *das
einige Verdienst.*

Zweite Szene

45,20–26 *Leise, leise … leiden:* Otto Brahm (Das deutsche
Ritterdrama, S. 198 f.) hat die stereotype Greisenver-
ehrung des Sturm und Drang näher untersucht. Die Stelle
gehört in diese Tradition. Das typische Attribut des wei-
ßen Haares findet sich schon in »Ugolino« (1768) von
Heinrich Wilhelm von Gerstenberg (1737–1823). Schiller
ist auch in seinen anderen beiden Jugenddramen nicht
frei von dem stereotypen Gebrauch dieses Kennzeichens
des Alters: In »Fiesco« nennt Verrina Virginius den »eisgrauen Römer« (I,10); er bezeichnet sich selbst als »eis-
grauer Vater« (II,17) und erwähnt sein »graues Haupt«
(ebd.); Bourgognino redet ihn als »Graukopf« (I,12) an;
Andreas Doria argumentiert mit seinen »eisgrauen Haaren« und »diesem eisgrauen Kopf« (II,13) und schickt
den Genuesern »diese eisgraue Haarlocke« (V,14). In
»Kabale und Liebe« spricht Miller von »meinen eisgrauen
Tagen« (I,2) und sagt zu Luise: »Du siehst, mein Haar
fängt an grau zu werden« (V,1); Ferdinand apostrophiert
ihn als »Graukopf« und bemerkt »dies ehrwürdige Haar«
(V,2); und der alte Kammerdiener nennt sich und seine
Altersgenossen »wir Graubärte« (II,2).

46,21 *sechszehente:* ursprüngl. Schreibung, bevor das aus-

Vorzeichnung zur Kupferstichillustration von Daniel Chodowiecki: II,2

lautende -s von sechs mit dem anlautenden z- von zehn verschmolz; vgl. auch S. 66,13 *sechszig.*

47,13–18.24–29; 47,40–48,11 *Willst dich … im Lethe nicht!:* die Szene nach Homers »Ilias« VI (Abschied) und XXII (tödlicher Zweikampf mit Achill): Hektor nimmt von seiner Frau Andromache und seinem Sohn Astyanax Abschied und geht in den Kampf mit Achill, dem Enkel des Äakus, der den von Hektor getöteten Freund Patroklos rächen will.
Der erste Vers offenbar in Anlehnung an Klopstocks »Messias«, II,764: »Abdiel, mein Bruder, du willst dich mir ewig entreißen!«

47,18 *Xanthus:* Fluß bei Troja, das in dem Lied Ilium heißt.

47,29 *Elysium:* das Feld der Seligen im Totenreich, die dort ihre Tage in ewigem Spiel und Vergnügen zubringen.

48,2 *Priams großer Heldenstamm:* Priamos, der Vater Hektors und König von Troja, hatte zahlreiche Söhne, die im Trojanischen Krieg fielen.

48,4 *Cocytus:* von Klopstock in die Literatur eingeführter Name für den Styx, den Fluß, der zwischen dem Reich der Lebenden und der Toten fließt.

48,5 *Lethe:* Nebenfluß des Styx; bei der Überfahrt über ihn verliert der Tote alle Erinnerung an das ehemalige Leben; daher fürchtet Andromache, daß Hektors Liebe dort erlischt.

48,12 *verkappt:* urspr. ›eine Kappe tragend‹; dann allgemeiner ›sich durch Verkleiden unkenntlich machend‹; das Wort taucht im 16. Jh. auf.

48,32 f. *der leidige Krieg zwischen Preußen und Österreich:* der Siebenjährige Krieg (1756–63).

48,36 *Schwerin:* Kurt Christoph Graf von Schwerin (1684 bis 1757), preuß. Generalfeldmarschall, führte im April 1757 im Siebenjährigen Krieg ein Corps nach Böhmen.

49,31–33 *Nimm dies Schwert … daran:* In Leisewitz' »Julius von Tarent«, IV,6, sendet Aspermonte den blutigen Dolch Guidos mit den Worten: »Bring ihn dem Alten, ob das sein und seines Sohnes Blut sei.« Das Motiv taucht auch in der Ballade »Genofefa im Thurme« von Friedrich (Maler) Müller (1749–1825) auf. Schiller verwendet es in

»Fiesco« wieder: Als Bourgognino in V,3 Gianettino Doria erstochen hat, befiehlt er Zenturione: »Dies blutige [Schwert] bringst du meiner Braut. Ihr Kerker ist gesprengt.«

49,33 *gerochen:* Das urspr. starke Verb ›rächen‹ nimmt schon im Frühnhd. schwache Beugung an, wobei sich aber das Perf. Part. ›gerochen‹ lange widersetzt. Es war bis ins 17. Jh. die alleinige Form.

50,10 *Feiler:* käuflicher; vgl. S. 61,7 feile Hure.

50,24 *Panier:* Nebenform zu ›Banner‹, lange, an einem Querstab hängende Heerfahne; beide gehen auf das frz. bannière zurück. ›Panier‹, das durch Luther popularisiert wird, bewahrt den frz. Ton auf der zweiten Silbe, während ihn ›Banner‹ aufgibt.

51,8 *verzog:* zögerte, verweilte noch; von mhd. ›verzîhen‹.

51,24 *mich zu rächen:* Der Sinn dieser Bemerkung ist bis heute unklar. Am ehesten noch: Karl habe sich für den väterlichen Fluch dadurch rächen wollen, daß er in den Tod ging. Dafür spricht, daß Hermann Karl schon S. 49,33 sagen läßt: »Er [der Vater] ist gerochen.«

52,23 f. *es wird mir durch die Seele schneiden ein Schwert:* Vgl. Luk. 2,35: »[...] und es wird ein Schwert durch deine Seele dringen.«

52,32 *seraphischen:* den Seraphim gehörend, sechsflügligen Engeln, die nach Jes. 6.2–6 Gottes Thron umstehen und im Wechselgesang sein Lob singen; daher auch einfach: engelgleich.

53,10–39 *Jakob ... fahren:* Der von Amalia gelesene biblische Text ist 1. Mose 37,31–35.

54,4 f. *ruf dem Pastor:* ruf nach dem Pastor; ›rufen‹ oberdt. mit Dat.

54,18 f. *Schlaf und Tod sind nur Zwillinge:* antike Vorstellung. Sie war zur Zeit des jungen Schiller populär, weil Lessing sie im »Laokoon« (1766) erwähnt und sein Kritiker Christian Adolf Klotz (1738–71) ihm widersprochen hatte, worauf Lessing den Aufsatz »Wie die Alten den Tod gebildet« (1769) veröffentlichte. Johann Gottfried Herder (1744–1803) nahm zu dem Thema in Lessings Sinne in einem ebenso betitelten Aufsatz (1774) Stellung.

54,23 *du bist ein Schurke:* Vgl. Shakespeares »Othello«,

II,3, Jagos Monolog: »Und wer ist nun, der sagt, ich sei
ein Schurke?«

54,25 *den nackten Franz:* den wahren, den eigentlichen
Franz.

54,28 f. *Augbraunen:* ›Brauwen‹, der Pl. des mhd. ›brawe‹
wurde zu ›braun‹ zusammengezogen, wobei schließlich
das -n- als Teil des Wortstammes empfunden wurde, so
daß man einen Sing. ›Braune‹ bildete, der erst im 19. Jh.
verschwand; ebenso S. 92,26.

54,37 *Traktament:* gute Behandlung, ein gutes Essen; von
lat. tractare, ›behandeln‹.

54,40 *Liverei:* Eindeutschung des frz. livrée, uniformartige
Kleidung herrschaftlicher Diener.

Dritte Szene

55,8 *Trieb:* urspr. das, was auf eine Weide getrieben wird,
also eine Herde.

55,11–13 *hatte nichts ... achtundsiebenzig:* Parodie auf
1. Mose 32,11: »... denn ich hatte nicht mehr als diesen
Stab, da ich über den Jordan ging, und nun bin ich zwei
Heere geworden.«

55,13 *achtundsiebenzig:* Nimmt man die anderen Angaben
über die Stärke der Räubertruppe, dann muß Spiegelberg
hier maßlos übertreiben, denn S. 68,5 f. sagt Razmann:
»*unser sind achtzig in allem*«, und S. 71,26 bemerkt Karl
zum Pater: »*hier stehn neunundsiebenzig, deren Hauptmann ich bin*«.

55,13 f. *rejizierte:* lat. reiecere, ›zurückweisen‹.

55,15 *Kerles:* Schiller benutzt zu ›Kerl‹ mehrere Pluralformen: Kerle, Kerls, Kerles.
deliziöse: von lat. delicatus, ›hübsch, köstlich‹.

55,16 *als:* schwäbisch (auch pfälzisch/hessisch) ›immer‹;
vgl. auch Anm. zu S. 63,32.

55,19 *Renommee:* frz., Ansehen; hier ironisch für: schlech-
tes Ansehen.

55,22 *pur:* von lat. purus, ›rein‹; hier im Sinne von: nur.

55,23 *zun:* zu den; wenig gebräuchliche Zusammenziehung
von Präp. und Artikel, wie häufiger ›zum‹ = zu dem.

55,28 *Skrizler:* von ital. scrittore, ›Schreiber‹; hier abfällig
für: Zeitungsschreiber.

55,29 *Wurmdoktor:* »ein herumreisender Arzt oder Markt-
schreyer, welcher Mittel wider die Würmer im menschlichen Leibe verkauft« (Adelung).

55,30 *par force:* frz., mit Macht, sehr schnell.

inquiriert: von lat. inquirere, ›nachforschen‹; hier: ge-
richtlich befragen.

55,36 *Tobak:* Das urspr. aus den Indianersprachen Nord-
amerikas stammende Wort (tobaco, taboca) taucht in der
Mitte des 17. Jh.s in Dtl. in den Formen ›Tabak, Tuback,
Toback‹ auf. Erst im 19. Jh. setzt sich die heute gängige
Vokabel durch.

55,37 f. *Pseudo-Spiegelberg:* pseudos, griech., falsch.

55,38 *Glorie:* lat. gloria, ›Ruhm, Pracht‹.

paradieren: sich zur Schau stellen wie bei einer Parade.

56,3 *hinterrucks:* Die Form ohne Umlaut wahrt den mhd.
Lautstand.

56,7–58,11 *einen Spaß muß ... zu schleppen haben:* Das
Abenteuer, das Spiegelberg hier erzählt, sollte offenbar
urspr. eine eigene Szene des Stücks werden. Nach diesem
Plan sollte Amalia sich in ein Kloster zurückziehen, aus
dem Karl Moor sie befreien wollte. Tatsächlich beabsich-
tigt Amalia das in III,1 zu tun, gibt aber den Gedanken
auf, weil ihr in diesem Augenblick Hermann mitteilt, daß
sowohl Karl als auch der alte Moor leben. Offenbar von
dieser frühen Konzeption her erscheint in einem der
Pläne Schillers zur Fortsetzung der »Räuber« auch Ama-
lias Geist als Nonne (s. Kap. II, 5).

Die zuerst geplante Szene war Leisewitz' »Julius von
Tarent«, IV,6, nachgebildet, wo Julius Bianca aus dem
Kloster entführen will. Wir wissen von Schillers origina-
lem Plan durch den 1805 veröffentlichten anonymen Bericht eines Mitschülers – gezeichnet -s- (nach Max
Hecker: Johann Wilhelm Petersen?, nach Albert Leitz-
mann: Christian von Massenbach?) –, der schreibt: »Die
Kritik seiner Freunde vermochte so viel über ihn, daß er
manche zu grelle und sittenlose Scene in seinen ›Räubern‹, die er größtentheils auf dem Krankenzimmer aus-
arbeitete, wegließ oder milderte. Der Auftritt, da die
Räuber mit Karl Moor in's Nonnenstift, wo Amalia war,
mit Waffengewalt eindringen und der Geliebte im Got-
teshause, wo die Vestalinnen beten, die Geliebte zum

Eigenthum fordert oder im Falle der Weigerung die Kirche auf Einen Wink zum Bordell umzuschaffen droht, war gräßlich« (Schillers Persönlichkeit I,123).

56,11 *diem perdidi:* Angeblich sagte der röm. Kaiser Titus, wenn er an einem Tag nicht genug Gutes getan hatte: »Amici, diem perdidi.« (Freunde, ich habe einen Tag verloren.)

56,25 *hasselieren:* von frz. harceler, ›beunruhigen, plänkeln (im militärischen Sinne)‹.

56,28 *Finstere:* oberdt. für Finsternis.

56,34 *besprenzten:* besprengten; mundartliche Prägung; hier im Sinne von: urinieren.

56,37 *Eva vor dem Fall:* nackt, denn erst nach dem Sündenfall wurden Adam und Eva »gewahr, daß sie nackt waren, und flochten Feigenblätter zusammen und machten sich Schürze« (1. Mose 3,7).

56,40 *Vettel:* von lat. vetula, ›altes Weib‹.

57,3 *die übriggebliebenen wenigen Edlen:* die Zähne; parodistische Entstellung von Klopstock »Messias«, IV,20, wo Joseph von Arimathäa und wenige andere im Gegensatz zu den korrupten Ältesten und Priestern der Juden so bezeichnet werden.

57,9–11 *meine Kerls haben ... zu schleppen haben:* In Johann Martin Millers (1750–1814) Roman »Siegwart, eine Klostergeschichte« (1776), den Schiller kannte und schätzte, sagt ein Junker im Andenken an seine Überfälle in Nonnenklöstern: »O, da denk ich, wird man noch eine Zeitlang an uns denken. Uh, wenn ich so eine Nonne kriegt! 's Maul wässert mir noch« (1. Bd., S. 228).

57,16 *Korpus:* lat., Körper.

57,17 *Prälatsbauch:* Prälat ist ein Ehrentitel für höhere kath. Geistliche. Der schlemmende und hurende Priester ist seit dem Mittelalter ein beliebtes satirisches Thema in der Literatur.

57,20 *Henkers:* adverbiell für die Verwünschung ›beim Henker‹.

57,23 *Judizium:* lat., Urteil.

57,24 *das man ... nicht in der Gerste frißt:* svw. das man nicht mit der Muttermilch einsaugt, auf das man also Mühe verwenden muß.

57,26 *Weidenstotzen:* Weidenstumpf; ›Stotzen‹ ist eine Nebenform zu ›Stutzen‹.

57,27 *Grütz:* umgangssprachl. für Verstand (wie Getreide-
schrot im Gegensatz zu Spreu oder umgebildet aus älterem ›Kritz‹, Witz, scharfer Sinn).

57,29 f. *reis du ins Graubünder Land ... Gauner:* Diese
Stelle war für Herzog Karl Eugen der Anlaß, Schiller
das Schreiben von weiteren ›Komödien‹ zu verbieten,
weil sie zu außenpolitischen Komplikationen zu führen
drohte: Nach mehreren Zeitungsartikeln gegen Schiller
wurde der Angriff auf das Graubündner Land sogar
Thema der Standesversammlung in Chur. Die ganze Affäre beruhte allerdings auf einem Mißverständnis, denn
nach der Aufzeichnung Professor Abels wollte Schiller
mit dem Satz nur einen Aufseher in der Karlsschule treffen, der aus der Schweiz stammte und den die Zöglinge
nicht leiden konnten. Siehe zu der ganzen Affäre Weltrich I,620–637.

57,36 *hinausvotiert:* Die Form ist nicht ganz klar; entweder: ›verbietet‹, von lat. vetare, votare, ›verbieten‹;
oder: ›hinauswünscht‹, von lat. vovere, ›wünschen‹, oder:
›hinauswählt, abwählt‹ von engl. to vote, das seit dem
17. Jh. als ›votieren‹ gebräuchlich ist.

57,37 f. *so kann ... kommen:* Parodie auf Joh. 1,46: »Was
kann aus Nazareth Gutes kommen?«

58,7 *Bettelvögten, Stadtpatrollanten und Zuchtknechten:*
Aufsichtsbeamte der Bettler, Stadtwächter und Zucht-
hausaufseher.

58,11 *sondierst:* von frz. sonder, ›untersuchen‹.

58,12 *die wohlfeile Zeit, die fünf Prozent:* die Langeweile
und die Zinssätze. Spiegelberg macht sich also an Leute
heran, die nicht arbeiten oder ihre Schulden nicht bezahlen können.

58,14 f. *wider die Physiognomik eifert:* wohl eine ironische
Anspielung auf eine Stelle aus »Physiognomische Fragmente« von Johann Kaspar Lavater (1741–1801): »Die
meisten eifern wider die Physiognomik, weil sie das Licht
derselben scheuen. [...] Nicht alle, die wider die Physiognomik eifern, sind böse Menschen« (1. Bd., 1775, S. 19).

58,17 *darfst:* brauchst; außer in der heute gängigen Bedeutung ›erlaubt sein‹ war ›dürfen‹ auch im Sinne von ›be-

dürfen, nötig haben, brauchen‹ geläufig.

Pelikan: in der Form dem gebogenen Schnabel des Pelikans ähnliche Zange zum Zähneziehen.

58,26 *Diogenes:* Diogenes von Sinope (412–323), griech. Philosoph, der völlige Bedürfnislosigkeit predigte und lebte. Er soll einmal am hellichten Tag auf dem belebten Athener Marktplatz mit einer angezündeten Laterne nach ›Menschen‹ gesucht haben.

58,28 *Praktikus:* praktisch veranlagter Mensch.

58,30 *Hamen:* Netzart zum Fischfang.

58,32 *hebst:* oberdt. für ›hältst‹; so auch S. 59,12.

58,34 *saufte:* schwache Beugung, wohl in Analogie zu ähnlich lautenden Verben (kaufte, taufte).

58,35 *notabene:* lat., merke gut, wohlgemerkt.

58,38 *Menscher:* Die Neutrumform ›das Mensch‹ bildet sich schon im Mhd. aus (mensche) und wird bis ins 17. Jh. ohne abfälligen Nebensinn, vorwiegend für Frauen, gebraucht. Im 18. Jh. wird die Bedeutung pejorativ: moralisch verkommene Frauen, so auch hier.

58,40 *bankrutt:* vgl. Anm. zu 17,20; Nebenform zu ›bankrott‹; das -u- entstand wohl durch das frz. bankqueroute.

59,1 *incidenter:* spätlat., bei Gelegenheit, nebenbei.

59,2 *wenn du nicht Leib und Seele verderbst:* Vgl. Matth. 10,28: »[...] fürchtet euch aber vielmehr vor dem, der Leib und Seele verderben kann in der Hölle.«

59,3 f. *das hab ich ... abstrahiert:* das hab ich aus meiner reichhaltigen Erfahrung gefolgert.

59,13 *Pfiffe:* hier ›schlaue Streiche, Kniffe, Kunstgriffe‹.

59,15 *ins Garn gekriegt:* gefangen, hereingelegt, wie Vögel, die in die Fangnetze gegangen sind.

59,22 *Tausendsackerment!:* durch ›Tausend‹ verstärkter Fluch, der vom spätlat. sacramentum, ›geweihte Hostie‹ abgeleitet ist; vgl. auch S. 59,39 *Sapperment*; 63,22 f. *Sackermentsleiter*; 64,38 f. *die sackermentalischen Anstalten.*

59,26 *den Zopf hinaufschlagen:* Bei verschiedenen Gelegenheiten legten die Soldaten den Zopf im Nacken über die Schulter nach vorn, damit er sie nicht behinderte, so auch auf dem Marsch. Spiegelberg fordert den jungen Mann also auf, mit ihm zu marschieren.

59,28 *guter Schlucker:* Schlucker, frühnhd. ›einer, der viel ißt und trinkt‹, später verächtlich-mitleidig, heute gebräuchlich als ›armer Schlucker‹ (so S. 65,15), dem früher ›guter Schlucker‹ gleichgeordnet war.

59,30 ff. *Ich will ... schreiben:* Vgl. Spr. Sal. 3,3: »Gnade und Treue [...] schreibe sie in die Tafel deines Herzens.«

59,33 *Mäkler:* Geschäftsvermittler; die umgelautete Form früher neben der heutigen üblich.

59,36 *das zehente Exemplar gratis:* Die Buchhändler ließen Subskriptionen durch Agenten sammeln, die das zehnte verkaufte Exemplar selbst verdienten.

60,9 *Sans Spaß:* sans, frz., ›ohne‹; solche dt.-frz. Mischformen gehörten zur Umgangssprache der Karlsschüler.

60,24 *Regensburg:* Stätte der Reichstage.

60,27 *brettelte:* spielte ein Brettspiel.

60,28 f. *die Unterlippe zwischen die Zähne klemmen:* Ähnlich S. 71,18 f. Vgl. Shakespeare, »Richard III.«, IV,2: »Der König ist erzürnt, er beißt die Lippe.« Auch Schiller selbst soll die Angewohnheit gehabt haben. In »Kabale und Liebe« wird die Wut von Vater und Sohn von Walter ebenso charakterisiert: II,7: »Präsident (beißt die Lippen).« und III,4: »Ferdinand (das Gesicht verzerrt und an der Unterlippe nagend).«

60,39 *Reuter:* obwohl dasselbe bedeutend, sprachlich nicht mit ›Reiter‹ verwandt. Dieses entwickelt sich aus mhd. ›ritaere‹, während jenes von lat. rutarii, ›Berittene einer militärischen Abteilung‹ (= rupta) abstammt, das als ›rüter‹ ins Niederländische eindrang und von dort her nach Dtl. kam. Es war bis zum Ende des 18. Jh.s gebräuchlich, durchweg etwa noch in Heinrich von Kleists »Der Prinz von Homburg«; ebenso S. 70,40; 83,1.

60,40 *Terzerolen:* kleine handliche Pistolen.

61,16 *Grillen:* wahrscheinl. im lat.-griech. grillos schon Doppelbedeutung: Heimchen/Grille und sonderbarer, närrischer Einfall mit der Betonung des Unwirklichen, Schrulligen, Grotesken. Im 17. Jh. Sinnverschiebung auf trübselige, melancholische Gemütsverfassung.

61,24 / 26 *Was dann / seit wenn:* Schiller gebraucht ›dann‹ und ›denn‹, ›wann‹ und ›wenn‹ durcheinander. Hier muß es nach heutigem Sprachgebrauch heißen: was denn? ... seit wann?

61,29 *Rechtstäge:* der Umlaut früher gelegentlich in Analo-

gie zu anderen Substantiven (z. B. Gast/Gäste); vgl.
S. 138,15 *Sommertage.*

61,30 f. *auf der Tortur examiniert:* auf der Folter befragt;
von lat. examinare, ›prüfen‹ und lat. torquēre, ›foltern‹.

61,33 f. *ist er dem Teufel Extrapost zugefahren:* Vgl.
Shakespeare, »Richard III.«, I,1: »Er kann nicht leben,
hoff ich; darf nicht sterben, / Eh' George mit Extrapost
gen Himmel fährt.« In »Fiesco«, I,9, verwendet Schiller
ebenfalls »die Extrapost der Hölle«.

61,40 *Kapuzinerkutte:* Kutte der Kapuziner, eines Bettel-
ordens, der sich 1528 von den Franziskanern abzweigte
und wegen der spitz zulaufenden Kapuzen an den Kut-
ten den Namen erhielt.

62,3 *über die Leber lief:* nach antiker und mittelalterlicher
Vorstellung war die Leber der Sitz der menschlichen
Lebenssäfte und daher die Quelle der Emotionen, wie hier
der Angst.

62,7 *eine Pike:* heute Mask., aber Schillers Ausdruck ist dem
frz. Original näher: la pique, ›Spieß, Zänkerei‹.
  bigott: frz., frömmelnd.

62,15 *Memènto mori:* lat., Denke daran, daß du sterben
mußt.

62,15 f. *das regt mich nicht an:* das regt mich nicht auf,
beunruhigt mich nicht.

62,17 *Rabensteine:* Hinrichtungsplatz der Verbrecher, wo
die Raben vom Aas fraßen.

62,27 *Sie hätten ihn denn vor:* Es sei denn, daß sie ihn vorher hätten. Der Ausspruch wird dem Raubritter Eppelin
von Gailingen zugeschrieben, der durch einen Sprung zu
Pferd aus der Gefangenschaft in der Nürnberger Burg
ausbrach.

63,1 *Feueresse des Plutos:* Pluto ist ein euphemistischer
Name für Hades, den göttlichen Herrscher der Unter-
welt in der griech. Mythologie, der hier verstanden ist als
Herr der Hölle, die einen Schornstein hat.

63,2 *vom Rad auferstanden:* Razmann wähnt Roller aufs
Rad geflochten.

63,7 f. *der Stab war ... gebrochen:* Der Stab diente vielfach als Zeichen geistlicher und weltlicher Befugnis, vgl.
Krummstab des Bischofs, Marschallstab usw. Der Stab
des Richters wurde in symbolischer Handlung vor Voll-

streckung eines Todesurteils über den Delinquenten zerbrochen, von daher rührt diese Redensart.

63,10 *recta:* eigtl. recta via, lat. ›direkt, geradewegs‹.

63,16 *schwätz:* schwäbisch für ›rede‹.

63,23 *in den Schoß Abrahams:* Vgl. Luk. 16,22: »Es begab sich aber, daß der Arme [Lazarus] starb und ward getragen von den Engeln in Abrahams Schoß.«

63,25 *auf die Anatomie verhandelt:* als hingerichteter Verbrecher einem anatomischen Institut zum Sezieren zur Verfügung gestellt.

63,29 *unsre Spionen:* Obwohl mit ahd. spehon, ›spähen‹ verwandt, kommt das Wort im 17. Jh. mit der frz. Soldatensprache als ›espion‹ nach Dtl. zurück; es wurde bis zum Ende des 18. Jh.s schwach dekliniert.
Wind gekriegt: Seit dem 17. Jh. häufig belegte Redensart aus der Jägersprache: Das Wild bekommt vom Jäger Wind, d. h. Witterung; der Wind bringt ihm den Geruch des Jägers, und so wird es gewarnt.

63,30 *liege tüchtig im Salz:* sei in großer Gefahr; mundartliche Prägung.

63,32 *als:* Das schwäbische Füllwort kann verschiedene Bedeutungen annehmen; hier ›also, eben‹.

63,38 *Expressen:* Eilboten; von lat. expressus, ›herausgepreßt, mit Nachdruck‹; ebenso S. 87,13.

64,2 *Passagen:* frz., Durchgänge; Wege.

64,3 *Spektakel:* Schauspiel, Anblick; von lat. spectaculum.

64,5 *Galgenpsalm:* In manchen Orten wurden Verbrecher von Schulkindern zur Hinrichtung begleitet, die Sterbelieder sangen.

64,9 *Mordbleu:* Verballhornung des frz. Fluches: a la mort de dieu, ›beim Tode Gottes‹.

64,10 f. *der auch seinen Zahn auf die Stadt haben muß:* wohl Nachbildung des frz. avoir une dent [Zahn] contre quelqu'un, ›auf jemanden eine Wut haben‹.

64,14 *Feuerjo! Feurjo!:* Feurijo, alter Feuerruf, vgl. auch S. 128,18 *Mordjo, Mordjo!*

64,18 *Klafter:* altes Längen- und Raummaß; urspr. die Länge der ausgestreckten Arme.

64,20 *Gomorrha und Sodom:* die von Gott wegen ihrer Sünde durch einen Feuerregen vernichteten Städte; vgl. 1. Mose 18 f.

64,21 *Gebürge:* vom Frühnhd. bis zum 19. Jh. gebräuchliche Form. Sie beruht auf dem willkürlichen Wechsel
zwischen ›Burg‹ und ›Berg‹ im dt. Südwesten; vgl.
S. 89,14 *Heimatgebürgen.*

64,22 *infernalischen Schwank:* von spätlat. infernalis, ›höl-
lisch‹; ›Schwank‹ (Schwang von schwingen) in der
urspr. Bedeutung: lebhafte Bewegung, Schlag.

64,23 *panischer Schrecken:* plötzlicher großer Schrecken.
Abgeleitet vom griech. Waldgott Pan, der in halber
Bocksgestalt Menschen zu erschrecken pflegte, so z. B.
in der Schlacht bei Marathon die Perser, wofür ihm die
Griechen eine Grotte und ein jährliches Opfer weihten.

64,25 f. *versteinert wie Lots Weib:* Gott rettete Lot und
seine Familie aus Sodom und Gomorra, aber sie durften
sich nicht nach den brennenden Städten umsehen. Als
seine Frau es doch tat, wurde sie zur Salzsäule; vgl.
1. Mose 19,26.

64,30 *parat:* von lat. paratus, ›bereit‹.

64,36 *Hülfe:* Das Ahd. kennt die Formen ›helfa‹ und
›hulfa‹; auf letzterer beruht Schillers Wort, das durch
die Autorität Luthers bis ins 19. Jh. gängig war.

65,6 *Antezessor:* Vorgänger; von lat. antecedere, ›voraus-
gehen‹.

65,10 *Himmelfaß:* die alte Vorstellung, daß der Himmel
als festes Gewölbe über der Erde liegt, ist in Rollers Ausdruck enthalten.

65,12 f. *Abfall:* Temperatursenkung.

65,15 f. *Nun ists ja verschwitzt:* Nun ist es ja ausgestan-
den, so wie eine Krankheit durch Schwitzen ›ausge-
schwitzt‹ wird.

65,18 *Mammons:* Reichtums; aramäisch ma'mon, ›das Hin-
terlegte‹; durch Matth. 6,24 und Luk. 16,6 kommt es
über das Griech. ins Dt.

65,21 *Pulverturn:* im Oberdt. vorkommende Nebenform zu
-turm, die das mhd. -n bewahrt hat. Auch Goethe verwendet sie (»Götz von Berlichingen«, IV, Rathaus).

65,24 *Molochs:* heidnische Gottheit im Alten Testament
(vgl. 3. Mose 18,21; 20,2–5 u. ö.), die in Miltons »Das
verlorene Paradies« (I,462) und Klopstocks »Messias«
(II,353 u. ö.) ein kriegerischer Teufel wird.

65,31 f. *über den alten Kaiser zu plündern:* eigentlich: auf den alten Kaiser leben, also ohne an Rückzahlung seiner Schulden zu denken, denn der alte Kaiser wird bald sterben, und dann erlischt die Schuld; daher hier: plündern, ohne mit einer Bestrafung rechnen zu müssen.

65,37 *Batzenstrick:* ein billiger Strick, der nur einen Batzen kostet.

66,5 *Sackuhren:* Uhren, die man im Hosensack trägt, also: Taschenuhren.

weggebixt: Das Wort ist in dieser Form nicht nachweisbar, bildet aber nach Grimm eine Nebenform zu ›wegbüchsen‹, das vom nd. buchs, ›Hose‹, abgeleitet ist. Im Rheinischen gibt es nach Müller ›bucksen‹, was beim Murmelspiel ›ablocken, abgewinnen‹ heißt. Hier dem Sinn nach: stehlen.

66,17 *ihre Laken vergolden:* in die Hosen machen.

eingeschnurrte: zusammengeschrumpelte.

66,20 *gravitätischen:* schwerfälligen; von lat. gravitas, ›Schwere‹.

66,21 *Hatz:* Hetzjagd.

66,28 *abortieren:* eine Fehlgeburt haben.

66,29 *versehen:* Es ist alter Aberglaube, daß der böse Blick bestimmter Personen oder das Ansehen bestimmter Dinge Unheil bewirkt. Hier fürchten die Schwangeren, daß das Anschauen der Hinrichtung ihre ungeborenen Kinder zu Verbrechern stempelt.

67,15 *Hornissel:* oberdt. für ›Hornisse‹.

67,18 *da steht der Knabe, schamrot:* vgl. Jer. 31,19: »Ich bin zu Schanden geworden und stehe schamrot.«

67,19 f. *Jupiters Keile:* Jupiters Machtsymbol, der Donnerkeil. Schiller schrieb in der ersten Ausgabe »Donnerkeule«.

67,20 *Pygmäen:* zentralafrikanischer Stamm von zwerghaftem Wuchs; hier allgem. für zwerghafte Menschen, wie auch das folgende *Titanen* allgem. ›riesenhaft-kraftvolle Menschen‹ meint; vgl. »Fiesco«, III,2: »Der Harnisch, der des Pygmäen schmächtige Körper zwingt, sollte der einem Riesenleib anpassen müssen?«

67,22 *der obern Tribunale:* lat. Hochsitz eines Oberbeamten, daher Sitz der Rechtsprechung, also ›Gericht‹; hier trotz dem Pl.: das göttliche Gericht. Wie so häufig in der Tradition der Aufklärung wird ein eindeutig christlicher

Terminus vermieden, eine Tendenz, die sich durch das
ganze Stück zieht und beim jungen Schiller überhaupt
auffällig ist.

67,28 *schwadronieren:* mit einer Schwadron herumstreifen,
mit Reiterscharen herumschwärmen; erst später ›laut und
prahlerisch reden‹.

67,29 *der höllische Blaustrumpf:* urspr. schwäbischer Name
für die Gerichtsdiener, weil sie blaue Strümpfe trugen,
dann allgemeiner: niederträchtiger Mensch; hier ›Teufel‹.

67,29 f. *verträtscht:* ausgeplaudert; von ›tratschen‹.

67,33 *Kordon:* frz., Gürtel, Kette, Sperrlinie.

68,2 *Kommißbrotrittern:* Soldaten.

68,12 *Kreuzer:* im 13. Jh. zuerst in Verona und Meran ge-
prägte Silbermünze mit dem Zeichen eines liegenden
Kreuzes (daher der Name); später billigere Kupfermünze,
die in Teilen Dtl.s bis in die zweite Hälfte des 19. Jh.s
galt.

68,21 *im Kloak:* von frz. le cloaque, ›Kotgrube, Abtritt‹;
daher bei Schiller noch Mask.

68,32 *Fangern:* Zähnen.

68,33 *Kutteln:* Eingeweide.

69,8–12 *Zugleich ... rennen:* Nach E. Eggli (»Diderot et
Schiller«, in: Revue de la littérature comparée, Jg. 1921,
S. 68 f.) und L. A. Willoughby (Hrsg. von: Die Räuber.
Ein Trauerspiel von Friedrich Schiller, 1922, S. 25 f.)
basiert diese Stelle auf einem Abschnitt aus Denis Dide-
rots (1713–84) Erzählung »Les deux amis de Bourbonne«
(1773), die Schiller in einer Übersetzung kannte.

69,29 *Pater ...:* Die folgende Rede des Paters ist voll von
biblischen und literarischen Anspielungen und Zitaten.

69,39 *giftige Otterbrut:* Vgl. Anm. zu S. 32,18.
    die im Finstern schleicht: Vgl. Ps. 91,4 f.: »Seine Wahr-
heit ist Schirm und Schild, daß du nicht erschrecken
müßtest [...] vor der Pestilenz, die im Finstern
schleicht.«

69,40 *Aussatz:* als Krankheitsbezeichnung (Lepra) spätmhd.
rückgebildet aus dem älteren ûzsetze, ›Aussätziger‹: einer,
der außerhalb der menschlichen Gemeinschaft wohnen
muß.

70,8 f. *Beutelschneider:* Diebe, die die Geldbeutel vom
Gürtel schneiden.

70,9 *Großmogol:* Großmogul, asiatischer Herrschertitel aus dem Spätmittelalter.

70,10–13 *Ganz ähnlich ... zog:* Vgl. Offb. 12,9: »Und es ward ausgeworfen der große Drache, die alte Schlange, die da heißt Teufel und Satanas, der die ganze Welt verführt, und ward geworfen auf die Erde, und seine Engel wurden auch dahin geworfen.«; Offb. 12,20: »[...] lebendig wurden diese beiden in den feurigen Pfuhl geworfen, der mit Schwefel brannte.«

70,11 f. *Rädelsführer:* urspr. Führer einer Abteilung Landsknechte, eines ›Rädels‹, später dann allgem. ›Anführer eines herrenlosen Trupps, Anstifter einer Verschwörung oder eines Aufruhrs‹.

70,14 f. *Blut saufst du wie Wasser:* Vgl. Hes. 39,17: »Sammelt euch und kommt her [...] und fresset Fleisch und saufet Blut.«

70,23 f. *hebe dich weg von mir:* Vgl. Matth. 4,10: »Da sprach Jesus zu ihm: Hebe dich weg von mir, Satan!«

70,24 *Picht*: klebt; abgeleitet von ›Pech‹.

70,34 *zeitig zur letzten Posaune:* Vgl. 1. Kor. 15,51 f.: »Wir werden alle verwandelt werden ... zur Zeit der letzten Posaune.«

71,29 *Musketen:* Von lat. musca, ›Fliege‹ leitet sich im Ital. der Name eines wie mit Fliegen gesprenkelten Sperbers her: moschetto. Wegen der Geschwindigkeit dieses Vogels wird daraus im Mlat. das Wort für ›Wurfgeschoß‹, muschet(t)a, das Herzog Alba 1567 für die Einführung eines neuen Gewehrtyps verwendet.

71,40–72,8 *diesen Rubin ... Türe stieß:* Beiden hier genannten Personen liegen historische Gestalten zugrunde. Der *Minister* war Graf Montmartin, seit 1758 Ministerpräsident Herzog Karl Eugens; er hatte seinen Vorgänger – *der Fall seines Nachbars war seiner Hoheit Schemel* – durch untergeschobenen Verrat aus dem Wege geräumt, was auch die Vorlage für Präsident von Walters Verbrechen in »Kabale und Liebe«, vor allem I,7, bildet. – Der *Finanzrat* war der Kirchenratsdirektor Lorenz Wittleder, der die teure Hofhaltung des Herzogs durch Ämterschacher in großem Stil mitfinanzierte.

72,5 *Demant:* Diamant.

72,8 *Achat:* Edelstein in verschiedenen, meist blassen Farb-

tönen; der Name kommt von dem sizilianischen Fluß
Achates, weil der Stein dort angeblich zuerst gefunden
wurde.

72,11 *Inquisition:* In Dtl. gab es seit der Reformation gar
keine Inquisition mehr.

72,15 *O Pharao! Pharao!:* Da der ägyptische Pharao nach
2. Mose 1,22 befiehlt, die neugeborenen Söhne der Juden
zu töten, wird er in Klopstocks »Messias« verdammt:
XI,879 f.: »Pharao, Pharao, lange sind von deinem Gebein schon / Und von deiner Heere die Schilfgestade
nicht weiß mehr!« und XX,432 f. u. 436 f.: »Die Er-
schlagnen all um sich her versammelt / Sah in des Abgrunds Nacht Pharao; [...] Denn hinab hast Pharao du
zur Hölle, / Ihn und sein Heer, Gott Verderber, gestürzt!«

72,18 *Rotte Korah:* Vgl. 4. Mose 16,5: »[Mose] sprach zu
Korah und seiner ganzen Rotte.« Korah hatte mit einem
Teil der Gemeindemitglieder einen Aufstand gegen Moses
geplant, weil dieser sich über die anderen Juden erhebe,
wurde aber von Gott durch ein Erdbeben vernichtet und
direkt in die Hölle geschickt.

72,20 f. *die hundert Augen des Argus:* Argus ist ein viel-
äugiger Riese in der griech. Mythologie; er wurde von
Hera als Wächter der Nymphe Io eingesetzt und später
von Hermes getötet; sinnbildlich für ›Scharfsichtigkeit‹.

72,23–25 *und bringen ... Moloch:* Vgl. 3. Mose 18,21: »Du
sollst auch nicht eines deiner Kinder dahingeben, daß es
dem Moloch verbrannt werde.«

72,27 f. *Peru um goldner Spangen willen entvölkert:* Bei
der Eroberung Perus durch Pizarro (1531) trug die Gold-
gier der Spanier dazu bei, daß die einheimische Bevölkerung furchtbar dezimiert wurde.

72,31 *Ischariot:* Judas, der Jünger, der Jesus für 30 Silber-
linge an die jüdischen Behörden verriet.

72,33 *O über euch Pharisäer:* Vgl. Jesu Ausfall gegen die
Pharisäer, Matth. 23,13 ff.; »Wehe euch Schriftgelehrte
und Pharisäer, ihr Heuchler.«

73,4 f. *das Ungeheur am Nilus:* das Krokodil, das im
Volksglauben als falsch galt. Da Karl Moor schon in I,2
(S. 31,18) die Menschen *falsche heuchlerische Krokodil-
brut* nennt, könnte auch die Menschheit insgesamt gemeint sein.

73,14 *Verwesern:* Verwaltern.

73,23 *euch verlorne Schafe:* Vgl. Matth. 15,24: »Ich bin nicht gesandt denn nur zu den verlorenen Schafen von dem Hause Israel.«

73,27 *E. Majestät:* Euer Majestät.

74,3 *Generalpardon:* generelle Begnadigung.

74,20 *Wie heißt der Teufel, der aus ihm spricht?:* Vgl. Mark. 5,8–13; dort vertreibt Jesus die Teufel aus einem Besessenen und läßt sie in eine Herde Säue fahren; 5,8 f.: »Denn er sprach zu ihm: Fahre aus, du unsauberer Geist, von dem Menschen! und er fragte ihn: Wie heißest du?«

74,21 *der Kerl macht mich wirbeln:* der Kerl verwirrt mich.

74,23 *durchzureißen:* schwäbisch für ›die Oberhand gewinnen‹.

75,5 *wohlkommen:* zugute kommen.

Dritter Akt. Erste Szene

76,4 *Walhallas:* in der nordischen Mythologie eigtl. das Totenreich; später die Halle, wo der Todes- und Siegesgott Odin mit den gefallenen Helden zecht; von daher ›Heldenhalle‹ überhaupt.

77,29 f. *Seladon:* Céladon ist der Name des verliebten Schäfers in dem Roman »L'Astrée« (1607–27) von Honoré d'Urfée (1567–1625); daher sprichwörtlich für einen schwärmerischen Liebhaber, vor allem bei Wieland. – Deshalb im folgenden: *gleich dem schmachtenden Schäfer Arkadiens.* Die südgriech. Landschaft Arkadien ist in der Literatur der Prototyp der naturhaften Idylle.

77,38 *einbildischen:* eingebildeten; im 17. und 18. Jh. übliche Form.

78,1 *Basiliskenanblick:* Der Basilisk, in der Biologie eine Leguanart, ist in der mittelalterlichen Fabelwelt ein Hahn mit Schlangenschwanz, der negative Mächte symbolisiert: Tod, Teufel und Antichrist; sein Blick galt als tödlich.

78,15 *Maulschelle:* Schlag auf den Mund; von ›Schelle‹, Glöckchen, wegen des schallenden Geräuschs.

78,36 *Fleuch:* Imp. und 2. und 3. Pers. Sing. Präs. von ›fliehen‹ werden bis ins 18. Jh. mit -eu- gebildet; vgl. *kreuch* (S. 110,18) und *zeuch* (S. 137,8.21).

Zweite Szene

80,6 f. *Meine Glieder ... Scherbe:* Vgl. Ps. 22,15 f.: »[...]
alle meine Gebeine haben sich zertrennt. [...] Meine
Kräfte sind vertrocknet wie eine Scherbe, und meine
Zunge klebt an meinem Gaumen.« Schon Klopstock hat
die Stelle im »Messias«, X,704–707 verwendet: »Jedes
Gebein ist / Ihm zertrennet, sein Herz in seinem Leibe
geschmolzen, / Seine Kraft, wie ein Scherbe, vertrocknet.
Am Gaumen klebt ihm / Seine Zunge.«

80,9 f. *ihr seid alle matt bis in den Tod:* Vgl. Richter 16,16:
»Da sie ihn aber drängte mit ihren Worten alle Tage und
ihn zerplagte, ward seine Seele matt bis an den Tod.«

80,26 *Mark:* Grenze.

81,2 *verschwemmt:* versunken, widerstandslos hingegeben;
›verschwemmen‹ Bewirkungswort zu ›verschwimmen‹.
So stirbt ein Held!: Vgl. Ps. 19,6: »(Die Sonne) geht
heraus wie ein Bräutigam aus der Kammer und freut sich,
wie ein Held zu laufen den Weg.« Schiller hat das Bild
schon als Anfang seines frühen Gedichts »Der Abend«
(1776) verwandt: »Die Sonne zeigt, vollendend gleich
dem Helden [...]«

82,7 *Abbadona:* in Klopstocks »Messias«, II, V und IX,
der reumütige gefallene Engel.

82,11–13: *daß ich ein Bettler ... Tagelöhner einer:* Schiller
benutzt hier Worte, die er am Krankenbett seines Miteleven Grammont gehört hat; vgl. »Untertänigster Bericht von dem Befinden des Eleven Grammonts am
16. Julii 80«: »Er antwortete: als Taglöhner und Bettler
würde er immer vergnügter seyn als hier [...]« (NA
XXII,23). Es handelt sich aber ganz offenbar schon bei
Grammont um eine Frucht seiner Bibellektüre; vgl. Luk.
15,19: »[...] und bin hinfort nicht wert, daß ich dein
Sohn heiße; mache mich zu einem deiner Taglöhner.«
Bemerkenswerterweise ist dies wieder eine Stelle aus dem
Gleichnis vom verlorenen Sohn.

82,17 *Paroxismus:* Anfall, höchste Steigerungsstufe einer
Krankheit.

82,21 *Elysiumszenen:* Elysium ist in der griech. Mythologie
der Teil der Unterwelt, in dem die Seligen sich aufhalten.

82,27 *Schweizer mit Wasser im Hut:* Vgl. Plutarch, »Bru-

Vorzeichnung zur Kupferstichillustration von Daniel Chodowiecki: III,1

tus«, LI: »Unterdessen nahm einer von der Gesellschaft,
der großen Durst hatte und auch Brutus daran leiden
sah, einen Helm und lief zu dem Fluß. Da aber an dem
anderen Ufer sich ein Geräusch hören ließ, eilte Volumnius, und mit ihm der Schildträger Dardanos, dahin, um
nachzusehen. Sie kamen bald wieder zurück und fragten,
ob kein Wasser mehr da sei. Brutus lächelte Volumnius
freundlich an und sagte: ›Es ist schon ausgetrunken, aber
es soll euch anderes geholt werden.‹ Es wurde derselbe
noch einmal losgeschickt; aber er kam in Gefahr, von
den Feinden gefangengenommen zu werden, und rettete
sich, da er verwundet worden war, nur mit Mühe.«

82,34 *rheinländische Schuhe:* Das alte Längenmaß ›Schuh‹
war in verschiedenen dt. Herrschaftsbereichen verschieden.

83,22 *Revier:* bei Schiller fem., weil vom frz. la rivière.

84,11–13 *den Mann ... Karthago:* Vgl. Plutarch, »Marius«,
XL: »Kaum aber war Marius mit einigen Begleitern ge-
landet, als ein Gerichtsdiener ihm entgegenkam, vor ihn
hintrat und sagte: ›Der Prätor Sextilius untersagt dir,
Marius, Afrika zu betreten; widrigenfalls werde er dich
in Befolgung der Senatsbeschlüsse als einen Feind der
Römer behandeln müssen.‹ Bei dieser Anrede wußte Marius vor Betrübnis und Mutlosigkeit nicht, was er sagen
solle, und schwieg eine geraume Zeit, wobei er den Diener grimmig anblickte. Dieser fragte endlich, was er dem
Prätor sagen solle, und nun antwortete Marius mit einem
tiefen Seufzer: ›So melde ihm denn, du habest Gaius
Marius als Flüchtling auf den Ruinen von Karthago sitzen sehen‹, womit er treffend das Schicksal dieser Stadt
und seinen eigenen Glückswechsel als warnendes Beispiel
aufstellte.« Schiller hat die Episode auch in dem Gedicht
»Kastraten und Männer«, Str. 13–15, in der »Anthologie
auf das Jahr 1782« verwendet. Die Szene taucht in der
zeitgenössischen Kunst und Literatur öfter auf, s. etwa
das Gemälde »Marius meditiert auf den Trümmern von
Karthago« (1807) von John Vanderlyn (1775–1852) oder
– parodistisch – in Walter Scotts (1771–1832) Roman
»The Antiquary« (1816), Kap. 3: »Inmitten dieser Über-
reste alter Bücher und Utensilien saß mit der Nachdenk-

lichkeit des Marius auf den Ruinen Karthagos eine große alte Eule.«

85,8 *Reichstaler:* im Joachimstaler (daher der Name) Silberbergwerk seit 1518 geschlagene Münze, die 1566 Reichsmünze wurde und bis 1907 Zahlungsmittel in Dtl. war.

85,13 *Herkules:* Inkarnation der Körperstärke in der griech. Mythologie; vgl. Anm. zu 19,13 u. 97,5.

85,14 *den Marschall von Sachsen:* Moritz von Sachsen (1696–1750), berühmter Feldherr in frz. Diensten.

85,15 *Ganges:* Fluß in Nordostindien.

85,16 *Lappereien:* Lappalien.

85,30 *Hofmeister:* Erzieher der Kinder einer wohlhabenden Familie, bei der er lebte; vgl. Jakob Michael Reinhold Lenz’ (1751–92) Komödie »Der Hofmeister« (1774).

Robins: Robin Hood, schon früh zur sagenhaften Gestalt gewordener Räuber des engl. Mittelalters. Stubenrauch (NA III,423) schreibt zu dieser Stelle: »Auf Robin Hood wird auch in Shakespeares ›Die beiden Veroneser‹ [...] angespielt [...], gleichfalls in einer Szene, wo ein junger Edelmann (Valentin) sich einer Räuberbande anschließt. Die äußerliche Übereinstimmung ist auffallend genug, um für Kosinskys Erscheinen ein Abhängigkeitsverhältnis zu den ›Veronesern‹ vermuten zu dürfen.«

85,32 *auf die Galeere schmieden:* sprichwörtl. Die Galeere war ein im Mittelmeer gebräuchliches Kriegsschiff, dessen zahlreiche Ruder von Sklaven und Sträflingen, die an den Ruderbänken angeschmiedet waren, bewegt wurden.

85,34 *Kützelt:* im Frühnhd. gängige Form für ›kitzelt‹.

85,39 *Hochgericht:* Galgen.

86,2 *Manier:* frz. manière, ›Art, Weise‹.

anderst: Auslauterweiterung -t, wie öfter im Frühnhd., mundartl. noch heute gebräuchlich.

86,6 *Seneca:* röm. Staatsmann und Philosoph der stoischen Schule (4 v. Chr. bis 65 n. Chr.). Er predigte Gelassenheit gegenüber dem Tod und beging selbst auf souveräne Weise Selbstmord.

87,5 *schmelzte:* Neben dem intransitiven starken Verb gab es zu Schillers Zeit noch das transitive schwache, das heute ausgestorben ist, obwohl der Unterschied in anderen Verben gewahrt blieb (z. B. legen/liegen).

87,34 *Billettchen:* frz., kleiner Brief.

88,6 *Jast:* schwäbisch für ›Hitze, Zorn‹.

88,17 f. *Ich ward ... peinlich prozessiert:* Mir wurde der Prozeß gemacht.

88,18 *infam:* ehrlos; von lat. infamis, ›berüchtigt, schänd-lich‹.

88,20 *Präsent:* frz. présent, ›Geschenk‹.

88,23 *Despotismus:* Gewaltherrschaft; von griech. despotes, urspr. ›Hausvater‹.

Vierter Akt. Erste Szene

89,19 *Fanger:* Eule, die die Aufgabe hat, Vögel in die Netze und auf die Leimruten zu locken. Wenn Eulen bei Tag auftauchen, ziehen sie als Nachttiere die Tagvögel an und locken sie so in die Netze oder auf den Vogelleim.

89,22 *Arbela:* siegreiche Schlacht Alexanders des Großen gegen die Perser (331 v. Chr.); daher im folgenden: *von welchem du den persischen Satrapen* [Statthalter] *nie-derwarfst.*

90,15 *grasser:* Das lat. crassus, ›dick, grob‹ erscheint im 17. Jh. im Dt. als ›kraß‹ und vermischt sich dann mit dem frühnhd. gräßlich. Ähnlich S. 130,3.

Zweite Szene

90,32 *Barbarossa:* Rotbart, Beiname des staufischen Kaisers Friedrich I. (1150–90).

91,31 *Physiognomie:* Gesichtsausdruck; von griech. physis, ›Körper‹ und gnomē, ›Erkenntnis‹.

91,33 *der wirkliche Herr:* der augenblickliche Herr, vgl. Anm. zu S. 10,37.

92,2 *der Sofa:* im 18. Jh. Mask., ebenso 121,19.

92,35 f. *künstlichsten:* kunstvollsten; beim jungen Schiller öfter in dieser Bedeutung; vgl. etwa »Fiesco«, I,8: »Ich dächte doch, das Gewebe eines Meisters sollte künstlicher sein [...]«, und III,10: »Wie künstlich er's anlegte, mich in seinen Willen hineinzulügen!«

92,36 *tölple:* tölpelhaft dazwischentrete; Anspielung auf

Vorzeichnung zur Kupferstichillustration von Daniel Chodowiecki: IV,2

den griech. Mathematiker Archimedes und seine geome-
trischen Figuren, auf die ihm ein röm. Soldat trat, worauf er gesagt haben soll: »Zertritt mir meine Kreise
nicht.«

92,37–40 *Bin ich doch ... zu gedenken:* Vgl. Shakespeares
»Macbeth«, III,4: »Ich bin einmal so tief in Blut gestie-
gen, / Daß, wollt' ich nun im Waten stillestehn, / Rückkehr so schwierig wär', als durchzugehn.«

92,38 *Todsünden:* Nach 1. Joh. 5,16 f. werden in der katholischen Lehre läßliche und Todsünden unterschieden.
Den klassischen Kanon der letzteren hat der mittelalter-
liche Scholastiker Petrus Lombardus (um 1100 bis 1164)
aufgestellt: Hochmut, Geiz, Wollust, Zorn, Völlerei,
Neid, Herzensträgheit.

93,32 *staket:* stecktet; Vermengung des schwachen Verbs
›stecken‹ mit dem starken ›stechen‹, die häufig vorkam.

93,38 *Kabalen:* Intrigen; von hebräisch qabbālā, ›Überlieferung‹. Das Wort nimmt im Frz. die negative Bedeutung an, die im 17. Jh. nach Dtl. dringt, obwohl es selbst
schon 1581 nachweisbar ist.

94,1 *im Schokolade:* oberdt. mask. Form; im »Fiesco«, II,2,
benutzt Schiller dann das heute übliche Fem.

94,2 *vergeben:* vergiften.

94,12 *zum Exempel:* zum Beispiel; von lat. exemplum.

95,26 f. *wo der Hunger ... abzunagen:* Vgl. Jes. 9,20: »Ein
jeglicher frißt das Fleisch seines Arms.«

95,27 f. *der brennende Durst ... zu saufen:* Vgl. 2. Kön.
18,27: »[...] daß sie mit euch ihren eigenen Mist fressen
und ihren Harn saufen.«

96,3 *Heller:* in Schwäbisch-Hall (daher der Name) seit
1208 geprägter Pfennig, der sich in Süddtl. bis ins 19. Jh.
als Münze von geringem Wert hielt; vgl. das Volkslied
»Ein Heller und ein Batzen«.
vervorteilt: übervorteilt.

96,21 *Gehorsam ist besser, denn Opfer:* Vgl. 1. Sam. 15,22:
»Siehe, Gehorsam ist besser denn Opfer.«

96,28 *was du mir huldigtest:* hier in der ungewöhnlichen
Bedeutung ›wozu du dich mit der Huldigung verpflich-
tetest‹.

96,38 *Märtyrer:* von griech. martyr, ›Zeuge‹; verfolgter
Christ, der für seinen Glauben starb.

I. Wort- und Sacherklärungen zu IV, 3

97,3 *Bouteille:* frz., Flasche. *eine Bouteille Wein weiter:* schwäb. für ›eine Flasche Wein mehr‹.

97,4 *Kitzel:* hier ›sexuelles Begehren‹.

97,5 f. *Herkulesarbeit:* sinnbildlich für eine Arbeit, die übermenschliche Anstrengung erfordert. Herkules hatte zwölf solche Arbeiten zu verrichten; hier wohl ironisch gemeint; vgl. Anm. zu S. 19,13 u. 85,13.

97,10 *Juliusmittags:* Julimittags, lat. Endung.

97,12 *Küchengrazie:* anmutiges Küchenmädchen.

97,15 f. *einkommen:* einfallen.

97,36–39 *Der milzsüchtige … foltern:* Franz apostrophiert das Gewissen als übelgelauntes, gichtiges, moralpredigendes Wesen, das höchstens alte Weiber tugendhaft macht und sterbenden Wucherern einen Schreck einjagt.

97,40 *Audienz:* offizieller Empfang bei einem Hochgestellten; von lat. audire, ›hören‹.

Dritte Szene

98,9–12 *laßt mich … ich bitt Euch:* Vgl. Goethe »Götz von Berlichingen«, I, Herberge im Walde: »Bruder Martin: Laßt mir diese Hand, laßt mich sie küssen. – Götz: Ihr sollt nicht.«

98,32 *Daniel …:* Daniels folgende Erzählungen sind – offenbar in künstlerischer Absicht, um seinen sozial niedrigen Stand anzudeuten – voll von mundartlichen Prägungen aus dem Schwäbischen. Allerdings stimmt das Lokalkolorit nicht, denn das Moorsche Schloß steht ja in Franken.

99,1 *Kuckuck:* Kuckucksuhr.

99,2 *Grundsboden:* heute ›Grund und Boden‹.

99,3 *verwettert:* zerschlagen.

99,8 *Öhrn:* schwäbisch für ›Hausflur‹.

99,16 *Spitziges:* Spitzes.

99,26 *am gernsten:* schwäbisch für ›am liebsten‹.

99,28 *des alten Herrn seinen Schweißfuchsen:* wohl absichtlich ungebildet klingender doppelter Gen.

99,36 *Eimer:* altes Flüssigkeitsmaß in Deutschland, Österreich und der Schweiz höchst verschiedener Größe (zwischen 60 und 300 l).

99,36 f. *ein Eimer zwanzig:* ›ein‹ wird hier umgangs-

sprachl. als unbestimmter Artikel gebraucht, Bedeutung
also: 20 Eimer.

99,40 *fürnehm:* nach mhd. ›vürnaeme‹, veraltet für ›vor-
nehm‹.

100,2 *lucker:* locker; das Wort erscheint in der Schriftsprache erst im 17. Jh., setzt aber ein -u- als Stammvokal
im Mhd. voraus und war in der von Schiller verwendeten Form gebräuchlich.

100,10 *Abe:* schwäbisch für ›Hinab‹.

100,10–12 *fahret ... gesehen:* Vgl. Luk. 2,29 f.: »Herr, nun
lässest du deinen Diener in Frieden fahren [...], denn
meine Augen haben deinen Heiland gesehen.«

100,21 *Jerem:* Klageruf; von lat. Jesu, domine, ›o Herr Jesu‹.

100,32 *abkappte:* das Wort abschnitt.

101,3 *hielt Euch tot:* hielt Euch für tot.

102,13 *Presser:* lästiger Mahner, Dränger; eigtl. Eintreiber
von Steuern.

Vierte Szene

103,18 f. *das Aug eines Engels versilbert:* das Auge eines
engelsgleichen Wesens mit silbernen Tränen füllt.

105,5 f. *als fern der Mittag von der Mitternacht:* Vgl. Ps.
103,12: »So fern der Morgen ist vom Abend, läßt er
unsere Übertretung von uns sein.«

Fünfte Szene

105,24 *Die Räuber (singen):* Das Räuberlied wurde schnell
populär und spielte eine Rolle in der zeitgenössischen
Flugblatt-Literatur; s. dazu Kraft, S. 71 f.

105,34 f. *Merkurius:* röm. Gott des Handels und der Diebe,
der griech. Hermes; deshalb kann er das *Praktizieren,*
das geschickte Stehlen.

106,2 *masten:* fett, feist; sprachlich verwandt mit ›mästen‹.

106,15 *Mucken:* schwäbisch für ›Fliegen‹.

106,18 *wenn mein Stündlein kommen nun:* Vgl. Joh. 2,4:
»Meine Stunde ist noch nicht gekommen.«

106,20 *So haben wir halt unsern Lohn:* Vgl. Matth. 6,2:
»Wahrlich, ich sage euch: sie haben ihren Lohn dahin.«

106,23 *heißen Traubensohn:* Branntwein.

106,24 *als flögen wir davon:* Vgl. Ps. 90,10: »[...] denn es

Vorzeichnung zur Kupferstichillustration von Daniel Chodowiecki: IV,4

[unser Leben] fähret schnell dahin, als flögen wir davon.«

107,9 f. *Independenz:* Unabhängigkeit; von lat. independere, ›nicht abhängen‹.

107,10 *deklamieren:* lat. declamare, ›Reden halten‹.

107,12 *an der Kunkel hat:* vorhat, plant, auch negativ: im Schilde führt; Kunkel ist der Spinnrocken.

108,2 *schnadern:* schwäbisch für ›vor Angst zittern‹.

108,8 *Bettel:* besondere Runde bei einem schwäbischen Kartenspiel, das ›Band‹ heißt. Die Räuber vertreiben sich also die Zeit mit Kartenspielen.

108,12 *Racker:* von ndl. Rakker, ›Henker, Schinder‹; Schimpfwort.

108,29 *Salvier dich:* bring dich in Sicherheit; von lat. salvare, ›erretten‹.

108,39 *Nemesis:* in der griech. Mythologie die rächende Gerechtigkeit.

108,40 *Sirenenlied:* der betörende Gesang der Sirenen in Homers »Odyssee«, XII; kein Mensch konnte ihm widerstehen.

109,10 *Ordre:* frz., Befehl, Auftrag.

109,31–111,4: *Brutus ... gehn:* Dem Zwiegesang liegt eine Szene aus Plutarch und nach ihm Shakespeare zugrunde. In Plutarchs »Brutus«, XXXVI, erscheint diesem, als er mit seinem Heer nach Griechenland übersetzt, um gegen Antonius und Octavian zu kämpfen, ein Gespenst, das sich als sein »böser Geist« vorstellt und ihm ankündigt: »Bei Philippi wirst du mich wiedersehen.« Tatsächlich erscheint es dort auf dem Schlachtfeld, IIL, schweigend noch einmal. Daß das Gespenst den Unwillen der Götter über die Ermordung Cäsars ausdrückt, erfährt man aus der Cäsar-Biographie, LXIX. – Shakespeare macht daraus in »Julius Cäsar«, IV,3, die nächtliche Erscheinung von Cäsars Geist vor der Schlacht bei Philippi. – Bei Schiller wird aus der Szene eine Begegnung der Schatten von Cäsar und Brutus. In der Erstausgabe bildete die Episode das Thema der Schlußvignette: Brutus steigt zu Cäsar und Charon in den Nachen, um über den Acheron gerudert zu werden.

109,33 *den letzten aller Römer:* In Plutarchs »Brutus« nennt dieser Cassius nach dessen Tod »den letzten Rö-

N. sculp. Aug. V.

Schlußvignette der Erstausgabe als Illustration zu dem von
Karl Moor gesungenen Lied, dem Dialog zwischen Cäsar
und Brutus am Acheron

mer« (XLIV); Shakespeare übernimmt die Bemerkung in »Julius Cäsar«, V,3.

109,38 *des Todes Toren:* Vgl. Hiob 38,17: »Haben sich dir des Todes Tore je aufgetan.«

110,4 *lügten:* Die schwache Beugung ist nach Grimms Wörterbuch auch im 18. Jh. ungewöhnlich.

110,6 *Tibersohn:* geborener Römer.

110,7 *Siebenhügelstadt:* Rom ist auf sieben Hügeln erbaut.

110,13 *Orkus Schlunde:* Orkus ist der Name des Todesreiches in der röm. Mythologie, der griech. Hades. Seine Eingänge stellte man sich gern als Strudel im Wasser vor.

110,15 *eisernem Altare:* Schlachtfeld.

110,18 *Minos:* einer der drei Richter, die im Totenreich die eintreffenden Schatten richten; an Minos wurden dabei die schwierigsten Fälle verwiesen.

110,26 *zu jenen Pforten:* der Unterwelt.

110,31 *Schwarzer Schiffer:* Charon, der die Toten über den Acheron rudert.

111,6 *Wer mir Bürge wäre:* Vgl. Leisewitz, »Julius von Tarent«, V,7. Dort drückt Julius seine Selbstmordgedanken ebenfalls in einem Monolog aus und fragt: »Aber wer wäre mir Bürge?« Das eigentliche Vorbild beider Autoren ist der Hamlet-Monolog »Sein oder Nichtsein« aus Shakespeares »Hamlet«, III,1.

111,8 *Odemzug:* Odem: Nebenform für ›Atem‹, vor allem von Luther gebraucht und durch die Bibelsprache auch später als poetischer Ausdruck lebendig erhalten.

111,26–28 *Warum hat mein Perillus ... bratet?:* Perillus goß für den Tyrannen Phalaris von Agrigent aus Erz einen Ochsen, der hohl war und zum lebendigen Verbrennen von Verbrechern dienen sollte. Angeblich hat Phalaris nach der Fertigstellung Perillus befohlen, ihn selbst auszuprobieren.

111,34 f. *erschlappt:* Das niederdt. ›schlapp‹ dringt erst im 18. Jh. ins Hochdt. ein und wird später lautlich angeglichen zu ›erschlafft‹.

111,36 *Phantasei:* frühnhd. Diphthongierung des mhd. ›phantasi, phantasîe‹.

111,39 *willt:* Die Form wahrt den mhd. Lautstand und ist bis ins 19. Jh. gebräuchlich.

112,24 ff. *Hermann: Horch! horch! ...:* Die folgende kurze

Szene zwischen Hermann und dem alten Moor taucht
Schiller durch ständige Bibelanklänge ganz in eine sakrale
Atmosphäre.

112,26 *in dieser Wilde:* oberdt., ›in dieser Wildnis‹.

112,28 *Deine Mahlzeit ist bereitet:* Vgl. Matth. 22,4: »Saget
den Gästen: Siehe, meine Mahlzeit habe ich bereitet.«

112,30 *Schloß:* Der Hungerturm wurde durch Gerstenbergs
»Ugolino« (UB Nr. 141 [2]), wo er fünf Akte lang die
Szene bildet und der Zuschauer das Verhungern der
Opfer miterlebt, zum literarischen Motiv. Vorbild für
Schiller war aber wohl auch Plutarchs »Crassus«, IV:
Der junge Crassus entzieht sich der Verfolgung durch
Marius und Cinna durch die Flucht nach Spanien, wo er
acht Monate lang in einer Höhle am Meer lebt und von
dem Hausverwalter eines Freundes von dessen Landhaus
aus ernährt wird.

112,31 *Hermann mein Rabe:* Vgl. 1. Kön. 17,4–6: »[...]
und ich habe den Raben geboten, daß sie dich [den Propheten Elias] daselbst sollen versorgen. Er aber ging hin
und tat nach dem Wort des Herrn. [...] Und die Raben
brachten ihm Brot und Fleisch des Morgens und Abends.«

112,34 *dir schmeckt?:* ergänze: es.

112,36 f. *Und wie gehts meinem lieben Kind:* Vgl. 2. Sam.
18,32: »Der König aber sprach zu Chusi: Geht es dem
Knaben Absalom auch wohl?«

113,39 f. *Das ist meines Vaters Stimme!:* die folgende Szene
nach Shakespeare »Hamlet«, I,1, wo Hamlet der Geist
seines Vaters erscheint. – Es gehört übrigens zu den
Merkwürdigkeiten der »Räuber«, daß Karl seinen Vater
bloß an der Stimme erkennt, während Amalia Karl trotz
seinem direkten Auftreten für einen Fremden hält.

115,7 *unmächtig:* ohnmächtig; so auch S. 120,34; 121,2;
Unmacht S. 116,24.

115,22 *beschwur:* Das mhd. Prät. ›swuor‹ wird im Nhd. zu
›schwor‹ und ›schwur‹, die lange nebeneinander bestehen.

116,21 *Kannibale:* Menschenfresser; das Wort wurde von
Columbus als Name eines puertoricanischen Eingebore-
nenstammes nach Europa gebracht.

116,22 *Äonen:* Pl. von griech. ›Zeitalter, Ewigkeit‹.

117,9 *Belialsstreich:* Belial ist ein hebräischer Name für
den Teufel.

117,13 *sturben:* Die Pluralformen des Prät., die im Mhd.
-u- hatten, wandelten erst im 18. Jh. ihren Vokal zu -a-.

117,26 *Gebeut:* Das mhd. Präs. Sing. ›gebiut‹ wandelt sich
im Frühnhd. zu der von Schiller verwendeten Form, die
aber im 18. Jh. verschwindet.

117,29 *einsmals:* ältere Form, die dem mhd. ›eines māles‹
noch näher steht.

118,2 *schlagen:* biblischer Terminus (vgl. 2. Mose 12,29;
2. Sam. 24,17 u. ö.), den auch Klopstock im »Messias«,
VI,304, wieder aufnimmt: »Soll ich ihn jetzt, Allmächti-
ger, schlagen?«

118,5–9 *zerr ihn ... Knien liegt:* Vgl. Shakespeare »Hamlet«, III,3: »Wenn er berauscht ist, schlafend, in der
Wut, / In seines Betts blutschänderischen Freuden, / Beim
Doppeln, Fluchen oder anderm Tun, / [...] / Dann stoß
ihn nieder.«

118,20 *Würgengel:* ›Würgen‹ für ›töten‹ ist biblischer Terminus (vgl. etwa Klagel. Jer. 2,21: »Du hast gewürgt am
Tage deines Zorns«), ebenso ›Würgeschwert‹ (vgl. Hes.
21,19: »Denn das Schwert wird zweifach, ja dreifach kommen, ein Würgeschwert, ein Schwert großer
Schlacht.«). Unmittelbares Vorbild für Schiller war mög-
licherweise Klinger, »Die Zwillinge«, III,1: »Blutig
schwingt der Todesengel das würgende Schwert über
mich.«

Fünfter Akt. Erste Szene

119,6 *Guts und Liebs:* Gutes und Liebes; mundartlicher
Ausfall des -e-.
der Herr seliger: der selige = verstorbene Herr, also der
alte Moor, den Daniel für tot hält. Die starke Flexion
des nachgestellten Adjektivs kommt im Mhd. öfter vor,
ist aber hier schon zur sprachlichen Formel erstarrt.

119,9 *Port:* lat. portus, ›Hafen‹.

119,14 *Elieser:* Daniel vergleicht sich mit dem alten, treuen
Diener Abrahams (vgl. 1. Mose 15,2).

119,17 *meine Seele ist gerettet:* Vgl. Hes. 3,19: »[...] aber
du hast deine Seele errettet.«

120,17 *ledig:* seit dem 19. Jh. ›lediglich‹.

120,25 *Lebensbalsam:* Linderung, Labsal; von der wohlriechenden Balsamstaude; vgl. Anm. zu S. 36,22.

120,40 *Träume kommen ja aus dem Bauch:* Dieser physiologischen Deutung setzt Daniel wenig später (S. 123,16) die religiöse, aus der Bibel stammende (1. Mose 20,3 u. ö.) entgegen: *Träume kommen von Gott.* Dies ist ein Beispiel, wie die Fassung der Mannheimer Uraufführung, die weitgehend gegen Schillers Widerstand hergestellt wurde, es an Textverständnis fehlen ließ. Sie läßt Franz nur sagen: »Träume bedeuten nichts.«, und zerstört damit die Entgegensetzung.

121,4 *Urkund:* schwäbisch auch für ›Lebenszeichen‹.

121,5 *nimmt:* der von Schiller verwendete Imperativ Pl. ist lexikalisch nicht nachweisbar. Er ist offenbar nach dem Vorgang anderer Verben in Analogie zum Imperativ Sing. ›nimm‹ gebildet.

121,25–123,8 *Siehe mir dauchte … bist verworfen!:* dauchte: Nebenform zu ›deuchte, dünkte‹. – Stubenrauch (NA III,434) schreibt zu Franz Moors Traumerzählung: »Die Einleitung zum Traumbericht ist biblische Form, z. B. Richter 7,13: ›Siehe, mir hat geträumet, mich däuchte […]‹ Die Traumsituation als solche ist 1. Buch Samuel 25,36 nachgebildet: ›Siehe, da hatte er ein Mahl zubereitet in seinem Hause, wie eines Königs Mahl, und sein Herz war guter Dinge bei ihm selbst, und er war sehr trunken.‹ Der Trauminhalt ist eine geniale Kompilation von Bibelstellen, die teils wörtlich übernommen sind, teils entsprechenden Versen aus Klopstocks ›Messias‹ folgen. Insbesondere sind benutzt: Micha 1,4; 2. Epist. Petri 3,12; Offenb. Joh. 8,2, 15,7 und 20,13; Hesekiel 37,7–10; 2. Buch Moses 19,16–18; Daniel 5,27. Die Anklänge an ›Messias‹ beziehen sich auf IV,64 f., V,351 f., VII,601 f., XI,1121 f. und XIII,187 f.«
Zu ergänzen als Quelle wäre: Shakespeare, »Richard III.«, I,4: Höllentraum des Herzogs von Clarence im Tower.

121,38 *begonn:* Nebenform des 18. Jh.s; so auch 122,32.

122,3 *Sina:* der Berg Sinai, auf dem Moses wiederholt mit Gott sprach.

122,9 *Gezeuge:* Nebenform von ›Zeug‹, die erst im Nhd. ausstirbt; das Mhd. hat nebeneinander ›ziuc‹ und ›geziuc‹.

122,38 *Blut der Versöhnung:* Das Blut Christi, der mit seinem Kreuzestod nach christlicher Vorstellung die Sünden der Welt auf sich genommen hat. Daß nicht einmal er die Untaten Franz' gegen seinen Vater aufwiegen kann, zeigt ihre Ungeheuerlichkeit.

123,30 *taub:* in der alten Bedeutung: leer.

124,12 *dermaleins:* von Schiller noch verwendet für das seit dem 17. Jh. gebräuchliche ›dermaleinst‹.

124,15 *Götzen:* falscher Gott in der Sprache des Alten Testaments. Franz lästert mit dem Namen *Götze des Pöbels* dem christlichen Gott.

125,3 f. *Sprung des Geblüts:* Pulsieren des Blutes.

125,13 *schleifen:* dem Erdboden gleichmachen; hier speziellere Bedeutung (eine Festung schleifen) von ›auf dem Boden gleiten‹.
Venus: Offenbar steht in dem Zimmer eine Statue der Venus, der röm. Göttin der Liebe.

125,14 *Symmetrie:* griech., Ebenmaß.

125,21 *annoch:* Kanzleisprache, bis dahin.

125,38 *Richard und Nero:* Richard III. von England (1483 bis 1485), den Shakespeare zu einer Inkarnation des Bösen stilisiert hat, und der röm. Kaiser Nero (54–68 n. Chr.), von dem Tacitus ein Bild völliger Korruptheit entwirft.

126,1 *ein innerer Tribunal:* sonst Neutr., Gerichtshof.

126,2 *skeptische:* mißtrauische, zweiflerische; von griech. Skepsis, ›Untersuchung‹.

126,20 *Peru ... Pizarro:* Vgl. Anm. zu 72,27 f.

126,28 *fodern:* fordern; die Form ohne -r- trat schon im Mhd. auf und verbreitete sich von Mitteldtl. aus so stark, daß sie im 18. Jh. die vorherrschende war.

126,32 *schwarzlebrigen Grillen:* schwarzlebrig ist eine falsche Übersetzung des griech. melancholisch, ›schwarzgallig‹; Grille vgl. Anm. zu S. 61,16.

126,38 *endlicher:* seit dem 18. Jh. zunächst in mathematisch-philosophischer Sprache ›räumlich oder zeitlich begrenzt‹, im Gegensatz zu dem häufigeren ›unendlich‹.

128,9 *Harnisch:* Brustpanzer, Rüstung; *in Harnisch jagen* (üblicher: bringen): erzürnen, eigtl. ›in Kriegsbereitschaft setzen‹.

128,18 *Staig:* Fem. (im Unterschied zu: der Steig); schwäbisch für ›ansteigende Fahrstraße‹.

128,29 *über alle Häuser hinausgeworfen:* schwäbische Redensart, ›abgeleugnet, verworfen‹.

128,30 *Postill:* von lat.: post illa (textus verba), ›nach jenen (Worten des Textes)‹; seit 1522 nachweisbar, bezeichnet das Wort die abschnittweise Auslegung eines biblischen Textes, der vorangestellt war (daher der Name).

128,31 *ob:* Nur der dt. Südwesten benutzte zu Schillers Zeit noch gelegentlich das ältere ›ob‹ für ›über‹.

129,3 *Hochzeiter:* oberdt. für ›Bräutigam‹.

129,5 *ins T-ls Namen:* in des Teufels Namen; man scheute sich, den Namen des Teufels auszusprechen, um diesen nicht herbeizurufen.

129,19 f. *Postier dich ums Schloß:* Stelle Posten ums Schloß.

129,30 *Ich kann nicht beten:* Vgl. den Monolog des Königs in Shakespeares »Hamlet«, III,3.

129,36–38 *Hier nimm ... Spott aus mir:* Vgl. 1. Sam. 31,4: »Da sprach Saul zu seinem Waffenträger: Zieh dein Schwert aus und erstich mich damit, daß nicht diese Unbeschnittenen kommen und mich erstechen und treiben ihren Spott mit mir. Aber sein Waffenträger wollte nicht, denn er fürchtete sich sehr.« Ähnlich die Szene in Plutarchs »Brutus«, LII, als dieser Selbstmord begeht.

130,16 *Zündet:* schwäbisch für ›leuchtet‹.

130,17 *Er hat das Prävenire gespielt:* Er ist uns zuvorgekommen; von lat. praevenire, ›zuvorkommen‹.

130,19–25 *Tot! was? ... nicht wieder:* In Leisewitz' » Julius von Tarent«, IV,6 ruft Aspermonte ins Ohr des eben gestorbenen Julius den Namen seiner Geliebten und sagt: »Da er das nicht hört, wird er nie wieder hören.« Dann reitet er »nach Ungarn in die Säbel der Ungläubigen«. – Ähnliche Szenen gibt es auch in Klingers »Sturm und Drang« (1776), IV,3 und in Shakespeares »Heinrich VI.«, 3,II,2.

Zweite Szene

131,25–27 *Ich hab ... nennst:* aus dem Gleichnis vom verlorenen Sohn, Luk. 15,21, aber dort spricht der Sohn den Satz, nicht der Vater.

132,9 *im engen Hause:* im Grab; Schiller verwendet die

Metapher auch zweimal in dem Gedicht »Elegie auf den
Tod eines Jünglings« (Str. 4 und 5) in der »Anthologie
auf Jahr 1782«, sie erscheint aber schon in Goethes
»Werther«, 2. Buch, Colmas Gesang aus dem Ossian.

132,9 f. *den eisernen Schlaf:* Metapher aus Klopstocks
»Messias«, VI,288 und XVII,371.

133,7–9 *Wie köstlich ... Berge Zion:* Vgl. Ps. 133,1 und 3:
»Siehe, wie fein und lieblich ist's, daß Brüder einträchtig
beieinander wohnen! [...] wie der Tau, der vom Hermon herabfällt auf die Berge Zions.«

134,5 *superber:* lat. superbus, ›prachtvoll, herausragend‹.

134,25 *Entlastet mich dieser:* Entlastet mich von dieser.

135,10 *der Kreißenden Stühlen:* Gebärstühlen.

135,24 *Anstoß:* schwäbisch für ›Anfall, Anfechtung‹.

135,30 f. *ich poche dem Tyrannen Verhängnis:* Die Konstruktion läßt schlecht erkennen, daß das Verhängnis als
Tyrann apostrophiert wird, und ist schon früh mißver-
standen worden: Viele »Räuber«-Ausgaben schreiben
»Tyrannenverhängnis«. Der Satz soll heißen: Ich fordere
das Verhängnis, diesen Tyrannen, heraus.

136,3 f. *die Kinder des Lichts:* biblischer Terminus (Eph.
5,9; 1. Thessal. 5,5 u. ö.), den Klopstock im »Messias«
wieder aufnimmt (II,766).

136,16 *in die Schanze schlugen:* aufs Spiel setzten. Mhd.
›schanze‹ ist um 1200 von afrz. ›cheance‹ (Glückswurf,
Spiel, Einsatz, Wechselfall) entlehnt worden. Seit dem
16. Jh. ist die Redewendung geläufig.

136,32 f. *wenn der Erzengel ... sollte:* Vgl. Offb. 12,7:
»Und es erhob sich ein Streit im Himmel: Michael und
seine Engel stritten mit dem Drachen.«

137,17 *überdulden:* Vermengung von ›überstehen‹ und ›er-
dulden‹.

137,34 *so lehre mich Dido sterben:* Vgl. Vergils »Aeneis«,
IV,642 ff.: Dido, die Königin von Karthago, erdolcht
sich, als Aeneas, den sie liebt, sie auf Jupiters Befehl verläßt.

138,21 *Schergen:* Gerichtsdiener, Büttel; verächtlich für
›Vollstrecker der Befehle eines Machthabers‹.

138,22 *Nun:* Als Substantivierung von ›nun, nu‹ erscheint
im 17. Jh. nebeneinander Nun und Nu, später stirbt er-
steres aus.

138,26 f. *Gehet hin zur Rechten und Linken:* Vgl. 1. Mose
13,9: »Willst du zur Rechten, so will ich zur Linken.«

139,16 *Äquivalent:* Gegenwert; von lat. aequus, ›gleich‹
und valere, ›gelten, bedeuten‹.

139,16 f. *Harmonie der Welt:* Harmonie (griech.) = das Zu-
sammenspiel der Teile zu einem schönen Ganzen. Der
griech. Philosoph Pythagoras (um 582 bis nach 507
v. Chr.) nahm an, daß die Weltkörper in sphärischer Harmonie um ein zentrales Feuer kreisten und dabei eine für
Menschen unhörbare, überaus melodische Musik hervor-
brächten.

139,29 *im Rat der himmlischen Wächter:* Vgl. Dan. 4,14:
»Solches ist im Rat der Wächter beschlossen.«; danach
auch Klopstock, »Messias«, VI,244.

139,36 *lebendige:* lebende.

II. Die verschiedenen Fassungen der »Räuber«

1. Das ›Schauspiel‹

Schiller veröffentlichte sein Erstlingsstück 1781 anonym, auf eigene Kosten, die ihn als Schulden länger belasteten, und mit dem fingierten Druckort »Frankfurt und Leipzig« unter dem Titel »Die Räuber, Ein Schauspiel«. Nach dieser Charakterisierung des Dramas durch Schiller selbst wird die Erstausgabe ›Schauspiel‹ genannt. Da sie die dramatischen Intentionen des Verfassers unabhängig von theater- und publikationspolitischen Rücksichten verwirklicht, gilt sie heute als Standardtext des Stückes. Eine »zwote verbesserte Auflage« von ihr, für die Schiller ein kurzes Vorwort schrieb (s. Kap. V, 2) und die die berühmte Löwenvignette mit den Worten »in tirannos« (gegen die Tyrannen) trägt, erschien Anfang 1782 »bei Tobias Löffler« in Mannheim, allerdings wieder mit dem fingierten Druckort »Frankfurt und Leipzig«. Sie weicht von der Erstausgabe textlich kaum ab. Im »Zustand der Wissenschaften und Künste in Schwaben« wurde im September 1782 eine kurze Anzeige abgedruckt, in der die Ausgabe als fehlerhaft angegriffen wird. Diese negative Ankündigung stammt, wenn nicht von Schiller selbst, wahrscheinlich aus seinem Freundeskreis und gibt seine ablehnende Haltung gegenüber der Zweitpublikation wieder.

2. Der unterdrückte Bogen B

Während die Erstausgabe sich im Druck befand, zog Schiller den gesamten zweiten schon ausgedruckten Bogen zurück und gestaltete den Text, Teile der Szenen I,1 und I,2, weitgehend neu. Gegenüber dem ›Schauspiel‹ stellt dieser sogenannte ›unterdrückte Bogen B‹ also eine frühere Gestaltungsstufe dar. Es scheinen vorwiegend künstlerische Erwägungen gewesen zu sein, die Schiller zu der textlichen Änderung bewogen haben. Dem Text des ›unterdrückten Bogens B‹ entsprechen die Seiten 18,26 bis 27,23. Da nur

Die
Räuber.

Ein Schauspiel

von fünf Akten,
herausgegeben
von
Friderich Schiller.

in. tirannos

Zwote verbesserte Auflage.

Frankfurt und Leipzig.
bei Tobias Löffler.
1782.

*Titelblatt der zweiten Auflage mit Löwenvignette
und »in Tirannos«-Motto*

der erste Teil des Bogens auffällig von der Version der
Erstausgabe abweicht, werden für den zweiten Teil nur die
Varianten ihr gegenüber vermerkt.
Statt S. 18,26 bis 22,25 lautete der Text ursprünglich:

»Oder stikt es vielleicht im Resultat dieses Aktus, das
doch nichts ist als blinde Folge, eiserne Nothwendigkeit,
die man oft so gern wegwünschte, wenn es nicht auf Unkosten von Fleisch und Blut geschehen müßte? Soll ich
ihm vielleicht darum gute Worte geben, daß er mich er-
nährte? Das thut auch jedes Thier – daß er mich erzog?
Das ist er als ein Weltbürger verbunden! – Daß er mich
liebt? Das ist eine Eitelkeit von ihm, die Schooß-Sünde
aller Künstler, die sich in ihrem Werke bewundern, wär
es auch noch so häßlich – Sehet also, das ist die ganze
Hexerey, die ihr in einen religiösen Nebel hüllet, unsere
Furchtsamkeit zu mißbrauchen. Soll auch ich mich dardurch ins Bockshorn jagen lassen? – Seichte Träumer mögen sich an der Schaale mästen, mögen in den Vorhöfen
der Wahrheit niedersitzen, höhere Geister dringen auf
den Kern und die Quelle.
Nun also, mutig ans Werk. Ich will alles um mich her
ausrotten, was mich einschränkt, daß ich nicht Herr bin.
Herr muß ich seyn, daß ich das mit Gewalt ertrotze, wozu mir Liebenswürdigkeit gebricht. *Ab ins Nebenzimmer.*

ZWEYTE SCENE.

An den Gränzen von Sachsen.
Schenke.

Karl Moor. Spiegelberg am Tisch.

Spiegelberg *setzt sich.* Daß dich die Pest! – Aber ich
muß Geld haben, und die Uhr ist doch nur gestolen. Gott
weiß wie mirs seyn wird, wenn ich wieder zu ein paar
Kreuzer sagen kann: ihr seyd mein! – wir wollens uns
wol seyn lassen Moor! So sieh doch nicht so sauer drein,
wie der alte Urehni Tobias, als er sich den Schwalbenmist
aus den Augen rieb. Wir wollens uns schmecken lassen
auf die Uhr. Frisch Mutter – zwey Bouteillen Ungri-
schen! – So sey doch lustig Moor. Itzt hast du ja Geld

im Sack, und sind wir ja Herren. – Auch Schinken dazu
Mutter. – Und laß dir nicht bang seyn Bruder; Laß dir
keine graue Haare drum wachsen Bruder! Gibt ja noch
Narren genug in der Welt, denen man um ihr Geld ihren
Steckengaul sattlen kann – sag doch einmal was das für
Schmiererey ist? – Glaub, es soll den verlorenen Sohn
vorstellen.

M o o r. Ich habs schon lang drum betrachtet, wenigstens
die Schweine würd ich nicht hüten, auch keine Träber
fressen.

S p i e g e l b e r g. Mordbleu! ich auch nicht. Lieber stehlen!

M o o r *mit den Füßen stampfend.* Ueber die verfluchte
Ungleichheit in der Welt! Das Geld verrostet in den
Kisten ausgedörrter Pickelhäringe und Mangel muß Bley
an die kühnsten Begierden des Jünglings legen. Kerls, die
zehnmal krepiren, eh sie ihre Thaler auszählen, trippelten
mir das Haus ab, ein paar elende Schulden einzutreiben –
so warm ich ihnen die Hand drückte – Nur noch einen
Tag – Umsonst – Bitten! Schwüre! Tränen – prallten ab
von ihrer bockledernen Seele!

S p i e g e l b e r g *trinkt.* Was sagst du Moor? Du hast
ganz recht. Um so ein paar tausend lausige Dukaten
trinkt. Das heiß ich einen Bettelbuben in die Hölle geworfen.

M o o r. Warum sind Despoten da? Warum sollen sich tausende, und wieder tausende unter die Laune Eines Magens
krümmen, und von seinen Blähungen abhängen? – Das
Gesetz bringt es so mit sich – Fluch über das Gesetz, das
zum Schneckengang verderbt was Adlerflug worden
wäre! Das Gesetz hat noch keinen großen Mann gebildet,
aber die Freiheit springt über die Pallisaden des Her-
kommens, und brütet Kolosse und Extremitäten aus. –
Ich weis nicht Moriz ob du den Milton gelesen hast –
Jener der es nicht dulden konnte daß einer über ihm war,
und sich anmaßte den Allmächtigen vor seine Klinge zu
fordern, war er nicht ein ausserordentliches Genie? – Er
hatte den Unüberwundenen angegriffen, und ob er schon
erlag, so hatte er doch seine ganze Kraft erschöpft, und
ward doch nicht gedemüthiget, und macht immer neue
Versuche bis auf diesen Tag, und alle seine Streiche fal-

len auf seinen eigenen Kopf zurück, und wird doch nicht
gedemüthigt. Dieser ists über den unsere Waschweiber
das Kreutz machen –

S p i e g e l b e r g. Scheußlich anzuschauen vor unsern
Kirchthüren mit einem lästerlichen Schwanz, und Bocks-
füßen, und einem Horn auf der Glaze.

M o o r. Ein weiterer Kopf, der gemeine Pflichten über-
springt um höhere zu erreichen soll ewig unglücklich
seyn, wenn die Kanaille die ihren Freund verrieth, und
vor dem Feinde floh, auf einem wol angebrachten Seufzer
gen Himmel reutet. Wer möchte nicht lieber im Backofen
Belials[1] braten mit Borgia[2] und Katilina als mit jedem
Alltags-Esel dort droben zu Tische sitzen?

S p i e g e l b e r g. Geh mir mit dem Schlaraffen Leben –
dank du Gott daß der alte Adam den Apfel angebissen
hat, sonst wären wir mit sammt unsern Talenten und
Geisteskraft auf den Polstern des Müssiggangs vermodert.

M o o r *lacht*. Gelt Moriz das Schäferleben hätte dir nicht
behagt – O ich sage dir, wüßt ich nur der Geist Herrmanns wäre nicht ganz ausgestorben in uns! – Stelle mich
vor ein Heer Kerls wie ich, und aus Deutschland soll eine
Republik werden, gegen die Rom und Athen Nonnen-
klöster seyn sollen – es ist nichts so unmöglich, das ein
Mann nicht zu Stand bringen kann.

S p i e g e l b e r g *aufspringend*. Bravo! Bravissimo! Du
bringst mich eben recht auf das Chapitre. Ich will dir
was sagen Moor, das schon lang mit mir umgeht, und du
bist der Mann, dem ich das sagen kann – Sauf Bruder
sauf – was meinst du, wenn wir uns beschneiden ließen,
Juden würden, und das Königreich wieder aufs Tapet
brächten?

M o o r. Hahaha! Nun merk ich, warum du schon gegen
Dreyviertel Jahr eine hebräische Grammatik herum-
schleifst.

S p i e g e l b e r g. S–ßkerl! Just deswegen. Aber sag, ist
das nicht ein schlauer und herzhafter Plan? Wir wollen

---

1. von hebr. belijaal, ›Bosheit‹, in späteren jüdischen und frühen christlichen Texten Satan als Verderber des Menschen.
2. Cesare Borgia (1475–1507), Sohn Papst Alexanders VI., Inbegriff des
skrupellosen Renaissancefürsten, der jede Moral seinen politischen Zwek-
ken unterordnet.

sie im Thal Josaphat[3] wieder versammeln, die Türken aus Asien scheuchen, und Jerusalem wieder aufbauen. Alle alten Gebräuche müssen wieder aus dem Holzbügel[4] hervor. Die Bundslade wird wieder zusammengeleimt. Brandopfer die schwere Meng. Das neue Testament wird hinausvotirt. Auf den Messias wird noch gewartet, oder du, oder ich, oder einer von beyden – –

M o o r. Hahaha!

S p i e g e l b e r g. Nein! lach nicht. Es ist hol mich der Teufel mein Ernst. Wir sezen dir eine Taxe aufs Schweinefleisch, daß fressen kann, wer zahlt, und das muß horrend Geld abwerfen. Mittlerweile lassen wir uns Zedern hauen aus dem Libanon, bauen Schiffe, und schachern mit alten Borden und Schnallen, das ganze Volk.

M o o r. Saubere Nation! Sauberer König!

S p i e g e l b e r g. Drauf kriegen wir dir die benachbarten Ortschafften, Amoriter, Moabiter, Russen, Türken und Jethiter,[5] ohne Schwerdstreich, unter den Pantoffel. Dann, must du wissen, wir sind mächtig im Feld, und der Würgengel reutet vor uns her, und mäht sie dir nieder wie Spizgras. – Und haben wir erst um uns herum Feyerabend gemacht, so kommen wir uns selbst zwischen Jerusalem und Samaria in die Haare – du, König Moor von Israel, ich, König Spiegelberg von Juda und zausen einander wacker herum im Wald Ephraim, und wer Sieger ist geht her, läßt die Dächer abdecken und beschläft die Kebsweiber des andern, daß da zugaffen alle zwölf Stämme Israel.

M o o r *nimmt ihn lächelnd bey der Hand.* Bruder, mit unsern Donquixotereien ists nun am Ende. Ich bin lang genug herumgeschwärmt, wie ein Spring ins Feld, von nun an wirds nach einer andern Melodie gehen.

S p i e g e l b e r g. Wie zum Teufel! – du wirst doch nicht gar den verlornen Sohn spielen wollen? »Ich habe gesündigt im Himmel und vor dir – bin nicht werth« – Pfuy!

3. hebr., ›Gott richtet‹. Tal östl. von Jerusalem, wo nach jüdisch-christlicher Lehre das Weltgericht stattfindet.
4. schwäb. für den Küchenplatz zum Aufbewahren des Feuerholzes.
5. *Amoriter, Moabiter, Jethiter:* semitische Stämme der alttestamentarischen Zeit, die von den Juden zu verschiedenen Zeiten unterworfen wurden.

Schäme dich! – das Unglück muß einen großen Mann
nicht zur Memme machen.

M o o r. Ich will ihn spielen Moriz, und ich schäme mich
nicht. Nenn es Schwäche daß ich meinen Vater ehre – es
ist die Schwäche eines Menschen, und wer sie nicht hat,
muß entweder ein Gott oder – ein Vieh seyn. Laß mich
immer mitten inne bleiben.

S p i e g e l b e r g. Geh, geh. Du bist nicht mehr Moor.«

S. 23,25; nach *Not.* zusätzlich:

> »Siehst du der Hund und ich hatten doppelte Kräffte,
> wie's galt – Und meynst du, ich hätt nachher wieder
> über den Graben können? Hundertmal hab ichs probirt
> und hundertmal bin ich abgeprellt.«

Statt S. 24,6 bis 24,32 folgende Version:

»M o o r *bitter.* Brav Moriz – und wo hast du dergleichen
feine Künste gelernt?

S p i e g e l b e r g. Eben da wo du das Sauffen und Rauf-
fen und Spielen und Kindermachen gelernt hast. Guter
Mensch, das lernt sich von selbst. Und wem's hiezu an
Kopf mangelt, der soll sich die Lust vergehen lassen ein
Spizbub zu seyn. Es sollte mir leyd thun, wenns damit
alle wäre.

M o o r *zerstreut.* Wie? Du hast es wol gar noch weiter gebracht?

S p i e g e l b e r g. Ich glaube gar, du setzest ein Mißtrauen
in mich. Wart, laß mich erst warm werden; du sollst
Wunder sehen, dein Gehirnchen soll sich im Schädel um-
drehen, wenn mein kreisender Witz in die Wochen
kommt, *auf den Tisch schlagend.* Aut Caesar, aut nihil![6]
Du sollst eifersüchtig über mich werden.

M o o r. Moriz! Wie wird dirs? Moriz!

S p i e g e l b e r g *steht auf, hitzig.* Ja! Eifersüchtig – gifftig
sollst du, sollt ihr alle über mich werden. Ich will Pfiffe
ausspinnen, darüber euch der Verstand still stehen soll. –
Wie es sich aufhellt in mir! Große Gedanken dämmern
auf in meiner Seele! Riesenplane gähren in meinem
schöpfrischen Schedel. Verfluchte Schlafsucht! *sich vor'n*

---

6. Entweder Caesar (= alles) oder nichts. Devise Cesare Borgias, bezogen
auf den röm. Staatsmann Gaius Julius Caesar.

Kopf schlagend. Die bisher meine Kräffte in Ketten
schlug, meine Aussichten sperrte und spannte; ich er-
wache, fühle wer ich bin – wer ich werden muß! Geh,
laß mich! Ihr aber sollt noch von mir das Gnadenbrod
haben.
M o o r. Du bist ein Narr. Der Wein bramarbasirt aus deinem Gehirne.
S p i e g e l b e r g *hitziger.* Spiegelberg, wird es heißen,
kannst du hexen Spiegelberg? Es ist Schade daß du kein
General worden bist, Spiegelberg, wird der König sagen,
du hättest die Oestreicher durch ein Knopfloch gejagt.
Ja, hör ich die Dokters jammern, es ist unverantwortlich
daß der Mann nicht die Medizin studirt hat, er hätte
wider den Tripper ein Spezifikum erfunden. Ach! und
daß er das Kamerale nicht zum Fach genommen hat,
werden die Sullys in ihren Kabinetten seufzen, er hätte
aus Steinen Louisd'ore hervorgezaubert. Und Spiegelberg
wird es heißen in Osten und Westen, und in den Koth
mit euch ihr Memmen, ihr Kröten, indeß Spiegelberg mit
ausgespreiteten Flügeln zum Tempel des Nachruhms empor fliegt.
M o o r *steht auf, tritt ans Fenster.* Tropf!
S p i e g e l b e r g *umarmt ihn mit Heftigkeit.* Bruder! Bruder! Itzt wollen wir erst anfangen zu leben. Danks deinem Kopf, daß ich dich brauchen kann. Du hängst dich
an den Adler Spiegelberg wie der Zaunkönig und kommst
mit ihm zur Sonne.«

Statt S. 25,17 bis 25,19 folgende Version:

»S c h w e i z e r *setzt sich an Spiegelbergs Plaz, und trinkt
seinen Wein aus.*
S c h w a r z *tritt auf.*
M o o r *fliegt ihm entgegen.* Bruder, Bruder, den Brief! den
Brief!
S c h w a r z *lächelnd.* Was für einen Brief? – ich weis von
keinem Brief.
M o o r *sucht ihm in den Taschen.* Gib, gib! du hast ihn,
must ihn haben. Sah ich dich nicht aus dem Posthaus
herausgehen?
S c h w a r z *zu den andern.* Er will uns verlassen. Nicht
wahr? ich soll ihm den Brief nicht in die Hände geben?

A l l e. Zerreis ihn, zerreis ihn!

M o o r *greift an den Degen.* Heraus mit, den Augenblick! oder du bist des Todes.«

Statt S. 25,31 bis 25,40 folgende Version:

»S p i e g e l b e r g *der sich die ganze Zeit über mit den Pantomimen eines Projektmachers im Stubeneck abgearbeitet hat, springt wild auf.* La bourse ou la vie! *und pakt Schweizern an der Gurgel, der ihn gelassen an die Wand wirft, alle lachen – Moor läßt den Brief fallen, und will hinausrennen. Alle fahren auf.*

R o l l e r *ihm nach.* Moor! wonaus, Moor? was beginnst du?

G r i m m. Was hat er, was hat er? Er ist bleich wie die Leiche.

M o o r. Verloren, verloren! *rennt hinaus.*«

S. 26,7; nach *führen.* zusätzlich:

»Schon lang hört er auf, dich unter seine Söhne zu zählen, und schämt sich von dir Vater genannt zu werden.«

S. 27,1; nach *Spiegelberg.* zusätzlich:

»Dich nicht, Razmann! dafür steh ich dir –«

(NA III,247–256)

3. Das Mannheimer Soufflierbuch

In dem ›Soufflierbuch‹ ist die authentische Version aufbewahrt, in der »Die Räuber« am 13. Januar 1782 im Mannheimer Nationaltheater uraufgeführt wurden. Der Intendant des Theaters, Wolfgang Heribert von Dalberg (1750 bis 1806), hatte dafür von Schiller gravierende Änderungen des Textes verlangt, denen dieser nur höchst widerwillig zustimmte (siehe seine Briefe an Dalberg, Kap. IV, 3): Aus fünf Akten werden sieben Handlungen; statt in der Mitte des 18. Jahrhunderts spielt das Stück nun am Ende des 15. Jahrhunderts; die lyrischen Einlagen fehlen; der Pater im 2. Akt wird in eine »Magistratsperson« umgewandelt; Pastor Moser im 5. Akt wird gestrichen; Franz will Her-

mann zum Mord an Karl überreden, aber Hermann lehnt
sich auf und bedroht Franz schließlich mit der Pistole;
Franz begeht nicht Selbstmord, sondern wird von der
Bande gerichtet; Amalia wird nicht von Karl erstochen,
sondern tötet sich selbst.
Die 6. und 7. Handlung, die die einschneidendsten Änderungen gegenüber dem ›Schauspiel‹ aufweisen und seinem
5. Akt entsprechen, werden hier ungekürzt wiedergegeben:

SECHSTE HANDLUNG

(Aussicht von vielen Zimmern, in Moors Hause)

Szene 1

Franz v. Moor. Im Schlafrok hereingestürzt. Hernach Daniel.

F r a n z. Verrathen! Verrathen! Geister ausgespien aus
    Gräbern – Loßgerüttelt das Todenreich aus dem ewigen
    Schlaf, brüllt wieder mich Mörder! – wer regt sich da?
D a n i e l (kömt ängstlich). Seid ihrs, gestrenger Herr, der
    so gräßlich durch die Gewölbe schreit, daß alle Schläfer
    auffahren?
F r a n z. Schläfer? Wer heißt euch schlaffen, es soll nie-
    mand schlaffen in dieser Stunde. Hörst du? Alles soll auf
    seyn – in Waffen – alle Gewehre geladen – Sahst du sie
    dort im Bogengang hinschweben?
D a n i e l. Wen, gnädiger Herr?
F r a n z. Wen, wen? So kalt, so leer fragst du, wen? Hat
    michs doch angepakt wie der Schwindel! Wen? Geister
    und Teufel! Wie weit ists in der Nacht?
D a n i e l. Eben itzt ruft der Wächter zwei an.
F r a n z. Was? will diese Nacht währen biß an den jüng-
    sten Tag? Hörtest du keinen Tumult in der Nähe? Kein
    Siegesgeschrey? Kein Geräusch goloppirender Pferde?
    Wo ist Karl –? der Graf, will ich sagen.
D a n i e l. Ich weiß nicht mein Gebieter.
F r a n z. Du weißts nicht? Du bist auch unter der Rotte?
    Ich will dir das Herz aus den Rippen stampfen! mit dei-
    nem verfluchten: ich weiß nicht! Was? auch Bettler
    wider mich verschworen? Himmel, Hölle alles wider
    mich verschworen?

D a n i e l. Mein Gebieter –

F r a n z. Nein! ich zittre nicht! es war ledig ein Traum.
Die Toden stehen noch nicht auf. – Wer sagt, daß ich
zittre, und bleich bin? Es ist mir ja so leicht, so wohl.

D a n i e l. Ihr seid todenbleich, eure Stimme ist bang, und
lallet.

F r a n z. Ich bin krank.

D a n i e l. O ihr seid ernstlich krank.

F r a n z. Ja freilich, freilich! Das ists alles – Und Krankheit verstöret das Gehirn, und brütet tolle und wunder-
liche Träume aus – Träume bedeuten nichts nicht wahr?
Träume bedeuten nichts. – Ich hatte so eben einen lusti-
gen Traum – (er sinkt ohnmächtig nieder)

D a n i e l. Gott, was ist das?

F r a n z (verwirrt). Weg – weg! was rüttelst du mich so,
scheußliches Todengeripp? – Die Toden stehen noch nicht
auf

D a n i e l. O Gott!

F r a n z (Richtet sich matt auf). Wo bin ich? – Du, was
hab ich gesagt? merke nicht darauf, ich hab eine Lüge
gesagt; es sei, was es wolle. – Komm, hilf mir auf! – es
ist nur ein Anstos von Schwindel – weil ich – weil ich –
nicht ausgeschlafen habe.

D a n i e l. Ich will Hilfe rufen, ich will Aerzte rufen.

F r a n z. Bleib; du bist ein guter Mann. Laß dir erzälen –

D a n i e l. Jezt nicht, ein anderesmal. Ich will euch zu
Bette bringen! Ruhe ist euch besser.

F r a n z. Nein, ich bitte dich, laß dir erzälen, und lache
mich aus; – Siehe, mir däuchte, ich hätte ein königlich
Mahl gehalten, und mein Herz wär guter Dinge, und ich
läge berauscht im Rasen des Schloßgartens, und plözlich
– plözlich – aber ich sage dir, lache mich aus!

D a n i e l. Plözlich?

F r a n z. Plözlich traf ein ungeheurer Donner mein schlum-
merndes Ohr, ich taumelte behend auf, und siehe, da
wars mir, als säh ich aufflammen den ganzen Horizont
in feuriger Lohe, und Berge und Städte, und Wälder, wie
Wachs im Ofen zerschmolzen, und eine heulende Winds-
braut fegte von hinnen: Meer, Himmel und Erde – da
erscholls, wie aus ehernen Posaunen.

D a n i e l. Ach Gott!

F r a n z. Nicht wahr, das ist tolles Gezeuge?

D a n i e l. Gott erbarme sich meiner.

F r a n z. Schneebleich stunden alle Kinder der Erde, ängstlich klopfte die Erwartung in jeglicher Brust. Da war
mirs, als hörte ich meinen Namen zuerst genant aus den
Wettern des Berges, und mein innerstes Mark gefror in
mir, und meine Zähne klapperten laut.

D a n i e l. O, Gott vergeb euch!

F r a n z. Das that er nicht; zulezt kam ein alter Mann,
schwer gebeugt von Gram, angebissen den Arm von wü-
tendem Hunger, aller Augen wandten sich scheu vor dem
Mann, ich kante den Mann, er schnitt eine Loke von seinem silbernen Haupthaar, warf sie hinein, in die Schaale
der Sünden. Da hörte ich eine Stimme schallen aus dem
Rauche des Felsen: Gnade, Gnade jedem Sünder der Erde
und des Abgrundes! Du allein bist verworfen! – (tiefe
Pause) Nun, warum lachst du nicht.

D a n i e l. Kan ich lachen, wenn mir die Haut schaudert?
Träume kommen von Gott.

F r a n z. Pfui doch! pfui doch! sage das nicht! Heiß mich
einen Narren, einen aberwizzigen, abgeschmakten Narren!
Thue das, lieber Alter! ich bitte dich drum, spotte mich
aus!

D a n i e l. Träume kommen von Gott. Ich will für euch
bethen (ab).

F r a n z. Pöbel-Weißheit, Pöbelfurcht! – es ist ja noch
nicht ausgemacht, ob das Vergangene nicht vergangen ist,
oder ein Auge findet über den Sternen – Hm! hm! wer
raunte mir das ein? rächet denn droben einer über den
Sternen? – Nein, nein, Ja, ja! Nein! – wenns aber doch
wäre? wehe mir, wenns nachgezählt worden wäre! wenns
dir vorgezählt würde, diese Nacht noch! – Warum schau-
derts mir so durch die Knochen? – S t e r b e n! Warum
pakt mich das Wort so? Rechenschaft geben dem Rächer
droben über den Sternen – –

Szene 2

Franz v. Moor. Bedienter und Daniel.

B e d i e n t e r. Amalia ist entsprungen, der Graf ist plözlich verschwunden (ab).

D a n i e l. Das ganze Schloß steht in Flammen!

F r a n z. Gehe, laß alle Gloken zusammenläuten! alles soll
in die Kirche – auf die Knie fallen alles – bethen für
mich – alle Gefangenen sollen seyn loß und ledig – ich
will den Armen alles doppelt und dreifach wiedergeben
– – ich will – so geh doch – so ruf doch einen Geistlichen,
daß er mir meine Sünden hinwegsegne – bist du noch
nicht fort? (Das Getümmel wird hörbar)

D a n i e l. Wie soll ich das wieder reimen?

F r a n z. Nichts mehr davon! – S t e r b e n siehstu?
S t e r b e n ?

(Man hört Schweizern draussen toben)

F r a n z. Bethe doch! – Bethe!

D a n i e l. Ich sagts euch immer – ihr verachtet das liebe
Gebet so – Seht ihrs? was Religion ist –

F r a n z (Umarmt ihn ungestümm). Verzeih, lieber Alter,
verzeih – ich will dich kleiden, von Fuß auf – so beth
doch – ich will dich zum Hochzeiter machen – ich will –
so beth doch – ich beschwöre dich – auf den Knien be-
schwör ich dich – Ins T-ls Namen! so beth doch!

(Tumult auf den Strassen. Geschrei, Gepolter)

S c h w e i z e r (Auf der Gasse). Stürmt! schlagt todt! –
brecht ein! Ich sehe Licht, dort muß er seyn!

F r a n z (Auf den Knien). Höre mich bethen, Gott im
Himmel! – es ist das erstemal – soll auch gewis nimmer
geschehen. – erhöre mich, Gott im Himmel!

D a n i e l. Das ist ja gottlos gebethet!

F r a n z (bethet). Ich bin kein gemeiner Mörder gewesen,
mein Herrgott – hab mich nie mit Kleinigkeiten abge-
geben, mein Herr Gott –

D a n i e l. Auch seine Gebethe werden zu Sünden (ab).

F r a n z. Wehe – weh – das ganze Schloß im Brand. Ich
kan nicht bethen – hier, hier, (auf Brust und Stirn schlagend) alles so öd – so verdörrt. (steht auf) Sie dringen
herauf – belagern die Thüre – warum zag ich so vor dieser bohrenden Spizze? – Die Thür kracht! – stürzt! – un-
entrinnbar! (er stürzt in die Flammen. Die eindringenden
Räuber Ihm nach).

Ende der 6ten Handlung.

SIEBENDE HANDLUNG

(Der Schauplaz wie in der 5ten Handlung)

Szene 1.

Der a. Moor auf einem Stein sitzend. R. Moor gegenüber.
Die Räuber hin und her im Walde.

R. M o o r. Er war euch lieb, euer andrer Sohn?

D. a. M o o r. Du weißt es, o Himmel! Warum ließ ich
mich doch durch die Ränke eines bösen Sohnes bethören?
Der böse Geist fuhr in das Herz meines Franzen; ich
traute der Schlange – verloren meine Kinder beide (Er
verhüllt sich das Gesicht)

R. M o o r (Geht weit von ihm weg). Ewig verloren!

D. a. M o o r. Oh, ich fühle es tief, was mir Amalia sagte:
Vergebens ausstreken deine sterbenden Hände wirst du
nach einem Sohne, vergebens wähnen zu umfassen die
warmen Hände deines Karls, der nimmermehr an deinem
Bette steht.

R. M o o r (Reicht Ihm die Hand, mit abgewandtem Gesicht).

D. a. Moor. Wärst du meines Karls Hand! – aber er liegt
fern im Grabe – Kein Sohn mehr – kein Sohn mehr, der
mir die Augen zudruken könte –

R. M o o r (In heftiger Bewegung). Izt muß es seyn! – itzt
– – Und doch – kan ich ihm denn seinen Sohn wieder
schenken? – ich kan ihm seinen Sohn doch nicht mehr
schenken – Nein, ich wills nicht thun.

D. a. M o o r. Wie, Wie, Freund? Was hast du da gemurmelt?

R. M o o r. Dein Sohn – Ja, alter Mann – (stammlend) –
dein Sohn – ist – ewig verloren.

D. a. M o o r. Ewig?

R. M o o r (In der fürchterlichsten Beklemmung gen Himmel sehend). O, nur diesmal – Laß meine Seele nicht matt
werden – nur diesmal halte mich aufrecht!

D. a. M o o r. Ewig sagst du?

R. M o o r. Frage nichts weiter. Ewig sagt' ich.

D. a. Moor. Fremdling! Fremdling! warum zogst du mich
aus dem Thurme?

R. M o o r. Und wie? – wenn ich izt seinen Segen weg-
haschte – haschte wie ein Dieb, und mich davon schlich

mit der göttlichen Beute – Vater-Segen, sagt man, geht niemals verloren.

D. a. M o o r. Auch mein Franz verloren? –

R. M o o r (Stürzt vor Ihm nieder). Ich zerbrach die Riegel deines Thurms – Gib mir deinen Seegen.

D. a. M o o r (Mit Schmerz). Daß du den Sohn vertilgen willst, Retter des Vaters! – Siehe, die Gottheit ermüdet nicht im Erbarmen, und wir armseeligen Würmer gehen schlaffen mit unserem Groll. (Er legt seine Hand auf des Räubers Haupt) Sei so glüklich, als du dich erbarmest!

R. M o o r (Weichmütig aufstehend). O! wo ist meine Mannheit! Meine Sennen werden schlaff, das Schwerdt sinkt aus meinen Händen – – – K ü s s e m i c h g ö t t - l i c h e r G r e i ß !

D. a. M o o r (Drükt Ihn wieder an sein Herz). – Denk, es sei Vaters Kuss; so will ich denken, ich küsse meinen Karl – Du kanst auch weinen?

R. M o o r (Sehr gerührt). Ich dacht', es sei Vaters Kuß! (An seinem Halse. Pause. – Man hört ein verwirrtes Ge- töse, und erblikt den Schein von Fakeln)

R. M o o r (Springt auf). Horch! die Rache ruft! Sie kom- men! (Er wirft einen vollen Blik auf den Alten, und schaut grimmig auf) Flamme mich in tygrische Mord- sucht, leidendes Lamm; dir will ich ein Opfer bringen, daß die schauende Sterne über mir sollen dunkel werden, und in Todesschauer erstarren soll die Natur.
(Fakeln sichtbarer. Der lerm hörbarer. Wiederholte Pistolenschüsse)

D. a. M o o r. Weh, weh, waß ist das wilde Getöse? – Sinds die Handlanger meines Sohnes? Wollen sie mich vom Thurm schleppen zum Bloke?

R. M o o r (Auf der anderen Seite. Die Hände gefalten mit Inbrunst). Höre die Andacht des Mordbrenners, Richter im Himmel! – Mach Ihn unsterblich – Raff ihn nicht weg beim ersten Streich – Mach jeden Herzstoß zu einem Labsal, – jeden Schwerdstos zu einem Erquiktrank.

D. a. M o o r. Weh! was murmelst du, Fremdling? – Fürch- terlich! Fürchterlich!

R. M o o r. Ich bethe. (Wilde Musik der Kommenden)

D. a. M o o r. O! Auch meines Franzen gedenke in deinem Gebeth.

R. M o o r (mit verbissenem Rasen). I c h g e d e n k e !
D. a. M o o r. Aber ist das der Ton eines Bethers? – Hör
auf. – Hör auf! – Mir s c h a u d e r t vor deiner Andacht.

Szene 2

Schweizer voran. Ein Zug der Räuber. Franz v. Moor in
der Mitten kettenschleifend. Grimm, Kosinski. Räuber.
Herman.

S c h w e i z e r. Triumpf, Hauptman! – Hier ist der Bube!
Meine Ehre ist gelößt.
G r i m m. Gerissen aus den Flammen seines Schlosses –
Seine Vasallen geflohen –
K o s i n s k i. Sein Schloß hinter ihm in Asche – versunken
seines Namens Gedächtniß.
(Es erfolgt eine grauenvolle Pause auf dem Schauplaze)
R. M o o r (Tritt langsam hervor. Zu Franz, mit dumpfer
gelassener Stimme). Kennst du mich?
F r a n z (steht, den Blik in den Boden gewurzelt, keine
Antwort).
R. M o o r (Wie oben, indem er Ihn zu seinem V a t e r
führt). Kennst du d i e s e n ?
F r a n z (täumelt durchdonnert zurük). Zermalmet mich,
Donner des Himmels! mein Vater!
D. a. M o o r (Wendet sich bebend ab). Geh – Gott ver-
gebe dir – ich vergesse –
R. M o o r (fürchterlich streng). Und mein Fluch hänge
sich 1000pfündig an diese Bitte, und lähme ihren Flug
zum Erhörer! – Kennst du diesen Thurm?
F r a n z (heftig zu Herman). Was, Ungeheuer! Biß zu die-
sem Thurm verfolgte dein Familien-Haß meinen Vater?
H e r m a n. Bravo! bravo! So ist doch kein Teufel so lü-
derlich, seinen Vasallen in der lezten Lüge zu verlassen.
R. M o o r. Genug. Diesen Alten führt tiefer in den Wald.
Zu d e m, was ich izt thun werde, bedarf ich keiner
Vaterthränen.
(Sie führen den Alten, der wie betaubt ist, vom Schau-
plaz ab)
R. M o o r. Näher, Banditen! (Sie formiren einen halben
Mond um die beiden, und hängen schauernd über ihren
Flinten) Nun keinen Laut weiter – So wahr ich Vergebung

der Sünden hoffe! Dem ersten, der nur die Zunge rührt,
eh ichs befehle, kracht diese gezogene Pistole – Stille!

Franz (zu Herman im Ausbruch der äussersten Wuth).
Ha, Schandbube! daß ich nicht all mein Gift in diesem
Schaume auf dein Angesicht geifern kan! – Oh es ist bit-
ter! (weinend in die Ketten beissend)

R. Moor (In Majestätischer Stellung). Ein Bevollmäch-
tigter des Weltgerichts steh ich da – einen Rechtshandel
will ich schlichten, den kein Reiner schlichtet – Sünder sitzen zu Gerichte – Ich, der grösseste
obenan! Dolche seyen die Loose – wer neben diesem nicht rein steht, wie ein Heiliger, trete ab, vom
Gerichte, und zerbreche seinen Dolch – laßt fallen!
(Die Räuber werfen alle ihre Dolche unzerbrochen auf
die Erde) Sei stolz! du hast heute Missethäter zu Englen
gemacht! – Noch einen Dolch vermißt ihr? (Er zieht den
seinigen. Pause) Seine Mutter war auch meine Mutter.
(zu Schweizer und Kosinski) Richtet ihr! – (Er zerbricht
seinen Dolch)

Franz (Springt Karln in die Arme). Rette mich von den
Klauen der Mordbrenner! Rette mich, Bruder!

R. Moor (Sehr ernst). Du hast mich zu ihrem
Fürsten gemacht! –

Franz (fährt erschroken zurük).

R. Moor. Wirst du mich noch bitten? (trit edel zu Ihm
und mit Schmerz) Sohn meines Vaters, du hast mir meinen Himmel gestohlen, diese Sünde sei dir genommen.
Ich vergebe dir, Bruder – (Er umarmt Ihn) Richtet ihr!
(Eilt ab).

Schweizer. Bin ich doch grau worden in Auftritten
des Jammers, und soll nun zum Bettler verarmen an diesem? – Frevelte er nicht an diesem Thurme? richten wir
nicht an diesem Thurme –? Dort verfaul er lebendig.
Hinunter mit ihm!

Alle Räuber (Bestimmend mit Getöse, auf Franz zu-
stürmend). Hinunter! hinunter! (Franz wird zum Thurme
geschleppt und hinabgestossen. Die Räuber gehen zurük)

R. Moor (kömt nachdenkend zurük). Es ist vollbracht!
Lenker der Dinge, habe Dank! Es ist vollendet! (Er ver-
weilt über einem grossen gedanken) – Wenn dieser
Thurm wäre das Ziel gewesen, zu dem du

mich führtest auf blutvollen Weegen? – wenn ich darum
das Haupt der Sünder bin worden? – – – Ewige Vorsicht! Hier schaudre ich, und bethe an! – Wohl, ich ver-
traue dir, und mach Feyerabend am ziele – In seiner
schönsten Schlacht, fällt der Sieger so schön – In diesem
Abendroth will ich erlöschen! Laßt mir den Vater kommen!

(Einige Räuber bringen d. a. Moor geführt)

D. a. M o o r. Wohin wollt ihr mit mir? wo ist mein Sohn?

R. M o o r (Mit Würde und Gelassenheit Ihm entgegen).
Planet und Sandkorn haben ihren gemessenen Plaz in der
Schöpfung. – Auch dein Sohn hat den s e i n e n – Sei
ruhig, und setz dich nieder.

D. a. M o o r (Bricht in Thränen aus). Kein Kind mehr?
Kein Kind mehr?

R. M o o r. Sei ruhig, und setz dich nieder.

D. a. M o o r. O, der gutherzigen Barbarn! aus dem Thurme reissen sie einen sterbenden Greisen ihn zu grüssen:
deine Kinder sind geschlachtet! O ich bitte euch, vollendet eure Barmherzigkeit, und stoßt mich wieder hinunter!

R. M o o r (Ergreift seine Hand mit Heftigkeit, und hält
sie mit Wärme gen Himmel). Lästre nicht, alter Mann!
Lästre den Gott nicht, vor dem ich heute freudiger bethe.
Schlimmere alß du bist haben Ihn heute von Angesicht
zu Angesicht gesehen.

D. a. M o o r (scharf). Und würgen gelernt!

R. M o o r. 60jähriger! kein solch Wort mehr. (sanfter und
mit Schmerz) Wenn seine Gottheit selbst die S ü n d e r
erwärmt, sollen die Heilige sie zurükstossen? Und wo
würdest du Worte finden ihm Abbitte zu thun, wenn er
dir heute e i n e n S o h n g e t a u f t h ä t t e?

D. a. M o o r (Bitter). Tauft man heute mit Blut?

R. M o o r (Stuzzend). Wie sagst du? Redet dann auch
Verzweiflung die Wahrheit? – Ja, alter Mann, auch mit
Blut kan die Vorsicht taufen – Mit Blut hat sie dir heute
getauft – ihre Weege seltsam und fürchterlich – aber
Freudenthränen am Ziele.

D. a. M o o r. Wo werd ich sie weinen?

R. M o o r (der Ihm in die Arme stürzt). Am Herzen deines Karls (große Pause)

D. a. M o o r (Aufstehend über Ihn). Nimm mein Leben
zum Dankopfer, o Himmel! – Auch ich kan noch glüklich seyn – Ich verzweifelte an deinem Strale, und bin
nun ein Greiß worden in Wollust. – (Im Ausbruch der
höchsten Freude) Mein Karl lebt!

R. M o o r. D e i n K a r l lebt! – Dir vorausgeschikt, zum
Retter, zum Rächer! (auf den Thurm zeigend) So lohnte
dir dein begünstigter Sohn! – (er drüket Ihn mit Wärme
an die Brust) So rächet sich dein v e r l o r n e r S o h n !
(Etliche Räuber kommen zurük)

G r i m m. Volk im Wald! Stimmen!

R. M o o r (Fährt auf). Ruft die andern! – (die Räuber ab.
Mit sich selber) Es ist Zeit, mein Herz! Den W o l l u s t -
b e c h e r v o m M u n d e , ehe er vergiftet.

D. a. M o o r. Sind diese Männer deine Freunde? Fast
fürchte ich ihre Blike.

R. M o o r. Alles, mein Vater! – dieses frage mich nicht.

Szene 3.

Amalia mit fliegenden Haaren. Grimm, Schweizer, Kosin-
ski, Razman. Räuber. Vorige.
Die ganze Bande folgt Amalien und sammelt sich im
Hintergrunde.

A m a l i a. Die Todten, schreyt man seyen aufferstanden
auf seine Stimme – Mein Oheim lebendig – aus diesem
Thurme – Karl! – Oheim! wo find ich sie?

R. M o o r (zurükbebend). Wer bringt dies Bild vor meine
Augen?

D. a. M o o r (raft sich zitternd auf). Amalia! Meine
Nichte! Amalia!

A m a l i a (Stürzt dem Alten in die Arme). Dich wieder
mein Vater! und meinen Karl, und – alles!

D. a. M o o r. Mein Karl lebt – du – ich – lebt alles! alles!
Mein Karl lebt!

R. M o o r (Rasend zu der Bande). Brecht auf, Brüder! Der
Erzfeind hat mich verrathen.

A m a l i a (Entspringt dem V a t e r und eilt auf den Räuber zu, und umschlingt Ihn entzükt). Ich hab Ihn! O ihr
Sterne! ich hab ihn!

R. M o o r. Reißt sie von meinem Halse! Tödtet sie! tödtet

ihn! Mich! Euch! alles! Die ganze Welt geh zu Grunde!
A m a l i a. Bräutigam! Bräutigam! du rasest! Ha! Vor Ent-
zükung! Warum bin ich auch so fühllos? Mitten im
Wonnewirbel so kalt?
D. a. M o o r. Komt, Kinder! deine Hand, Karl! – deine,
Amalia – O ich hofte nie, daß mir vor dem Grabe die
Wollust würde! – Ich will sie zusammenfügen auf ewig.
A m a l i a. Ewig seyn! Ewig! Ewig mein! Oh ihr Mächte
des Himmels! entlasset mich dieser tötlichen Wollust,
daß ich nicht unter dem Zentner vergehe!
R. M o o r (Loßgerissen von Amalia). Weg! Weg! – Un-
glükseeligste der Bräute! – Schau selbst! frage selbst!
höre! – Unglükseeligster der Väter! Laß mich immer,
ewig davon rennen!
A m a l i a. Wohin? was? Liebe! Ewigkeit! Wonne! Unend-
lichkeit! und du fliehst?
D. a. M o o r. Mein Sohn flieht? mein Sohn flieht?
R. M o o r. Zu spät! Vergebens! – Dein Fluch Vater! –
frage mich nichts mehr – ich bin – ich habe – dein Fluch
– dein vermeinter Fluch – (gefaßter) So vergeh denn,
Amalia! Stirb, Vater! stirb durch mich zum zweitenmale!
Diese deine Retter sind R ä u b e r und M ö r d e r !
Dein Sohn ist – I h r H a u p t m a n n !
D. a. M o o r. Gott, meine Kinder! (Er stirbt)
R. M o o r (Wieder eine Eiche rennend). Die Seelen derer,
die ich erdrosselte im Genusse der Liebe – derer, die ich
zerschmetterte im heiligen Schlaf – derer – hahahaha!
Hört ihr den Pulverthurm knallen über dem Stuhl der
Gebärerin? Seht ihr die Flammen leken an den Wiegen
der Säuglinge? Das ist Brautfakel! das ist Hochzeit-Mu-
sik – Oh! e r vergißt nicht, – e r weiß zu mahnen!
D a r u m von m i r die Wonne der Liebe! Darum mir
zum Gerichte die Liebe! – Das ist Vergeltung!
A m a l i a (Wie erwacht aus einem Donnerschlag. Lallend).
Es ist wahr! Herrscher im Himmel! Er sagt: es ist wahr! –
was hab ich gethan, ich unschuldiges Lamm? – Ich hab
d i e s e n geliebt!
R. M o o r. Das ist mehr als ein Mann erduldet. Hab ich
doch den Tod aus mehr denn 1000 Röhren auf mich zu-
pfeiffen gehört, und bin ihm keinen Fußbreit gewichen.
Soll ich izt erst lernen beben, wie ein Weib? beben vor

einem Weib? – Nein! ein Weib erschüttert meine Mannheit nicht. Blut! Blut! – Es wird vorübergehen. Blut will
ich sauffen – und ich poche dem Tyrannen V e r h ä n g -
n i ß ! (Er will davon)

A m a l i a   (fällt Ihm in die Arme). Mörder! Teufel! Ich
kan dich Engel nicht lassen!

R. M o o r   (Steht verwundernd still). Träum ich? – Raß
ich? Hat die Hölle eine neue Finte ersonnen, ihr satanisches Kurzweil mit mir zu treiben? – Sie liegt am Halse
des Mordbrenners!

A m a l i a. Ewig! unzertrennlich!

R. M o o r. Noch liebt sie mich! Noch! – Rein bin ich, wie
das Licht! – Sie liebt mich mit all meinen Sünden. (In
Freude geschmolzen) Die Kinder des Lichts weinen am
Halse begnadigter Teufel – Meine Furien erdrosseln hier
ihre Schlangen. – Die Hölle ist zernichtet – Ich bin glüklich! (Er verbirgt sein Gesicht an ihrem Busen)

R a z m a n   (Grimmig vortretend). Halt ein, Verräther!
Gleich laß diesen Arm fahren – oder ich will dir ein
Wort sagen, daß die Ohren gellen, und deine Zähne
vor Entsetzen klappern (er streckt das Gewehr zwischen
beide)

G r i m m. Denk an die Böhmischen Wälder! Schau her!
Schau! kennst du diese Narben? Mit unserem Herzblut
haben wir alle dich zum Leibeignen angekauft – Unser
b i s t d u ! Und wenn der Erzengel Michael mit dem
Moloch ins Handgemeng darüber kommen sollte! Marsch
mit uns! Opfer um Opfer! Liebe um Treue! Ein Weib um
die Bande!

R. M o o r   (läßt Amalia fahren). Es ist aus! – ich wollte
umkehren, und zu meinem Vater gehen, aber d e r im
Himmel sagt: Nein. (kalt) Blöder Thor! – – Rolle deine
Augen nicht so Amalia – Er bedarf ja meiner nicht – hat
er nicht Geschöpfe die Fülle? – E i n e n kan er so leicht
missen; dieser E i n e bin ich. Komt, Kameraden! (er
dreht sich nach der Bande)

A m a l i a   (reißt Ihn zurück). Halt! halt! einen Stoß! einen
Todesstoß! N e u v e r l a s s e n ! Zieh das Schwerd und
erbarme dich.

R. M o o r. Das Erbarmen ist in die Bären gefahren. Ich
tödte dich nicht.

A m a l i a (seine Knie umfassend). Oh um Gotteswillen!
Um aller Erbarmungen willen! ich will ja nicht Liebe
mehr, weiß ja wohl, daß droben unsre Sterne feindlich
voneinander fliehen – Tod ist meine Bitte nur. Sieh!
meine Hand zittert. Ich habe das Herz nicht zu stossen.
Mir bangt vor der blitzenden Schneide. Dir ists so leicht,
du bist Meister im Morden. Zieh das Schwerd, und ich
bin glüklich.

R. M o o r (sehr streng). Willst du a l l e i n glüklich seyn?
Fort! Ich töde kein Weib.

A m a l i a. Ha, Würger! Du kanst nur die Glüklichen tö-
den, die Lebenssatten gehst du vorüber! (flehend gegen
die Bande) So erbarmt euch meiner, ihr Schüler des Henkers. Es ist ein so blutdürstiges Mitleid in euren Bliken,
das den Elenden Trost ist. Drükt ab. – Euer Meister ist
ein feigherziger Praler!
(Grimm und Razman zielen)

R. M o o r (ausser Fassung). Zurük, Harpien! – (er tritt mit
Majestät dazwischen) Wag es Einer in mein Heiligthum
zu brechen! Sie ist mein! – (indem er sie mit starken
Armen umfaßt) – Und nun ziehe an ihr der Himmel, die
Hölle an mir – d i e L i e b e ü b e r d e n E i d e n !
(er hebt sie hoch auf, und schwingt sie in dieser Gruppe
unerschroken gegen die ganze Bande) Was die Natur aneinander schmiedet – wer wird es scheiden?

G r i m m , R a z m a n. Wir! (schlagen an)

R. M o o r (bitter lachend). Ohnmächtige! (er läßt Amalia
halb entseelt auf den Stein nieder) Blik auf, meine V e r -
l o b t e ! Priesterseegen wird uns nicht vereinen, aber ich
weiß etwas besseres. – Schaut diese Schönheit, ihr Männer – (zärtlich traurig) Schmelzt sie Banditen nicht? –
Schaut m i c h an, Banditen – jung bin ich, und liebe. –
Hier werd ich geliebt – angebethet. Biß ans Thor des
Paradieses bin ich gekommen – (weich und bittend) Sollten mich meine B r ü d e r zurükschleidern? (die Räuber
stimmen ein Gelächter an).

R. M o o r (entschlossen). Genug! Biß hieher N a t u r !
Jezt fängt der M a n n an! – Auch ich bin der Mordbrenner einer – und (Ihnen mit unbeschreiblicher Hoheit
entgegen) E u e r H a u p t m a n ! – Mit dem Schwerd
wollt ihr mit eurem Hauptman rechten, Banditen? (mit

gebietender Stimme) Strekt die Gewehre! Euer Herr
spricht mit euch! (die Räuber werfen erschroken ihre
Waffen zur Erde) Seht, nun seid ihr nichts mehr als Kinder, und ich bin frei. Frei muß Moor seyn, wenn er groß
seyn will. Um ein Elisium der Liebe ist mir dieser Triumph
nicht feil. Um ein Weib brech ich den Schwur nicht, den
ich euch so feyerlich that – hier bringt sie fort! (die
Bande will Amalien fortschleppen)

S c h w e i z e r (mitten unter Sie). Wag es keiner, unsers
Hauptmans Geliebte zu berühren, wir wollen sie alle zu-
rükgeleiten, da, wo sie hingebracht seyn will (zu Amalia)
Weib! wo sollen wir dich hingeleiten?

A m a l i a. Zur Ewigkeit! – (sie entreißt einem Räuber den
Dolch, und ermordet sich)

S c h w e i z e r und G r i m m. Sie hat sich ermordet!

R. M o o r (geht starr auf sie zu, bleibt eine Weile stehen,
dann ergreift er ihre Hand). – Amalia!

A m a l i a (strekt ihre Hand nach Ihm aus). Folge mir
bald nach (sie stirbt).

R. M o o r. Fahre hin, Engels-Seele! – Fahre hin zum Himmel, wohin dir Moor nicht folgen darf – (zu der Bande
mit Majestät) Nun, ihr erbärmlichen Gesellen? seht her, –
seht! Nicht wahr, so hoch schwindelte eure Schurken-
forderung nie? – ein Leben habt ihr mir aufgeopfert – ein
Leben, das schon verfallen war – ein Leben voll Abscheulichkeit, und Schande. H i e r   l i e g t   e i n   E n g e l
für euch geschlachtet. (wirft den Degen mit Verachtung unter sie) Banditen! wir sind quitt! – über dieser
Leiche liegt meine Handschrift zerrissen! – Euch schenk
ich die Eurige.

D i e   R ä u b e r (drängen sich zu). Deine Leibeignen wieder, biß in den Tod!

R. M o o r. Nein, nein! nein! Gewiß sind wir fertig! Leise
flistert mein Genius: G e h   n i c h t   w e i t e r ,   M o o r !
H i e r   i s t   d e r   M a r k s t e i n   d e s   M e n s c h e n
u n d   d e r   d e i n e. Nehmt ihn zurüke diesen Busch!
(wirft seinen Federbusch auf die Erde) Wer Lust hat,
Hauptman zu seyn, nach   m i r , mag ihn aufheben.

G r i m m. Ha! Muthloser! wo sind deine hochfliegenden
Plane? Sinds Seifenblasen gewesen, die beim Todes-
röcheln eines Weibes zerplatzen?

R. M o o r (mit Würde). Untersucht nicht, wo M o o r
h a n d e l t, das ist mein l e z t e r B e f e h l! Komt!
schließt einen Kreis um mich, und vernehmet das Testament eures sterbenden Hauptmans. – Ihr seid treu an mir
gehangen – treu ohne Beispiel – hätt euch die Tugend so
fest verbrüdert, alß die Sünde – ihr wäret Helden worden, und die Menschheit spräch euren Namen mit Wonne.
(er heftet einen verweilenden Blik auf die Bande) Grosse
Kräfte! Herrliche Keime! Und die guten Geister weinen
über ihren Trümmern! Geht hin! opfert ihre Reste dem
Staat. Dienet einem Könige, der für die Rechte der
Menschheit streitet – Mit diesem Seegen seyd entlassen.
(zu Schweizer und Kosinski) Ihr bleibet! (die Räuber
gehen langsam und bewegt von der Bühne). Gib mir
deine Rechte, Kosinski; Schweizer, deine Linke. (er nimt
ihre Hände, und steht mitten zwischen beiden, zu Kosinski) Du bist noch rein, junger Mann – unter den Unreinen der einzige Reine. (zu Schweizern) Tief hab ich
diese Hand getaucht ins Blut, – ich bins, der es gethan
hat – Mit diesem Händedruk nehm ich zurük, was mein
ist. Schweizer, du bist rein. (er hebt ihre Hände mit Inn-
brunst gen Himmel) Vater im Himmel! Hier geb ich sie
dir wieder – Sie werden wärmer an dir hangen, alß deine
Niemalsgefallenen. –
S c h w e i z e r und K o s i n s k i (fallen sich von beiden
Seiten herüber um den Hals).
R. M o o r. Izt nicht – Nur izt nicht, meine Lieben. Schonet meines Muthes in dieser richtenden Stunde – Theilt
mein Vermögen unter euch, Kinder; werdet gute Bürger,
und wenn ihr gegen zehn, die ich zu Grunde richtete, nur
einen glüklich macht, so ist meine Seele gerettet. Geht!
Kein Lebewol – dort sehen wir uns wieder – oder auch
nicht wieder – Fort! schnell! eh ich weich werde.
S c h w e i z e r und K o s i n s k i (gehen beide mit ver-
hüllten Gesichtern ab).
R. M o o r. Auch ich bin ein guter Bürger, erfüll ich nicht
das entsezliche Gesetz, ehr ich es nicht, räch ich es nicht?
Es ist beschlossen! – Ich erinnere mich einen armen
Schelm gesprochen zu haben, als ich herüberkam, der im
Taglohn arbeitet, und eilf lebendige Kinder hat – Man
hat 1000 Goldgulden gebothen, wer den g r o s s e n

R ä u b e r   l e b e n d i g   liefert, dem Mann kan geholfen
werden – Er führe mich vor die Richter – ein Glüklicher
mehr – Sonne-Untergang. Ich sterbe groß durch eine
solche That!

ENDE

(Schillers Räuber. Urtext des Mannheimer
Soufflierbuches. Hrsg. von Herbert Stuben-
rauch u. Günter Schulz. Mannheim 1959.
S. 118–135)

4. Das ›Trauerspiel‹

Im Zusammenhang mit der erfolgreichen Uraufführung des
Stücks ließ Schiller 1782 »Mannheim, in der Schwanischen
Buchhandlung« eine »Neue für die Mannheimer Bühne verbesserte Auflage« der »Räuber« drucken. Sie orientierte sich
am aufgeführten Text, versuchte aber, die schlimmsten Ent-
stellungen durch Rückgriffe auf das ›Schauspiel‹ rückgän-
gig zu machen, und wird wegen des Titels »Die Räuber, ein
Trauerspiel« im Unterschied zur Erstausgabe als ›Trauerspiel‹ zitiert. Terminus ante quem für die Publikation ist
die erste Rezension, die am 27. Juli 1782 in der »Erfurtischen Gelehrten Zeitung« erschien.
Im folgenden der Schluß des ›Trauerspiels‹, der Schillers
Revision gegenüber dem Soufflierbuch zeigt:

D e r   a l t e   M o o r. Gott! Meine Kinder! *Er stirbt!*
A m a l i a   *stumm und starr wie eine Bildsäule.*
D i e   g a n z e   B a n d e   *in fürchterlicher Pause.*
R ä u b e r   M o o r   *wider eine Eiche rennend.* Die Seelen
derer, die ich erdrosselte im Genusse der Liebe – derer,
die ich zerschmetterte im heiligen Schlafe, – derer – Ha-
haha! hört ihr den Pulverturm knallen über dem Stuhl
der Gebärerin? Seht ihr die Flammen lecken an den Wie-
gen der Säuglinge? Das ist Brautfackel! das ist Hochzeit-
musik! – O! e r   vergißt nicht – e r   weiß zu mahnen!
Darum von   m i r   die Wonne der Liebe! darum mir zum
Gerichte die Liebe! – das ist Vergeltung!
A m a l i a   *wie erwacht aus einem Donnerschlag, lallend.*
Es ist wahr! Herrscher im Himmel! Er sagt: es ist wahr! –

Was hab ich getan, ich unschuldiges Lamm? – Ich hab
d i e s e n geliebt!
R ä u b e r M o o r. Das ist mehr, als ein Mann erduldet.
Hab ich doch den Tod aus mehr denn tausend Röhren
auf mich zupfeifen gehört, und bin ihm keinen Fußbreit
gewichen; soll ich itzt erst lernen beben wie ein Weib?
beben vor einem Weibe? – Nein! ein Weib erschüttert
meine Mannheit nicht, Blut! Blut! – Es wird vorübergehen. Blut will ich saufen – und ich poche dem Tyrannen Verhängnis. *Er will davon.*
A m a l i a *fällt ihm in die Arme.* Mörder! Teufel! Ich
kann dich Engel nicht lassen.
R ä u b e r M o o r *steht verwundernd still.* Träum ich?
Ras ich? Hat die Hölle eine neue Finte ersonnen, ihr
satanisches Kurzweil mit mir zu treiben? – Sie liegt am
Halse des Mordbrenners!
A m a l i a. Ewig! Unzertrennlich!
R ä u b e r M o o r. Noch liebt sie mich! Noch! – rein bin
ich wie das Licht! Sie liebt mich mit all meinen Sünden!
In Freude geschmolzen. Die Kinder des Lichts weinen
am Halse begnadigter Teufel – Meine Furien erdrosseln
hier ihre Schlangen – die Hölle ist zernichtet – Ich bin
glücklich! *Er verbirgt sein Gesicht an ihrem Busen. Eine
Gruppe voll Rührung. Pause.*
G r i m m *grimmig hervortretend.* Halt ein, Verräter! gleich
laß diesen Arm fahren – oder ich will dir ein Wort sagen,
daß dir die Ohren gellen und deine Zähne vor Entsetzen
klappern.
S c h w e i z e r *streckt das Schwert zwischen beede.* Denk
an die böhmischen Wälder! hörst du? zagst du? An die
böhmischen Wälder sollst du denken. Treuloser! wo sind
deine Schwüre? Vergißt man Wunden so bald – da wir
Glück – Ehre und Leben in die Schanze schlugen für
dich? da wir dir stunden wie Mauren – Hubst du da
nicht deine Hand zum eisernen Eid auf, schwurst, uns
nie zu verlassen, wie wir dich nicht verlassen haben?
Ehrloser! Treuvergessener! und du willst abfallen, wenn
ein Weib weint?
D i e R ä u b e r *durcheinander, reißen ihre Kleider auf.*
Schau her! Schau! Kennst du diese Narben? Mit unserm
Herzblut haben wir dich zum Leibeignen angekauft –

Unser b i s t d u, und wenn der Erzengel Michael mit
dem Moloch ins Handgemeng darüber kommen sollte!
Marsch mit uns! Opfer um Opfer! Liebe um Treue! Ein
Weib um die Bande!

R ä u b e r M o o r *läßt Amalien fahren.* Es ist aus! – Ich
wollte umkehren und zu meinem Vater g e h e n ; aber
d e r im Himmel sagt: Nein! – Rolle doch deine Augen
nicht so, Amalia – Er bedarf ja meiner nicht – Hat er
nicht Geschöpfe die Fülle? – E i n e n kann er so leicht
missen. Dieser E i n e nun bin ich. Kommt, Kameraden.
Er dreht sich nach der Bande.

A m a l i a *reißt ihn zurück.* Halt! Halt! einen Stoß! Einen
Todesstoß! N e u v e r l a s s e n ! Zieh den Degen und
erbarme dich.

R ä u b e r M o o r. Das Erbarmen ist in die Bären gefahren. Ich töte dich nicht.

A m a l i a *seine Knie umfassend.* O um Gotteswillen! um
aller Erbarmungen willen! ich will ja nicht Liebe mehr –
weiß ja wohl, daß droben unsere Sterne feindlich voneinander fliehen – Tod ist meine Bitte nur. Sieh! meine
Hand zittert. Ich habe das Herz nicht – zu stoßen. Mir
bangt vor der blitzenden Schneide. Dir ists so leicht, du
bist Meister im Morden. Zieh den Degen, und ich bin
glücklich.

R ä u b e r M o o r *sehr streng.* Willst du allein glücklich
sein? Fort! Ich töte kein Weib. –

A m a l i a. Ha, Würger! du kannst nur die Glücklichen
töten, die Lebenssatten gehst du vorüber. *Flehend gegen
die Bande.* So erbarmet euch meiner, ihr Schüler des
Henkers. Es ist ein so blutdürstiges Mitleid in euren
Blicken, das den Elenden Trost ist. Drückt ab – Euer
Meister ist ein feigherziger Prahler. *Einige Räuber
zielen.*

R ä u b e r M o o r *außer Fassung.* Zurück, Harpyien! *Er
tritt mit Majestät darzwischen.* Wag es einer, in mein
Heiligtum zu brechen! S i e i s t m e i n – *Indem er sie
mit starken Armen umfaßt.* Und nun ziehe an ihr der
Himmel, die Hölle an mir – Die Liebe über den Eiden!
*Er hebt sie hoch auf und schwingt sie in dieser Gruppe
unerschrocken gegen die ganze Bande.* Was die Natur
aneinander schmiedet – wer wird es scheiden?

R ä u b e r *schlagen an.* Wir.
R ä u b e r M o o r *bitter lachend.* Ohnmächtige! *Er läßt Amalien halb entseelt auf den Stein nieder.* Blick auf, meine Verlobte! Priestersegen wird uns nicht vereinen, aber ich weiß etwas Bessers. *Er nimmt Amaliens Halstuch hinweg, und entblößt ihr den Busen – zu der Bande gelassener.* Schaut diese Schönheit, ihr Männer – *Zärtlich traurig.* Schmelzt sie B a n d i t e n nicht? *Nach einer Pause sanfter.* Schaut m i c h an, Banditen – Jung bin ich, und liebe – hier werd ich geliebt – angebetet. Bis ans Tor des Paradieses bin ich gekommen – *Weich und bittend.* Sollten mich meine Brüder zurückschleudern?
R ä u b e r *stimmen ein Gelächter an.*
R ä u b e r M o o r *entschlossen.* Genug! bis hieher N a - t u r ! Jetzt fängt der M a n n an! – Auch ich bin der Mordbrenner Einer – und *ihnen entgegen mit unbeschreiblicher Hoheit* euer H a u p t m a n n ! Mit dem Schwert wollt ihr mit eurem Hauptmann rechten, Banditen? *Mit gebietender Stimme.* Streckt die Gewehre! Euer Herr spricht mit euch!
R ä u b e r *werfen erschrocken ihre Waffen zur Erde.*
R ä u b e r M o o r. Seht! nun seid ihr nichts mehr als Kinder, und ich – bin frei. Frei muß Moor sein, wenn er groß sein will. Um ein Elysium der Liebe ist mir dieser Triumph nicht feil. *Er zieht den Degen.* Nennt es nicht W a h n w i t z, Banditen, was ihr das Herz nicht habt G r ö ß e zu nennen. Der Witz der Verzweiflung überflügelt den Schneckengang der ruhigen Weisheit. – Taten, wie diese, überlegt man, wenn sie getan sind – Ich will hernach davon reden. *Er stürzt auf Amalien zu, und wirft sie mit einem Degenstoß nieder.*
R ä u b e r *klatschen lärmend in die Hände.* Bravo! bravo! Das heißt seine Ehre lösen wie ein Räuberfürst! Bravo!
R ä u b e r M o o r *stellt sich vor Amalien und bewacht sie mit ausgestrecktem Degen.* Nun ist sie mein! – Mein! – Oder die Ewigkeit ist die Grille eines Dummkopfs gewesen. Eingesegnet mit dem Schwert, hab ich heimgeführt meine Braut, vorüber an all den Zauberhunden meines Feindes V e r h ä n g n i s. *Von ihr weg mit stolzen Schritten.* Noch manchen Tanz darf die Erde um die Sonne tun, eh sie eine zweite Tat wie diese erschwingt.

Zärtlich zu Amalien. Und er muß süß gewesen sein, der Tod von Bräutigams Händen? Nicht wahr, Amalia?

A m a l i a *sterbend im Blut. Süße. Sie streckt ihre Hand aus und stirbt.*

R ä u b e r   M o o r *zu der Bande mit Majestät.* Nun, ihr erbärmlichen Gesellen? Nicht wahr? So hoch schwindelte eure Schurken-Forderung nie? – Ein Leben habt ihr mir geopfert, ein Leben, das schon verfallen war – ein Leben voll Abscheulichkeit und Schande – Ich hab euch einen Engel geschlachtet. *Wirft den Degen mit Verachtung unter sie.* Banditen! Wir sind quitt – Über dieser Leiche liegt meine Handschrift zerrissen – Euch schenk ich die eurige.

R ä u b e r *drängen sich zu.* Deine Leibeigenen wieder bis in den Tod.

R ä u b e r   M o o r. Nein! nein! nein! Gewiß sind wir fertig. Leise flistert mein Genius: »G e h   n i c h t   w e i - t e r ,   M o o r. H i e r   i s t   d e r   M a r k s t e i n   d e s M e n s c h e n – u n d   d e r   D e i n e.« – Nehmt ihn zu- rück, diesen blutigen Busch! *Er wirft seinen Busch auf die Erde.* Wer Lust hat, Hauptmann zu sein nach m i r , mag ihn aufheben.

R ä u b e r. Ha! Mutloser! wo sind deine hochfliegenden Plane? Sinds Seifenblasen gewesen, die beim Todes- röcheln eines Weibes zerplatzen?

R ä u b e r   M o o r *mit Würde.* U n t e r s u c h t nicht, wo Moor h a n d e l t , das ist mein l e t z t e r   B e f e h l – Kommt! schließen einen Kreis um mich, und vernehmt das Testament eures sterbenden Hauptmanns. *Er heftet einen verweilenden Blick auf die Bande.* Ihr seid treu an mir gehangen. – Treu ohne Beispiel – hätt euch die Tugend so fest verbrüdert als die Sünde – ihr wäret Helden wor- den, und die Menschheit spräch eure Namen mit Wonne. Gehet hin, und opfert eure Gaben dem Staate. Dienet einem Könige, der für die Rechte der Menschheit streitet – Mit diesem Segen seid entlassen. *Zu Schweizer und Kosinsky.* Ihr bleibet. *Die übrigen Räuber gehen langsam und bewegt von der Bühne.*

ACHTER AUFTRITT

Räuber Moor. Schweizer. Kosinsky.

Räuber Moor. Gib mir deine Rechte, Kosinsky;
Schweizer, deine Linke. *Er nimmt ihre Hände und steht
mitten zwischen beiden. Zu Kosinsky.* Du bist noch rein,
junger Mann – unter den Unreinen der einzige Reine! *Zu
Schweizern.* Tief hab ich diese Hand getaucht in Blut –
Ich bins, ders getan hat. Mit diesem Händedruck nehm
ich zurück, was mein ist. Schweizer! du bist rein. *Er hält
ihre Hände mit Inbrunst gen Himmel.* Vater im Himmel!
hier geb ich sie dir wieder – Sie werden wärmer an dir
hangen, als deine Niemalgefallenen – das weiß ich gewiß.
*Schweizer und Kosinsky fallen sich von beiden Seiten
herüber um den Hals.*
Räuber Moor. Itzt nicht – nur itzt nicht, meine Lieben. Schonet meines Muts in dieser richtenden Stunde. –
Eine Grafschaft ist mir heute zugefallen – ein Schatz,
worauf noch kein Fluch den Harpyienflügel schlug –
Teilt sie unter euch, Kinder, werdet gute Bürger, und
wenn ihr gegen z e h n, die ich zu Grund richtete, nur
e i n e n glücklich macht, so wird meine Seele gerettet. –
Geht – kein Lebewohl – dort sehen wir uns wieder – oder
auch nicht wieder – Fort! Schnell! Eh ich weich werde.
    Beide gehen ab mit verhüllten Gesichtern.

NEUNTER AUFTRITT

Räuber Moor *allein, sehr heiter.*

Und auch ich bin ein guter Bürger – Erfüll ich nicht das
entsetzlichste Gesetz? Ehr ich es nicht? Räch ich es
nicht? – Ich erinnere mich, einen armen Offizier gesprochen zu haben, als ich herüberkam, der im Taglohn arbeitet, und eilf lebendige Kinder hat – Man hat hundert
Dukaten geboten, wer den g r o ß e n R ä u b e r lebendig liefert – Dem Mann kann geholfen werden. *Er geht
ab.*

(NA III,231–236)

5. Die geplante Fortsetzung

Wohl der Bühnenerfolg der »Räuber« hat Schiller dazu bewogen, an eine Fortsetzung des Stücks zu denken. Der Gedanke, zum erstenmal 1784 greifbar, hat ihn offenbar bis
zu seinem Tode nicht verlassen, wie Dokumente belegen:

Schiller an Dalberg, 24. August 1784:

»Nach dem Karlos gehe ich an den 2ten Theil der Räuber,
welche eine völlige Apologie des Verfaßers über den ersten
Theil seyn sollen, und worinn alle Immoralität in die er-
habenste Moral sich auflösen muß. Auch dieses ist unermeß-
liches Feld für mich.«

(NA XXIII,155)

Schiller an Christian Gottfried Körner, 3. Juli 1785:

»[...] und dann bin ich viertens gesonnen, zu den Räubern
einen Nachtrag in einem Akt: Räuber Moors leztes Schiksal, herauszugeben, wodurch das Stük neuerdings in
Schwung kommen soll.«

(Schillers Briefe. Hrsg. von Fritz Jonas.
Kritische Gesamtausgabe. Bd. 1. Stuttgart
1892. S. 252)

Der Schriftsteller Johann Friedrich J ü n g e r (1759–97)
an Karl L. Rahbeck, 2. August 1786:

»Schiller schreibt nun an einem neuen Stücke: *Des Räubers
Moor letzte Schicksale*; es ist bald fertig; denn er hat mir
schon zugemuthet, die Revision davon zu unternehmen;
doch dieß sey nur sub rosa gesagt, denn wir wollen das
Publikum damit überraschen.«

(Schillers Persönlichkeit II,73 f.)

Caroline von W o l z o g e n (1763–1847), Schillers Schwä-
gerin, in ihrer Biographie »Schillers Leben« im Zusammenhang mit dem Jahr 1803:

»Einigemal gedachte er auch seines frühern Plans, einen
zweiten Theil der Räuber zu geben.«

(II,237)

Wie weit die Pläne zur Fortsetzung der »Räuber« gediehen sind, läßt sich nicht feststellen; erhalten sind nur fünf zeitlich nicht fixierbare – die Originalmanuskripte sind nicht überliefert – Planskizzen, von denen die hier abgedruckte den genauesten Entwurf darstellt:

Die Braut in Trauer

oder zweiter Teil der Räuber

Eine Tragödie in fünf Akten

Graf Julian
Xaver, *sein Sohn*
Mathilde, *seine Tochter*
Graf von Dissentis, *bestimmter Bräutigam Mathildens*
[Georg,] *Jäger des Grafen Julian* [= Schweitzer]
Der Geist des Franz Moor
Kosinsky, *ein böhmischer Edelmann*
Die Szene ist auf dem Schloß des Grafen Julian in Savoyen

Eine Gespenstererscheinung und eine Vermählungsfeier eröffnen die Handlung.
Graf Julian (Karl Moor) will seine Tochter Mathilde vermählen. Der Bräutigam ist aus einer Familie, gegen die der Graf etwas Schweres gut zu machen hat, oder er hat sonst ein dringendes Interesse, diese Heirat zu schließen. Mathilde liebt ihren Bräutigam zwar nicht, aber sie hat auch nichts gegen ihn, ihr Herz ist ohne Leidenschaft, und sie unterwirft sich gern dem Wunsch ihres Vaters, der in dieser Heirat eine, ihr nicht begreifliche, Befriedigung findet.
Unter Julians Hausgesinde ist ein Jäger (Schweitzer), auf den er sehr viel hält, der um seine geheimsten Gedanken weiß und an seine Person höchst attachiert ist. Der Jäger ist voll Herzhaftigkeit, ein trefflicher Schütz und hat gleichsam die oberste Aufsicht über alle Diener des Grafen. Er ist mehr der Aufseher und Ratgeber als der Knecht seiner jungen Herrschaft.
Julian hat einen Sohn Xaver, der ins neunzehnte Jahr geht, Mathilde wird achtzehn Jahr alt. – Xaver ist ein leidenschaftlicher und unregiersamer Jüngling, der von seinem Vater kurz gehalten und ihm deswegen aufsätzig wird. Er geht seinen Weg allein, ohne alle kindliche Neigung, nur

Furcht fühlt er vor seinem Vater. Er liebt die Jagd und ist ein wilder trotziger Weidmann. Niemand ist imstand, dies wilde Gemüt zu bändigen, als Mathilde, seine Schwester. Für diese fühlt er eine unglückliche fatale Liebe, welche aber bis jetzt dem Vater verborgen blieb. Doch Mathilde ist mehrmals durch seine Aufwallung geängstigt worden, und Georg der Jäger hat eine böse Ahnung davon. Eben darum treibt er den Grafen, die Vermählung zu beschleunigen.

Diese nahe bevorstehende Vermählung beginnt aber unter den sinistersten Anzeigen. Die Bewohner des Schlosses werden durch seltsame Ereignisse beunruhigt. Einem unter ihnen ist eine Erscheinung begegnet, als es – – –

Diese Vorfälle werden anfangs vor dem Grafen Julian geheim gehalten, und ihm selbst ist noch nichts dergleichen begegnet. Aber Graf Xaver erfährt davon, und seine natürliche Wildheit treibt ihn, die Sache zu erforschen. Er wacht in der gefährlichen Stunde und an dem bezeichneten Ort, und erblickt auch wirklich die Gestalt, unter furchtbaren Nebenumständen. Doch hat er wilden Mut genug, ihr zu Leibe zu rücken und sie anzureden, worauf sie verschwindet. Er ahnet ein Geheimnis, das seinen Vater betreffe, und dringt in den Jäger, es zu erforschen. Georg der Jäger ist Ursache, daß man dem Grafen noch nichts von der Sache entdeckt hat. Xaver ist ungeachtet der schreckenvollen Vision nicht zahmer geworden. Seine wilde Seele fürchtet selbst das Totenreich nicht; er glaubt, es werde jemand aus der Familie sterben und – – –

Eine Nonne kommt zu der jungen Gräfin und bezeugt sich liebkosend gegen sie, doch spricht sie nicht. Sie hat ihr zuerst in der Kapelle des Nonnenklosters begegnet, wo sie oft hinzugehn pflegte. Sie hat neben ihr niedergekniet und gebetet und ist oft still an ihrer Seite gegangen; doch hat sie nie ein Wort aus ihr herausbringen können. Es schien aber, sie wollte, daß Mathilde den Schleier anzöge. Diese liebte die stumme Freundin innig, und ohne im geringsten etwas Arges dabei zu haben, unterhielt sie den Umgang mit ihr.*

* [Am Rande:] Ja die Nonne kommt heimlich zu ihr auf das Schloß und gibt ihr durch Winke zu verstehen, daß sie das Kloster anstatt des Brautkranzes erwählen solle. Wie die Nonne einmal wieder kommt, wird sie durch etwas gehindert, sich zu nähern.

Einsmals tritt sie in das Zimmer ihres Vaters und findet dort ein Bild liegen. Wie sie es näher ansieht, ist es die Nonne, sie kann es nicht leugnen. Ihr Vater kommt dazu und findet sie das Bild küssend. Wie er sie darüber befrägt, so erfährt er mit Erstaunen, daß sie das Original zu dem Bilde zu kennen glaube. Seine Neugier wird erregt, er will die Nonne kennenlernen, die seiner Amalie so gleich sein soll; denn dieses Bild ist Amaliens.

Die Frage entsteht: dürfen die zwei Geister einmal zusammen sich finden, und wie werden sie sich da verhalten? Wenn es ist, so ist es in Gegenwart des Grafen, und der Geist der Nonne – – –

(Friedrich Schiller: Sämtliche Werke. Auf Grund der Originaldrucke hrsg. von Gerhard Fricke u. Herbert G. Göpfert. Bd. 3 Dramatische Fragmente / Übersetzungen / Bühnenbearbeitungen. München 1959. S. 269–271)

III. Stoffliche Einflüsse

1. Schubarts Erzählung
»Zur Geschichte des menschlichen Herzens«

Die wesentlichste Quelle für »Die Räuber« bildet Christian Friedrich Daniel Schubarts (1739–91) »Geschichtgen« »Zur Geschichte des menschlichen Herzens«, das 1775 im »Schwäbischen Magazin« erschien. Ob die Erzählung auf tatsächliche Vorgänge im Schwaben des 18. Jahrhunderts zurückgeht, ist bis heute umstritten (s. dazu Weltrich I,193–196 und NA III,267–273). Neben der stofflichen Evidenz, die für sich spricht, bestätigen zwei Freunde Schillers während der Karlsschulzeit die Bedeutung der Geschichte für »Die Räuber«:

-s- (s. Kap. I, Anm. zu S. 56,7–58,11): »Fragmente, Schillers Jugendjahre betreffend« in: Der Freimüthige, 5. November 1805:

»Doch muß ich hier bemerken, daß Schillern ein von Schubart herrührender Aufsatz im oftgedachten ›Schwäbischen Magazin‹ und zwar im Jahrgange 1775 Seite 30 den ersten Gedanken zu seinen ›Räubern‹ gab.«

(Schillers Persönlichkeit I,124)

Friedrich von H o v e n , »Biographie. Von ihm selbst geschrieben«, 1840:

»Schiller [...] schrieb nach mehreren vorhergegangenen andern Versuchen seine ›Räuber‹, wozu ihm den Stoff eine in dem oben erwähnten ›Schwäbischen Magazin‹ befindliche Erzählung gab [...]. Daß er diesen Stoff wählte, war eigentlich ich die Ursache. Ich hatte ihn auf die Erzählung als ein zu einem Drama trefflich geeignetes Sujet aufmerksam gemacht, und meine Idee war darzustellen, wie das Schicksal zur Erreichung guter Zwecke auch auf den schlimmsten Wegen führe, Schiller aber machte die Räuber zum Hauptgegenstand oder, um mich seiner eigenen Worte zu bedienen, zur Parole des Stücks, was ihm bekanntlich

von vielen Seiten her übel genommen worden und was ihm
auch selbst in der Folge leid gethan zu haben scheint.«

(Schillers Persönlichkeit I,143)

Zur Geschichte des menschlichen Herzens

Wann wir die Anekdoten lesen, womit wir von Zeit zu Zeit
aus England und Frankreich beschenkt werden, so sollte
man glauben, daß es nur allein in diesen Reichen Leute mit
Leidenschaften gebe.

Von uns armen Deutschen liest man nie ein Anekdötchen,
und aus dem Stillschweigen unserer Schriftsteller müssen
die Ausländer schließen, daß wir uns nur maschinenmäßig
bewegen, und daß Essen, Trinken, Dummarbeiten und
Schlafen den ganzen Kreis eines Deutschen ausmache, worin er so lange unsinnig herumläuft, bis er schwindlicht
niederstürzt und stirbt. Allein wann man die Charaktere
von seiner Nation abziehen* will, so wird ein wenig mehr
Freiheit erfordert, als wir armen Teutschen haben, wo jeder
treffende Zug, der der Feder eines offenen Kopfes ent-
wischt, uns den Weg unter die Gesellschaft der Züchtlinge
eröffnen kann.

An Beispielen fehlt es uns gewiß nicht, und obgleich wegen
der Regierungsform der Zustand eines Teutschen bloß pas-
siv ist, so sind wir doch Menschen, die ihre Leidenschaften
haben, und handeln – so gut als ein Franzos oder ein
Britte.

Wann wir einmal teutsche Originalromane und eine Sammlung teutscher Anekdoten haben, dann wird es den Philosophen leicht werden, den Nationalcharakter unserer Nation bis auf die feinsten Nuancen zu bestimmen.

Hier ist ein Geschichtchen, das sich mitten unter uns zuge-
tragen hat, und ich gebe es einem Genie preis, eine Komödie
oder einen Roman daraus zu machen, wann er nur nicht
aus Zaghaftigkeit die Szene in Spanien und Griechenland,
sondern auf teutschem Grund und Boden eröffnet.

Ein V... Edelmann, der die Ruhe des Landes dem Lärm
des Hofes vorzog, hatte zwei Söhne von sehr ungleichem
Charakter.

---

* abnehmen, schildern.

Wilhelm war fromm, wenigstens betete er, so oft man es haben wollte, war streng gegen sich selber und gegen andere – wann sie nicht gut handelten; war der gehorsamste Sohn seines Vaters, der emsigste Schüler seines Hofmeisters, der ein Zelot[1] war und ein mysanthropischer[2] Verehrer der Ordnung und Ökonomie.

Carl hingegen war völlig das Gegenteil seines Bruders. Er war offen, ohne Verstellung, voll Feuer, lustig, zuweilen unfleißig; machte seinen Eltern und seinem Lehrer durch manchen jugendlichen Streich Verdruß, und empfahl sich durch nichts, als durch seinen Kopf und sein Herz. Dies machte ihn zwar zum Liebling des Hausgesindes und des ganzen Dorfs; seine Laster aber schwärzten ihn an in den Augen seines katonischen[3] Bruders und seines zelotischen Lehrmeisters, der oft vor Unmut über Carls Mutwillen fast in der Galle erstickte.

Beede Brüder kamen auf das Gymnasium nach B... und ihr Charakter blieb sich gleich.

Wilhelm erhielt das Lob eines strengen Verehrers des Fleißes und der Tugend, und Carl das Zeugnis eines leichtsinnigen, hüpfenden Jünglings.

Wilhelms strenge Sitten litten auch auf der Universität keine Abänderung; aber Carls heftiges Temperament ward vom Strom ergriffen und zu manchem Laster fortgerissen.

Er war ein Anbeter der Cythere[4] und ein Schüler des Anakreon[5]. Wein und Liebe waren seine liebste Beschäftigung, und von den Wissenschaften nahm er nur soviel mit, als er flüchtig erhaschen konnte. Kurz, er war eine von den weichen Seelen, welche der Sinnlichkeit immer offen stehen und über jeden Anblick des Schönen in platonischen Entzücken geraten. Der strenge Wilhelm bestrafte ihn, schrieb seine Laster nach Hause und zog ihm Verweise und Drohungen

1. Nach dem jüd. Historiker Josephus Flavius die fanatisch antiröm. Partei der Juden im Kampf gegen Rom 67–70 n. Chr.; daher allgemein für: blinder Fanatiker.
2. griech., menschenfeindlich.
3. in der Weise des Cato des Älteren (234–149 v. Chr.), also moralisch strikt bis zur Uneinsichtigkeit.
4. Insel südl. des Peloponnes; in der Antike der Göttin Aphrodite geweiht.
5. griech. Lyriker aus dem 6. Jh. v. Chr., der Liebe, Wein und heitere Geselligkeit besang und daher zum Inbegriff des tändelnden Poeten wurde und großen Einfluß auf die Anakreontik des 18. Jh.s hatte.

zu. Aber Carl war noch zu flüchtig, um wie eine Moral zu leben, und seine Verschwendung und übermäßige Gutheit gegen arme Studierende versenkte ihn in Schulden, die so hoch anschwollen, daß sie nicht mehr verborgen werden konnten. Dazu kam noch ein unglückliches Duell, das ihm die Gunst seines Vaters entzog und ihn in die Verlegenheit setzte, bei Nacht und Nebel die Akademie zu verlassen. Die ganze Welt lag nun offen vor ihm und kam ihm wie eine Einöde vor, wo er weder Unterhalt noch Ruhe fand.

Der Lärm der Trommel schreckte ihn von seinen Betrachtungen auf, und er folgte der Fahne des Mars. Er ward ein Preuße, und die Schnelligkeit, womit Friedrich sein Heer von einem Wunder zum andern fortriß, ließ ihm nicht Zeit, Betrachtungen über sich selber anzustellen. Carl tat immer brav, und wurde in der Schlacht bei Freiberg verwundet. Er kam in ein Lazarett; ein Extrakt des menschlichen Elends schwebte hier immer vor seinen Augen. Das Ächzen der Kranken, das Röcheln der Sterbenden und der brennende Schmerz seiner eigenen Wunde zerrissen sein zärtliches Herz, und der Geist Carls richtete sich auf, sah mit ernstem Unmut auf seine Laster, verfluchte sie – und dieser Carl entschloß sich, tugendhaft und weise zu werden. Er hatte sich kaum etwas erholt, so schrieb er den zärtlichsten Brief an seinen Vater und bemühte sich, durch das offene Geständnis seiner Laster, durch das traurige Gemälde seines Unglücks, durch Reue und ernste Gelübde die väterliche Vergebung zu erweinen. Umsonst! Der tückische Wilhelm unterschob seinen Brief, und Carl erhielt keine Antwort. Es ward Friede, und das Regiment, worunter Carl stund, wurde abgedankt. Ein neuer Donner in Carls Herz! Doch ohne sich lange der unbarmherzigen Welt zu überlassen, entschloß er sich zu arbeiten. Er vertauschte seine Montur mit einem Kittel und trat bei einem Bauern, anderthalb Stunden von dem Rittersitze seines Vaters, als Knecht in Dienste. Hier widmete er sich mit so vielem Fleiße dem Feldbau und der Ökonomie, daß er das Muster eines fleißigen Arbeiters war. In müßigen Stunden unterrichtete er die Kinder seines Bauern mit dem besten Erfolge. Sein gutes Herz und seine Geschicklichkeit machten ihn zum Lieblinge des ganzen Dorfes. Ja, er wurde unter dem Namen des *guten Hansen* auch seinem Vater bekannt, mit welchem er oft unerkannt sprach, und mit Beifall belohnt wurde. Einstmals war der gute Hans mit Holzfällen im Walde beschäftigt; plötzlich hörte er von ferne ein dumpfes Geräusch. Er schlich mit dem Holzbeil in der Hand hinzu, und – welch ein Anblick! – sah seinen Vater von entlarvten Mördern aus der Kutsche gerissen, den Postillion im Blute liegen, und bereits den Mordstahl auf der Brust seines Vaters blinken. Kindlicher Enthusiasmus entflammte jetzt unsern Karl. Er stürzte wütend unter die Mörder hinein, und sein Beil arbeitete mit so gutem Erfolg, daß er drei Mörder erlegte und den vierten gefangennahm. Er setzte hierauf den ohnmächtigen Vater in die Kutsche und fuhr mit ihm seinem Rittersitz zu.

Wer ist mein Engel?, sagte der Vater, als er die Augen wieder aufschlug. – Kein Engel, erwiderte Hans, sondern ein Mensch hat getan, was er als Mensch seinen Brüdern schuldig ist. – Welcher Edelmut unter einem Zwilchkittel! Aber – sage mir, Hans, hast du die Mörder alle getötet? – Nein, gnädiger Herr, einer ist noch am Leben. – Laß ihn herkommen. – Der entlarvte Mörder kommt, stürzt zu den Füßen des Edelmanns nieder, fleht um Gnade und spricht schluchzend: Ach, gnädiger Herr, nicht ich! ein anderer! So donnere den verfluchten andern heraus, sprach der Edelmann. Wer ist dann der Mitschuldige dieses Mordes? – Ach, ich muß es sagen: der Junker Wilhelm. Sie lebten ihm zu lange, und er wollte sich auf diese verfluchte Weise in den Besitz Ihres Vermögens setzen. Ja, gnädiger Herr, Ihr Mörder ist Wilhelm. – Wilhelm?, sagte der Vater mit dumpfem Tone, schlug die Augen zu und blieb unempfindlich liegen. Hans blieb wie die Bildsäule des Entsetzens vor dem Bette seines Vaters stehen. Nach einigen Augenblicken dieser schrecklichen Unempfindlichkeit erhub der Vater die brechenden Augen und schrie im Tone der Verzweiflung: Keinen Sohn mehr? keinen Sohn mehr? – Ha, jene scheußliche Furie, mit Schlangen umwunden, ist mein Sohn – die Hölle nenne seinen Namen! und jener Jüngling mit Rosenwangen und fühlendem Herzen ist mein Sohn Carl, ein Opfer seiner Leidenschaften – dem Elende preisgegeben! lebt vielleicht nicht mehr! – Ja, er lebt noch, schrie Hans, dessen Empfindungen alle Dämme durchbrachen; er lebt noch und krümmt sich hier vor den Füßen des besten Vaters. Ach,

kennen Sie mich nicht? Meine Laster haben mich der Ehre
beraubt, Ihr Sohn zu sein! Aber kann Reue, können Tränen
– hier sprang der Vater aus dem Bette, hob seinen Sohn von
der Erde auf, schloß ihn in seine zitternden Arme, und
beede verstummten. – Dies ist die Pause der heftigsten Leidenschaft, die den Lippen Schweigen gebietet, um die Red-
ner des Herzens auftreten zu lassen. – Mein Sohn, mein
Carl ist also mein Schutzengel, sagte der Vater, als er zu
reden vermochte, und Tränen träufelten auf die braune
Stirne des Sohnes herab. – Schlag deine Augen auf, Carl!
Sieh deinen Vater Freudentränen weinen. – Aber Carl
stammelte nichts als: bester Vater! und blieb an seinem
Busen liegen. Nachdem der Sturm der Leidenschaften vorüber war, so erzählte Carl dem Vater seine Geschichte, und
beede überließen sich alsdann der Freude, einander wieder
gefunden zu haben. Du bist mein Erbe, sagte der Vater,
und Wilhelm, diese Brut der Hölle, will ich heute noch
dem Arme der Justiz überliefern. Ach Vater, sagte hierauf
Carl, indem er sich aufs neue zu den Füßen des Vaters
warf, vergeben Sie Ihrem Sohne! Vergeben Sie meinem
Bruder! – O welche Güte des Herzens, rufte der entzückte
Vater aus; deinem Verleumder, der, wie ich erst kürzlich in
seinem Schreibpult fand, deine Briefe vor mir verbarg, diesem Ungeheuer, der in sein eigenes Blut wütete, kannst du
vergeben? Nein, das ist zu viel! Doch will ich den Bösewicht den Bissen seines Gewissens preisgeben! Er soll mir
aus den Augen, und seinen Unterhalt *deiner Güte* zu danken haben.
Carl kündigte seinem Bruder dies Urteil mit den sanft-
mütigsten Ausdrücken an und machte ihm zugleich einen
hinlänglichen Unterhalt aus. Wilhelm entfernte sich, ohne
viel Reue zu äußern, und wohnet seit der Zeit in einer an-
gesehenen Stadt, wo er und sein Hofmeister das Haupt
einer Sekte sind, die man die Sekte der Zeloten nennt. Carl
aber wohnet noch bei seinem Vater und ist die Freude seines Alters und die Wohllust seiner künftigen Untertanen.
Diese Geschichte, die aus den glaubwürdigsten Zeugnissen
zusammengeflossen ist, beweist, daß es auch teutsche Blifil*
und teutsche Jones* gebe. Nur schade, daß die Anzahl der

---

* Gestalten aus H. Fieldings »Tom Jones« (dem Schubart eine Reihe
von Zügen für seine Erzählung entnommen hat).

ersteren so groß unter uns ist, daß man die andern kaum
bemerkt. Wann wird einmal der Philosoph auftreten, der
sich in die Tiefen des menschlichen Herzens hinabläßt, jeder
Handlung bis zur Empfängnis nachspürt, und alsdann eine
Geschichte des menschlichen Herzens schreibt, worin er das
trügerische Inkarnat[6] vom Antlitz des Heuchlers hinweg-
wischt und gegen ihn die Rechte des offenen Herzens behauptet!

> (Zitiert nach: Christian Friedrich Daniel
> Schubart. Schicksal / Zeitbild. Ausgewähl-
> te Schriften von Konrad Gaiser. Stuttgart
> 1929. S. 318–323)

2. Das historische Quellenmaterial

Günther Kraft hat mit seiner Untersuchung »Historische
Studien zu Schillers Schauspiel ›Die Räuber‹« wahrschein-
lich gemacht, daß nicht nur Schillers Stück, sondern schon
Schubarts Erzählung auf historischen Ereignissen basiert.
Das zu vermuten hatte immer nahegelegen, nur war es bis-
her nicht gelungen, die Annahme zu bestätigen. Aus Krafts
Material geht folgendes hervor:
Der Raum, den Schiller seiner Bande zuweist, paßt genau
zu dem Aktionsfeld der »Krummfingers-Balthasar-Bande«
aus der Mitte des 18. Jh.s:

»Allein die im folgenden beschriebenen ›Themarer Proto-
kolle‹ lassen erkennen, daß der Wirkungskreis zwischen
Rhein, Main und Donau und den Waldgebirgen Thüringens,
Frankens und Böhmens eine Einheit darstellte und dieses
›böse Gesindel‹ in Gruppenstärken bis zu 1500 Personen
auftrat, wie eine Generalverordnung vom 4. April 1722 des
Königlichen und Kurfürstlichen Amtes zu Dresden mitteilt.
›Draußen stehen Siebenzehnhundert, die jedes Haar auf
meinen Schläfen bewachen‹ – diese drohende Feststellung
des Pater gegenüber dem ›Gaunerkönig‹ in den ›Räubern‹
erfährt in dieser Gegenüberstellung eine richtige Propor-
tion. Auch die ›Räuberhöhle‹, die ›Räuberbande‹, die ›Räu-

---

6. ital. Fleischfarbe in der Malerei. Sie soll weggewischt werden, damit
die wahre Natur des Heuchlers zum Vorschein kommt.

berbraut‹ der Moritat finden in dem Bericht des jungen
Mahr reale Vorlagen, wie sie Friedr. Schiller in dem Gesang
der Räuber, vom ›kareßieren, saufen, balgen‹ und vom
›freien Leben voller Wonne‹, in genauer Erfassung des
Milieus nachzugestalten wußte. Auch hierfür gibt das Protokoll von 1753 starke Assoziationen: das verfallene Schloß,
die auf der Erde lagernde Bande, das freie geschlechtliche
Verhältnis zueinander, das Balgen um Beute – bis zum
Mord, das Hantieren bei Sturm und Wind, das Einladen
bei Pfaffen und ›masten Pächtern‹ und die ›ausgebadete
Gurgel im Traubensaft‹.«

(S. 44)

Das gräflich Moorsche Geschehen stimmt in Teilen überein
mit dem Inhalt der »Akte Buttlar« aus den Jahren 1734 bis
1736. Sogar der Name Muhr spielt dort eine Rolle:

»Für die Aufnahme der ›Akte Buttlar‹ in den Betrach-
tungskreis vorliegender Untersuchung sprechen folgende
Beziehungen und Gründe:
1. der darin enthaltene Nachweis einer realen und zeitgenössischen Einordnung eines die ›Räuber‹-Dichtung begrün-
deten Hauptmotives, nämlich die ›schlüssige Verbindung
einer feudalen Familie mit einer Räuberbande‹;
2. der Nachweis eines durch den ›fabricator doli‹[7] (Edelmann von Buttlar) ausgelösten Konfliktes, der zu der feudalen Familienkatastrophe führte, analoge Verfallssymp-
tome und dramatische Züge aufzeigt, wie sie in den Kon-
zeptionen der Fabel durch Schubart und Schiller gestaltet
worden sind;
3. der Nachweis der willkürlichen – lies: tyrannischen –
Macht- und Rechtsbeugung von höherer Hand und die
Herausformung charakteristischer Gestalten (›Unterdrücker
und Unterdrückte‹) im Ablauf der kriminellen Vorgänge;
4. der Nachweis indizienhafter Verbindungen des Stoffes
Schubarts zu den Vorgängen der ›Akte Buttlar‹ (nament-
liche und lokale Hinweise, quellenmäßige Kaschierung,
übereinstimmende Charakterzeichnung bestimmter Gestalten).
Der *Inhalt* der Akte ist die Frage des Haft- und Prozeß-

---

7. lat., der Urheber der Intrige.

verfahrens gegen den ›wegen Mordverdacht‹ inhaftierten
Major von Buttlar und betrifft eine Sammlung von Gut-
achten, Briefen und Protokollberichten, die in Eisenach in
der Zeit zwischen 1734 bis 1736 angelegt wurden. Hiernach
ergibt sich folgender reale Vorgang: Major von Buttlar,
Schwager des Erhard von Lentersheim aus der Linie *Muhr*
– zugleich ›Herr von Alten- und Neuenmuhr‹ – wird des
Mordes an Freifrau von Lentersheim-Eyb bezichtigt. Er
ließ diesen Mord durch seine Bedienten, die Angehörige der
mitteldeutsch-fränkischen Räuberbande waren, ausführen
und entlohnte sie nach erfolgter Tat. In der Akte wird von
Buttlar als ›Schurke‹ bezeichnet, aber offensichtlich durch
seinen in höheren Justizdiensten befindlichen Schwager ge-
deckt, der das Inquisitionsverfahren entgegen aller Gepflo-
genheit von Beginn an selbst in die Hand nahm und gewisse Feststellungen einseitig vornahm.«

(S. 96)

Die schriftliche und mündliche Überlieferung der Vorfälle
an Schiller liegt durch den Anakreontiker Johann Peter Uz
(1720–96) und Schubart nahe; s. dazu Kraft S. 139–141.

3. Der Räuber Roque aus Miguel de Cervantes' »Don Quixote«

Schiller weist in seiner »Selbstrezension« der »Räuber« (s.
Kap. V, 5) auf »den ehrwürdigen Räuber Roque aus dem
Don Quixote« als der Gestalt hin, der Karl Moor neben
den Helden Plutarchs »seine Grundzüge« verdankt. Tatsächlich legt die Episode aus Cervantes' Roman, obwohl sie
für die Handlung der »Räuber« nichts hergibt, einen atmo-
sphärischen Einfluß auf das Räuberleben in Schillers Stück
nahe: Der adlige, sozial gesinnte, gutaussehende, souverän
seine Bande beherrschende Roque, der auch von einem
Rachebedürfnis an der Gesellschaft geleitet wird, hat eine
Ausstrahlung, die an Karl Moor erinnert. Als »gutmütigen
katalanischen Buschklepper«, wie Stubenrauch ihn charakterisiert (NA III,267), hat Schiller den Räuber Roque
Guiñart ganz gewiß nicht empfunden.

»Dieß war ein Mann von ungefähr vierunddreyzig Jahren, lang, stark, schwarzbraun von Gesicht, und ernsthaft. Er trug ein Panzerhemd, ritt einen starken Gaul, und führte an jeder Seite ein Paar Terzerole. Als er sahe, daß seine Knappen (so nennte er seine Raubgesellen) den armen Sancho ausplündern wollten, rufte er sie ab. Augenblicklich gehorchten sie, und so kam die Geldkatze noch davon. [...]

Indem kam einer von den Freybeutern, der Wache gestanden hatte, und meldete dem Hauptmanne, daß auf der Straße nach Barcelona zu ein großer Trupp Leute herkämen. ›Sind es welche die uns suchen, oder die wir suchen?‹ fragte Roque. – ›Es sind welche, die wir suchen‹, versetzte der Knappe. – ›Wohlan ihr Pursche‹, schrie Roque, ›Alle hinaus und bringt mir sie hieher, aber daß keiner davon entwische.‹ Sogleich zogen sie aus, und Roque blieb allein bey Don Quixote und Sancho, den Fang hier zu erwarten. ›Herr Ritter‹, fieng Roque an, ›unsere Lebensart muß Euch wohl ein wenig seltsam vorkommen. Immer neue Abentheuer und neue Händel, und alle sehr gefährlich. Ich wundere mich nicht, wenn Euch so ein Leben etwas seltsam scheint; denn ich erkenne es selbst für das unruhigste und unsteteste, das man auf der Welt führen kann. Mich hat nichts als Durst nach Rache dazu gebracht; eine Leidenschafft, die das beste und friedlichste Menschen-Herz in die schrecklichsten Labyrinthe führen kann. Ich bin von Natur mitleidig und sanft, aber, wie gesagt, die Begierde, mich wegen einer empfangenen Beleidigung zu rächen, erstickt alle diese bessern Naturtriebe in mir, und macht, daß ich wider besser Wissen und Gewissen dieß abscheuliche Leben fortführen muß. Ein Abgrund führt immer in den andern, und Sünde hängt immer an Sünde, so daß ich, der ich anfangs nur meine eigene Rache ausführen wollte, jezt sogar auch fremde übernehme. Aber Gott ist langmüthig und gnädig, und mit seiner Hülfe hoffe ich endlich, so tief ich jezt auch in einem Labyrinthe von Verbrechen stecke, doch noch herauszukommen und mich zu retten.‹ Don Quixote erstaunte, den Roque so richtig und gut über seine jetzige Lage sprechen zu hören; denn er hatte unter Leuten, die mit nichts als Rauben und Morden um-

giengen, keinen Schatten von einem guten Gedanken ver-
muthet. [...]

Indem kamen Roques Leute mit ihrem Fange zurück, und
brachten zween Edelleute zu Pferde, zween Pilger zu Fuß,
eine Kutsche voll Weiber mit sechs Bedienten zu Pferde
und zu Fuß, und noch zween Maulthier-Treiber, die zu
den Edelleuten gehörten, mit. Die Straßenräuber schloßen
ihre Gefangenen in einen Kreis ein, und nun herrschte eine
allgemeine Stille, bis endlich Roque Guiñart der Große das
Wort nahm. Er fragte die beyden Edelleute: wer sie wären,
wohin sie wollten, und was sie von Gelde bey sich hätten?
›Señor‹, versetzte der Eine, ›wir sind beyde Hauptleute von
der spanischen Infanterie. Unsere Compagnien stehen in
Neapel, und eben wollten wir mit vier Galeeren, die zu
Barcelona seegelfertig liegen, dahin abgehen. Von baarem
Gelde haben wir ungefähr zwey bis drey hundert Kronen
bey uns, und dünken uns damit reich und vergnügt; denn
Ihr wißt wohl, Soldaten sammeln nie große Schätze.‹ —
›Und ihr?‹ sagte Roque zu den Pilgrimmen. — ›Señor‹, ver-
setzten diese, ›wir wollten uns eben nach Rom einschiffen,
und unsere ganze Baarschafft beläuft sich höchstens auf
sechzig Realen.‹ Roque wollte ferner wissen, was für Leute
in der Kutsche wären, wohin sie giengen und was sie von
Gelde bey sich hätten? Sogleich meldete ihm einer von den
Bedienten zu Pferde: es sey die Doña Guiomar de Quiñones, die Gemahlin des Vicariats-Präsidenten zu Neapel mit
ihrer kleinen Tochter, einer Kammerjungfer und einer
Dueña, zusammen in der Kutsche, und die sechs Bedienten
zu Pferde und zu Fuße gehörten ihr auch zu; an Gelde
aber hätten sie ungefähr sechs hundert Kronen bey sich. —
›Also hätten wir hier neunhundert Kronen und sechzig
Realen‹, sprach Roque Guiñart. ›Ich habe sechzig Soldaten,
und rechnet einmal, wie viel da auf Einen kommt; denn ich
bin ein schlechter Rechenmeister.‹ —›Ha!‹ schrien hier die
Straßenräuber alle, ›es lebe Roque Guiñart! trotz aller der
Hunde, die seinen Untergang wollen.‹ Den beyden Hauptleuten fiel der Muth, die Frau Vicariats-Präsidentin machte
jämmerliche Gesichter, und die Pilger kratzten sich hinter
den Ohren, da sie sahen, daß es über ihr Geld hergehen
sollte. In dieser traurigen Erwartung ließ nun Roque sie
eine Weile. Da er aber ihren sichtbaren Kummer nicht muth-

3. Der Räuber Roque

willig verlängern wollte, wandte er sich endlich zu den
Hauptleuten, und sprach zu ihnen: ›Meine Herren, seyd so
gütig und leihet mir nur sechzig Kronen, und die Frau
Präsidentin achtzig, damit ich nur meine Leute da bezahlen
kann; denn jedes Handwerk muß seinen Mann nähren; alsdann könnt ihr frey und ungehindert Eurer Straße ziehen,
und ich will Euch noch oben drein mit einem eigenhändi-
gen Paße versehen, daß Euch keine Unannehmlichkeit wie-
derfährt, wenn Ihr irgend einer andern Schwadrone von
meinen Leuten, die in der Gegend streifen, in die Hände
fielet; denn mit meinem Willen soll keinem Soldaten oder
einer Dame von Stande Leides wiederfahren.‹ Die beyden
Hauptleute dankten dem Roque unendlich für seine Höf-
lichkeit und Freygebigkeit, als wofür sie ihm dieß, daß er
ihnen ihr eigen Geld ließ, anrechneten. Die Doña Guiomar
de Quiñones wollte schlechterdings aus der Kutsche springen, und dem edlen Roque die Hand küssen; welches er
aber durchaus nicht zuließ, sondern sie vielmehr um Ver-
zeihung bath, daß er ihr habe, vermöge des schlimmen
Handwerks das er triebe, beschwerlich fallen müssen. Die
Dame befohl sogleich einem ihrer Bedienten die auf sie
kommenden achtzig Kronen zu zahlen. Dieß geschah, und
die beyden Hauptleute trugen zugleich ihre sechzig bey.
Nun wollten auch die beyden Pilger ihr ganzes bisgen Ar-
muth heraushohlen; aber Roque sagte zu ihnen: sie sollten
es nur seyn lassen; kehrte sich drauf zu seinen Leuten, und
sprach: ›Von diesen hundert und vierzig Kronen soll jeder
von euch zwoo haben; es bleiben also zwanzig übrig. Davon gebt zehn diesen beyden Pilgern, und die andern zehn
diesem ehrlichen Schildknappen, damit er von diesem
Abentheuer auch Gutes sagen kann.‹ Hierauf zog er ein
Schreibzeug heraus, welches er immer bey sich führte,
schrieb ihnen einen Paß für alle seine untergeordneten Rot-
tenführer, und fertigte sie damit so großmüthig und edel
ab, daß sie ihn Alle wegen seines großen, edlen und ganz
ungewöhnlichen Betragens eher für einen Alexander, als
einen berüchtigten Strassenräuber hielten. Von ungefähr
fieng Einer seiner Leute an zu murren, und sagte in seinem gasconisch-catalonischen Rothwelsch: ›Mordio! Unser
Hauptmann hätte sich auch besser zu einem Bruder Baar-
füßer, als zu einem Freybeuter geschickt. Wenn er inskünf-

tige freygebig seyn will, zum Teufel! so sey er's aus seinem
Beutel, und nicht aus unserm.‹ Zum Unglücke hatte er's ein
wenig zu laut gesagt, daß es Roque hören mußte. Augenblicklich zog dieser sein Schwerdt und spaltete jenem den
Schädel: ›So‹, sprach er, ›züchtige ich Murren und Meute-
rey.‹ Alle die Andern entsetzten sich darüber, und keiner
wagte ein Wort zu sagen, so streng war ihr Gehorsam gegen
ihn.«

> ([Miguel de Cervantes:] Leben und Thaten des
> weisen Junkers Don Quixote von Mancha.
> Neue Ausgabe. [Übersetzt von F. J. Bertuch.]
> Weimar u. Leipzig 1777. 4. Theil, 28. Kap.
> S. 414, 426 f., 428–433)

4. Der Sonnenwirt

Auf eine weitere Quelle zu den »Räubern« hat Friedrich
A b e l (1751–1829), Schillers Philosophieprofessor auf der
Karlsschule, hingewiesen, der nach dem Tod des Dichters
seine Erinnerungen an ihn aufschrieb: »Die Idee zu diesem
Werk gab ihm teils der Räuberhauptmann Roque im Don
Quixote, teils die Geschichte des sogenannten Sonnenwirts
oder Friedr. Schwans, von dem damals durch ganz Wür-
temb. viel gesprochen wurde u. über die er auch mich öfters
fragte (Mein Vater war der Beamte, unter dem Schwan
eingefangen und hingerichtet wurde) u. die er auch, jedoch
mit einigen Abänderungen, in einem eigenen Aufsatz bearbeitet hat.« (Zitiert nach Weltrich I,842.)
Der Sonnenwirt Friedrich Schwan wurde 1761 hingerichtet.
Er hatte anfangs kleinere Vergehen begangen, die so streng
bestraft wurden, daß er ein Rachebedürfnis gegenüber den
Behörden entwickelte und Anführer einer Räuberbande
wurde, die Schwaben unsicher machte. Schiller gestaltete
sein Schicksal in der Erzählung »Der Verbrecher aus Infa-
mie«, die er 1786 in der »Rheinischen Thalia« und 1792
noch einmal leicht verändert unter dem Titel »Der Verbrecher aus verlorener Ehre« in den »Kleineren prosaischen
Schriften« veröffentlichte. (Vgl. F. Sch., Der Verbrecher
aus verlorener Ehre u. a. Erzn. Nachwort von Bernhard
Zeller. Stuttgart 1964 u. ö. Reclams UB Nr. 8891.)

Übrigens hat auch Abel selbst 1787 die Geschichte des Sonnenwirts in seiner »Sammlung und Erklärung merkwürdiger Erscheinungen aus dem menschlichen Leben« bearbeitet.

5. Weitere literarische Einflüsse

Wie in vielen Jugendwerken hat auch in Schillers »Räubern« eine Fülle von literarischen Lektüren ihre Spuren hinterlassen. Einzelne Szenen aus Shakespeares Dramen, aus Plutarchs parallelen Viten großer Griechen und Römer, aus Klopstocks »Messias« und aus den damals brandneuen Stücken der Stürmer und Dränger (Goethe, Klinger, Leisewitz) sind in den »Räubern« kopiert. In den Sacherläuterungen ist am jeweiligen Ort auf sie hingewiesen worden. Die Sprache der Lutherbibel prägt das ganze Stück.

Einen Überblick über die literarische Welt, in der Schiller während der Entstehung der »Räuber« lebte, erhält man, wenn man seine bevorzugten Lektüren dieser Zeit aus den vorliegenden Berichten zusammenträgt (s. Kap. IV).

IV. Dokumente zur Entstehung und Uraufführung

1. Schillers bevorzugte Lektüren 1773 bis 1780

Schriftliche Antworten Friedrich von H o v e n s an Johann Wilhelm P e t e r s e n , 1805; beide waren Miteleven Schillers auf der Karlsschule:

»Frage 1. Bei welcher Gelegenheit und in welchem Jahr ward Schiller mit Klopstocks ›Messias‹ bekannt? [...]
Antwort. Mit Klopstocks ›Messias‹ wurde Schiller erst auf der Solitude bekannt. Dieß mag im Jahr 1774 gewesen sein. Wie, weiß ich nicht genau; vermuthlich geschah es durch Zufall. [...]
Frage 3. In welchem Jahr fielen ihm Shakespeare's Schauspiele in die Hände? [...]
Antwort. So viel ich weiß, lernte Schiller Shakespeare's Schauspiele schon auf der Solitude kennen. Er las die Wielandische Übersetzung, die er von Professor Abel entlehnte. [...]
Frage 4. Welches sind die philosophischen Schriften, die Schiller in der Akademie las und studierte?
Antwort. Beinahe ausschließend las Schiller Garve's Schriften und besonders seine Anmerkungen zu Fergusons Grundsätzen der Moralphilosophie. Öfters las er auch in Plutarchs Biographien, die er aber bloß aus der Schirachischen Übersetzung kannte.«

(Schillers Persönlichkeit I,85 f.)

Friedrich A b e l :

»Fergusons Moralphilosophie war es, die ihn am meisten anzog. [...] Doch allerdings waren es am meisten die schönen Wissenschaften, die Schiller in dieser Periode liebte. Gerstenbergs ›Ugolino‹, ›Götz von Berlichingen‹, Klopstocks ›Messias‹ usw. wurden mit großer inniger Empfindung von ihm gelesen, aber alle diese mußten dem großen Shakespeare weichen, sobald er diesen kennen lernte.«

(Schillers Persönlichkeit I,102)

Johann Wilhelm P e t e r s e n , 1807:

»Es war zu Ende des Jahrs 1773 oder zu Anfange des folgenden, daß ihm ein Freund mit warmer Theilnahme von
Gerstenbergs ›Ugolino‹ sprach und ihm das Stück zu lesen
gab. Dieses Trauerspiel [...] bewegte Schillern nicht nur
auf das tiefste: es machte einen fortwirkenden Eindruck
auf ihn. ›Ugolino‹ und ›Götz von Berlichingen‹ gaben seiner dichtenden Geistesthätigkeit eine andere Richtung: sie
hoben ihn gleichsam unwillkürlich in die tragische Lauf-
bahn hinüber. Erst nach vielfachem Lesen und Einprägen
dieser Stücke ward er mit Shakespearen bekannt [...].
Shakespeare verdrängte schnell auf eine geraume Zeit hin
alle andern Dichter aus Schillers Geiste. [...] Von den
neuern deutschen Dichtern zogen ihn außer den angeführ-
ten nur wenige an. Unter seine damaligen Lieblingswerke
gehörten aber Lessings Schauspiele, die Gedichte des viel-
versprechenden Friedrich Müllers, des Mahlers, und vor-
nehmlich Leisewitz ›Julius von Tarent‹.«

(Schillers Persönlichkeit I,129 f.)

-s- (s. Kap. I, Anm. zu S. 56,7–58,11), 1805:

»Seine Lieblingslecture war Shakespeare, Klopstock, Ossian,
Plutarch, Young, Goethe und ›Julius von Tarent‹. Oft las
er diesen und den ›Götz von Berlichingen‹ auf Spaziergän-
gen laut vor.«

(Schillers Persönlichkeit I,121)

Caroline von W o l z o g e n , 1830:

»Er las auch in dieser Zeit fleißig historische Werke, vorzüglich die Biographieen Plutarchs; auch philosophische
Schriften zogen ihn sehr an, Mendelsohn, Sulzer, Lessing,
Herder, vorzüglich Garve, sein damaliger Liebling unter
den Philosophen, dessen Anmerkungen zu Ferguson's Moralphilosophie er beinah auswendig wußte. Es verdient
noch bemerkt zu werden, daß er vorzüglich in Luthers
Bibelübersetzung die deutsche Sprache studirte. [...]
Man kann sich vorstellen, wie unter den dargestellten Umständen die ›Leiden Werthers‹, die durch die eisernen Pforten der Akademie gedrungen waren, auf Schiller wirken

mußten. Dieser Roman ward von ihm und seinen Freunden verschlungen, und, wie dieses in jugendlichen Gemüthern oft der Fall ist, er regte, gleich einem über das Meer fahrenden Sturm, in ihnen den Dichtungstrieb zu schwellenden Wogen auf. [...] Auch ›Siegwart‹ hatte sich eingeschlichen. Dieses einfache herzvolle Gemälde der schönen Jugendliebe zog Schillern sehr an.«

(Schillers Leben I,27 u. 34)

Friedrich S c h a r f f e n s t e i n , 1837:

»Schillers frühere, ihn am meisten anziehende Lecture waren Shakespeare und Plutarch. [...] Von den epoquemachenden neuern Dichtern war Goethe sein Liebling. Hier verdient bemerkt zu werden, daß, während ›Werther‹, nach meinem Gefühl jetzo noch einer der vorzüglichsten deutschen Romane, uns ganz fesselte, Schiller mehr an andern Producten des großen Dichters Behagen fand. Vorzüglich weidete er sich an der Rolle des Beaumarchais in ›Clavigo‹. – Einige kräftige Gedichte Schubarts machten bei ihrer Erscheinung starken Eindruck auf Schiller, vorzüglich die ›Fürstengruft‹. [...] Außer Klopstock war Uz von Schiller vorzüglich und beinahe mehr als ersterer goutirt.«

(Schillers Persönlichkeit, I,165 f.)

2. Zur Entstehung

Über die genaue Entstehungsgeschichte der »Räuber« gibt es keine Unterlagen. Von Schiller selbst liegen keine Äußerungen dazu vor, und seine Freunde haben erst später in der Erinnerung an den unterdessen berühmten Dichter Anmerkungen gemacht. Anscheinend hat Schiller mit der Niederschrift 1776 begonnen, die Arbeit dann aber für die Vorbereitung zu seinem medizinischen Examen etwa zwei Jahre ruhen lassen, so daß die Hauptentstehungszeit der »Räuber« in das letzte Jahr auf der Akademie, also 1779/80 fällt. Einblicke in den Entstehensvorgang geben Schillers Schwester und zwei Miteleven:

Christophine S c h i l l e r :

»Sein erstes Schauspiel ›Die Räuber‹ entwarf er ebenfalls in
den Nebenstunden und größtentheils im Krankenzimmer,
das er oft Fieberanfälle wegen wochenlang hüten mußte.
Es ist also kein Wunder, wenn in dieser Stimmung, noch
unbekannt mit dem Menschen, bei dem Zwang der Verhältnisse in der Phantasie eines Jünglings solche Bilder entstehen mußten, die er im Charakter des Franz Moor darstellte.«

(Schillers Persönlichkeit I,27)

Christophine S c h i l l e r :

»Die Zöglinge der Akademie durften Abends nur bis zu
einer bestimmten Stunde Licht brennen. Da gab sich Schiller, dessen Phantasie in der Stille der Nacht besonders lebhaft war, und der in den Nächten sich gern selbst lebte,
was der Tag nicht erlaubte, oft als krank an, um in dem
Krankensaale der Vergünstigung einer Lampe zu genießen.
In solcher Lage wurden die ›Räuber‹ zum Teil geschrieben.
Manchmal visitierte der Herzog den Saal; dann fuhren die
›Räuber‹ unter den Tisch; ein unter ihnen liegendes medi-
zinisches Buch erzeugte den Glauben, Schiller benutze die
schlaflosen Nächte für seine Wissenschaft.«

(Zitiert nach Hoyer, S. 38)

Karl H e i d e l o f f nach Überlieferung seines Vaters
Viktor Heideloff, von dem auch die Zeichnung der Szene,
wie Schiller die »Räuber« im Bopserwald vorträgt, stammt
(vgl. S. 129):

»Da [...] ästhetische Besprechungen im Krankenzimmer
bei der ängstlich-strengen Aufsicht zu beschränkt und kärg-
lich waren, so beschloß Schiller mit seinen Cameraden, die
Gelegenheit des nächsten Spaziergangs zu benützen, um an
einem ruhigen und ungestörten Orte die ›Räuber‹ zur Be-
urtheilung und zum Genuß, wie Schiller es gerne that, vor-
zutragen.
Als [...] sie in Begleitung des Hauptmanns und der andern
Zöglinge am frühen Morgen eines schönen Sonntags des
Mai über die Weinsteige in das sogenannte Bopserwäldchen

einen Spaziergang machten, sonderten sich die in den Plan
Eingeweihten ihrer Verabredung gemäß von den andern ab,
und [...] gingen [...] tiefer in den Wald hinein. Hier
lagerten sie sich, ihren Schiller umkreisend, der auf den
hervorstehenden Wurzeln eines der stärksten Fichtenbäume
Posto gefaßt hatte. [...]
Nach Heideloffs, von Hovens und Schlotterbecks Angabe
war Schillers Stimmung während seines Vortrags eine sehr
heitere, mit sichtbarem Ausdruck seines behaglichen Gefühls
der errungenen Freiheit und der Einsamkeit, in Umgebung
des Waldes und der Freundschaft. Seine Declamation war
anfänglich eine ruhige. Als er aber zur Stelle der fünften
Scene des vierten Acts gelangte, wo Räuber Moor mit Entsetzen seinen todt geglaubten Vater vor dem Thurm an-
redet, steigerte sie sich in dem Grade, daß seine Freunde,
mit gespannter Aufmerksamkeit Aug' und Ohr ihm zuge-
wandt, durch den Ausbruch seines Affects in Bestürzung
geriethen, durch die Großartigkeit seiner Arbeit aber in Erstaunen, Bewunderung und in fast endlose Beifallsbezeu-
gungen übergingen.«

(Schillers Persönlichkeit II,9 f.)

Johann Wilhelm P e t e r s e n , 1807:

»Das Hauptwerk, an welchem er diese Jahre über arbeitete,
waren die ›Räuber‹. [...] Das Stück ist nicht das Werk
Eines Gusses. Schiller arbeitete einzelne Selbstgespräche und
Auftritte aus, ehe er das Grundgewebe des Ganzen über-
dachte, ehe er Anlage, Verwicklung und Entwicklung bestimmt, Schatten und Licht vertheilt und die Formen gehörig an einander gereiht hatte. Was auf diese Weise ausgear-
beitet war, ließ er sich theilweise von Bekannten vorlesen,
um Eindruck und Wirkung besser beurtheilen zu können.
Schiller widmete den ›Räubern‹ jeden Tag wenigstens einige
Stunden, und doch wurden sie nach zehnfacher Abänderung
nicht früher als im Jahr 1780 vollendet.«

(Schillers Persönlichkeit II,5 f.)

Da Schiller Ende November/Anfang Dezember 1780 folgenden Brief an Petersen richtet, muß um diese Zeit das Manu-
skript abgeschlossen sein:

*Schiller trägt im Bopserwald »Die Räuber« vor. Zeichnung
von Viktor von Heideloff (Foto: Deutsches Literaturarchiv /
Schiller-Nationalmuseum, Marbach am Neckar)*

»Liebster Freund

Daß Du siehst wie viel mir an der Herausgabe meines Trauerspiels gelegen ist, und daß Du sie, falls Du, wie ich hoffe, Deine Einwilligung dazu gegeben hättest, um so eifriger betreibst will ich Dich izt schriftlich nochmals an das erinnern, was Du von Hoven schon, nach allen Künsten des überredenden Franzens, gehört haben wirst.

Der erste und wichtigste Grund warum ich die Herausgabe wünsche, ist jener allgewaltige Mammon, dem die Herberge unter meinem Dache gar nicht ansteht – das Geld. Stäudlin hat für einen Bogen seiner *Verse* einen Ducaten von einem *Tübinger* Verleger bekommen, warum sollt ich nicht für mein Trauerspiel, das durch den neuen Zusaz, 12–14 Bogen enggedrukt abgeben wird, von einem Mannheimer nicht eben soviel – nicht mehr bekommen können. Was über 50 Gulden abfällt ist Dein. Du must aber nicht glauben als ob ich Dich dadurch auf einem interessirten Wesen ertappen wollte, (ich kenne Dich ja) sondern das hast Du treu und redlich verdient und kannst brauchen.

Der zweite Grund ist wie leicht zu begreiffen, das Urtheil der Welt, dasjenige was ich und wenige Freunde mit vielleicht übertrieben günstigen Augen ansehen, dem unbestochenen Richter dem Publicum preißzugeben. Dazu kommt noch die Erwartung, die Hoffnung und Begierde, welches alles mir meinen Auffenthalt im Loche der Prüfung, verkürzen und versüßen, und mir die Grillen zerstreuen soll. Ich möchte natürlicherweise auch wißen, was ich für ein Schiksal als Dramatiker, als Autor zu erwarten habe.

Und dann endlich ein dritter Grund, der ganz ächt ist, ist dieser: Ich habe einmal in der Welt keine andre Aussicht als in meinem Fache zu arbeiten. D. h. Ich suche mein Glük und meine Beschäftigung in einem Amt wo ich meine Physiologie und Philosophie durchstudieren und nüzen kan, und wen[n] ich etwas draußen schreibe so ist es in diesem Fache. Schrifften aus dem Felde der Poesie, Tragödien usw. würden mir in meinem Plane, Profeßor in der Physiologie und Medicin zu werden hinderlich seyn. Darum such ich sie hier schon wegzuräumen.

Schreib mir also liebster Freund, ob und wie Du gesonnen bist! Daß es herauskäme ist nicht zu besorgen, meinerseits

soll die genaueste Vorsicht beobachtet werden. Und geschieht es – so ist es immer Zeit daß Du Deiner Brüder
einen als Autor davon ausstreuen kannst – daß Du Dich
selbst nennst will ich Dir nicht zumuthen, auch wär es zu
schmeichelhafft von meinem Product gedacht. – Vergiß
auch das Geld vor die Bücher nicht, denn ich und Kapff
habens wirklich verflucht nöthig. Betreib es ja. 4–5 Gulden
kannst Du doch immer davor kriegen.
P. S.
Höre Kerl! wenns reussirt. Ich will mir ein paar Bouteillen
Burgunder drauf schmeken laßen.

Leb recht wol.
Schiller.«
(NA XXIII,15 f.)

Im Frühjahr 1781 liegt der im Selbstverlag gedruckte Text
vor, denn Schillers Mitschüler und späterer Schwager Wilhelm von W o l z o g e n schreibt am 28. April 1781 in sein
Tagebuch:

»Es ist einer von der Medicinischen Abtheilung den lezten
JahresTag aus der Akademie kommen und als Regiments
Doktor bey den Regiment Oge [Augé] versorgt worden,
von dem hab ich heute ein Schauspiel gelesen. Man sieht
sein junges, feuriges, ungebildete Genie ganz und gar darinn; er kann noch einer von den schönen Geistern Deutschlands werden, wenn er es nicht schon ist. Sie haben gewiß
noch kein Stük von einen Deutschen gelesen, daß so nach
der Art des vergötterten Scheakspears ist als dieses, nur
schade, daß einiges unanständige Zeug in einigen Scenen
komt, allemal gut angebracht zwar, aber doch immer un-
anständig.«

(NA III,289)

Einen Eindruck von der Publikation gibt Friedrich
S c h a r f f e n s t e i n (1837), der sich allerdings im Hinblick auf die Löwenvignette (s. S. 77) irrt; sie findet sich
erst auf dem Titelblatt der zweiten Auflage:

»Nun sollten die ›Räuber‹ edirt werden; eine hochwichtige
Angelegenheit, bei der es manche Debatten gab. Zuerst

wurde über eine Vignette deliberirt[1] und solche ohne Mühe
erfunden: ein aufsteigender zorniger Löwe mit dem Motto
›in Tyrannos‹, was gratis von einem Cameraden aus den
Kupferstechern radirt wurde. Nun ging's an den Accord
mit einem subalternen Buchdrucker, der, dem Ding nicht
trauend, es nicht anders als auf Schillers Unkosten über-
nahm. Diese Edition, fast Fließpapier, sah aus wie die
Mordgeschichten und Lieder aus Reutlingen, die von Hau-
sirern herumgetragen werden. Unbeschreibliche Freude
machten die ersten Exemplare; inzwischen, da der Kram,
der in Gottes Namen und ohne alle Kundschaft veranstaltet worden war, wenig Abgang hatte, sah Schiller nach-
gerade den Wachsthum des Haufens mit komisch bedenk-
lichen Augen an.
Schiller wohnte in einem kleinen Zimmer [...], wo außer
einem großen Tisch, zwei Bänken und der an der Wand
hängenden schmalen Garderobe, angestrichenen Hosen etc.,
nichts anzutreffen war als in einem Eck ganze Ballen der
›Räuber‹, in dem andern ein Haufen Kartoffeln mit leeren
Tellern, Bouteillen und dergleichen unter einander. Eine
schüchterne stillschweigende Revue dieser Gegenstände ging
jedesmal dem Gespräch voran.«

(Schillers Persönlichkeit I,162 f.)

3. Die Uraufführung

Der Kontakt Schillers mit dem Mannheimer National theater kam nach der Erinnerung des Mannheimer Buchhänd-
lers Schwan, der das ›Trauerspiel‹ verlegte, folgendermaßen
zustande:

Christian Friedrich S c h w a n an Christian Gottfried
Körner, 14. Juli 1811:

»Schiller hatte dieses noch in der Carlsschule geschriebene
Stück ins geheim bey einem Buchdrucker in Stutgardt
drucken lassen. Öffentlich durfte es dort um so weniger
erscheinen, da mehrere Hauptrollen darin unverkennbare
Characterzüge von einigen Vorgesetzten und Aufsehern in
dieser Anstalt enthielten. Durch die von mir schon früher

1. beratschlagt.

Das Mannheimer Nationaltheater zur Zeit Schillers

in Mannheim herausgegebene Schreibtafel, zu welcher Schiller nie Beyträge geliefert, so wie auch dadurch, daß ich, wie es allgemein bekannt war, mit dem Mannheimer Deutschen Theater, zu dessen Errichtung ich zufälliger Weise die erste Veranlassung gegeben, wie nicht minder dadurch, daß mich der Kurfürst Karl Theodor nach Braunschweig sandte, um mich mit Lessing über die künftige Einrichtung desselben zu besprechen, war ich vermuthlich Schillern bekant geworden. Er sandte mir daher ein gedrucktes Exemplar von seinen Räubern, mit der Anfrage, ob ich die ganze Auflage nicht als einen Handlungs-Artikel käuflich übernehmen wolle? Ich fand bey Durchlesung desselben so viel innern Gehalt für die Schaubühne, daß ich wünschte, sie auf die Mannheimer Bühne zu bringen. Da es aber, so wie ich es aus seinen Händen erhielt, einem neugebornen Kinde glich, daß noch nicht von dem ihm von seinem bisherigen Aufenthalte noch anklebenden Schmutze gesäubert ist, und mitunter auch Scenen enthielt, die ich als Buchhändler dem ehrsamen und gesitteten Publikum verkäuflich anzubieten, für unschicklich hielt, so lehnte ich die käufliche Übernahme von mir ab, schrieb ihm aber dabey, daß ich dieses Stück nicht nur dem Hn. von Dalberg, damaligen Intendanten des Mannheimer Theaters und dem Hn. Otto von Gemmingen, Verfasser des deutschen Hausvaters vorgelesen, sondern wir auch das Urtheil unserer vorzüglichsten Schauspieler, eines Iffland, Böck, usw. darüber vernommen, welches einstimmig dahin ausgefallen, daß die Räuber, wenn sie vom Schmutze gereinigt, und mit einigen Veränderungen, die das Theater-Costüm nothwendig machte, aufgeführt würden, eine große Wirkung machen müßten. Er antwortete mir unverzüglich, daß er, mit den Regeln der Dramaturgie unbekannt, dazu willig und bereit sey; ich möchte nur die Stellen unterstreichen, die uns anstößig wären, und ihm einen Fingerzeig geben, wie gewisse Auftritte für das Costüm des Theaters sowohl, als den Regeln der Schauspielkunst gemäß zu verändern und einzurichten wären. Dieses geschah nun mit Zuziehung der vorhin genannten Personen, und so erhielt dieses Stück die Form und Gestalt, in welcher es in Mannheim zum ersten Male mit dem grösten Beyfall des Publikums aufgeführt wurde.«

(Schillers Persönlichkeit II,56 f.)

Die tiefgreifenden Änderungswünsche des Mannheimer Intendanten und Schillers aussichtsloser Widerstand dagegen
werden durch die Briefe des Dichters an den ersteren belegt:

17. August 1781:

»Nunmehro bin ich in den Stand gesezt, ernstlich und mit
Muße über die Theatralisierung meiner Räuber zu denken,
und hoffe die ganze veränderte Auflage innerhalb 14 Tagen zu Stand zu bringen.«

6. Oktober 1781:

»Hier erscheint endlich der *Verlorne Sohn*, oder die umge-
schmolzenen Räuber. Freilich habe ich nicht auf den Ter-
min, den ich selbst festsezte, wort gehalten, aber es bedarf
nur eines flüchtigen Bliks über die Menge und Wichtigkeit
der getroffenen Veränderungen, mich gänzlich zu entschuldigen. Dazu komt noch, daß eine Ruhrepidemie in meinem
RegimentsLazaret mich von meinen otiis poeticis[2] sehr offt
abrief.
Nach vollendeter Arbeit darf ich Sie versichern, daß ich
mit weniger Anstrengung des Geists und gewiß mit noch
weit mehr Vergnügen ein neues Stük, ja selbst ein Meisterstük schaffen wollte, als mich der nun gethanen Arbeit
nochmals unterziehen. – Hier mußte ich Fehlern abhelfen,
die in der Grundanlage des Stüks schon nothwendig wurzeln, hier mußte ich, an sich gute, Züge den Gränzen der
Bühne, dem Eigensinn des *Parterre*, dem Unverstand der
Gallerie, oder sonst leidigen Convenzionen aufopfern, und
einem so durchdringenden Kenner, wie ich in Ihnen zu
verehren weiß, wird es nicht unbekannt seyn können, daß
es, wie in der Natur, so auf der Bühne für Eine Idee, Eine
Empfindung auch nur Einen Ausdruk, Ein Kolorit gibt.
Eine Veränderung die ich in *einem* Karakterzug vornehme,
gibt offt dem ganzen Karakter, und folglich auch seinen
Handlungen, und der auf diesen Handlungen ruhenden
Mechanik des Stüks eine andere Wendung. Also Herrmann.
Wiederum stehen die Räuber im Original unter sich in leb-
haftem Kontrast, und gewiß wird ein jeder Mühe haben,

---

2. meinen poetischen Mußestunden.

Vier oder Fünf Räuber contrastieren zu laßen, ohne in
einem von ihnen gegen die Delikateße des Schauplazes an-
zurennen. Als ich es anfangs dachte, und den Plan davon
bei mir entwarf dacht ich mir die theatralische Darstellung
hinweg – Daher kams, daß Franz als ein *raisonirender*
Bösewicht angelegt worden, eine Anlage, die so gewiß sie
den denkenden Leser befriedigen wird, so gewiß den Zuschauer der vor sich nicht philosophirt, sondern gehandelt
haben will, ermüden und verdrießen muß. In der verränder-
ten Auflage konnt ich diesen Grundriß nicht übern Hauffen
werffen, ohne dadurch der ganzen Ökonomie des Stüks
einen Stoß zu geben; ich sehe also mit ziemlicher Wahrscheinlichkeit voraus, daß Franz wenn er nun auf der
Bühne erscheinen wird, die Rolle nicht spielen werde, die
er beim Lesen gespielt hat. Dazu kommt noch, daß der hin-
reißende Strom der Handlung den Zuschauer an den feinen
Nüancen vorüberreißt, und ihn also um wenigstens den
dritten Theil des ganzen Karakters bringt. Der Räuber
Moor, wenn er, wie ich zum voraus versichert bin, seinen
Mann unter den H. H.[3] Schauspielern findet, dörfte auf
dem Schauplaz Epoche machen, einige wenige Speculatio-
nen, die aber auch als unentberlich Farben in dis ganze
Gemälde spielen, weggerechnet, ist er ganz Handlung, ganz
anschauliches Leben. Spiegelberg. Schweizer. Herrmann.
usw. sind im eigentlichen Verstand Menschen für den
Schauplaz, weniger *Amalia* und der Vater.
Ich habe schriftliche, mündliche u[nd] gedrukte Rezensio-
nen zu benuzen gesucht. Man hat mehr von mir gefordert
als ich leisten konnte, denn nur dem Verfaßer eines Stüks,
zumal wenn er selbst noch Verbeßerer wird, zeigt sich das
non plus ultra vollkommen. Die Verbeßerungen sind wichtig, zerschiedene Scenen ganz neu, und meiner Meinung
nach, das ganze Stük werth. Darunter gehören: Herrmanns
Gegenintriguen, die Franzens Plan untergraben, seine Scene
mit diesen, die in der 1sten Ausarbeitung (nach dem voll-
kommenen Sinn meines Erfurter Rezensenten) gänzlich und
sehr unglüklich vergeßen worden. Doch hat mein Rezen-
sent den Ausgang dieser Unterhaltung anders erwartet,
aber ich bin überzeugt, mit weniger Gründen, als ich ihn,

---

3. Herren; Abkürzung des Plurals.

so wie er izt ist, für Recht hielt. Seine Scene mit Amalien
im Garten ist um einen Akt zurükgesezt worden, und meine
guten Freunde sagen, daß ich im ganzen Stük keinen beßern
Ort dazu hätte wählen können als diesen, keine beßere Zeit
als einige Augenblike vor Moors Scene mit Amalien. Franz
ist der Menschheit etwas näher gebracht, aber der Weeg
dazu ist seltsam. Eine Scene wie seine Verurtheilung im
Vten Akt ist meines Wißens auf keinem Schauplaz erlebt,
eben so wenig als Amaliens Aufopferung durch ihren Geliebten. Die Katastrophe des Stüks däucht mich nun die
Krone deßelben zu seyn. Moor spielt seine Rolle ganz aus,
und ich wette, daß man ihn nicht in dem Augenblik vergeßen wird, als der Vorhang der Bühne gefallen ist. Wenn
das Stük zu groß seyn sollte, so steht es in der Willkühr des
Theaters raisonnements abzukürzen oder hie und da etwas
unbeschadet des ganzen Eindruks hinwegzuthun. Aber da-
wider protestiere ich höchlich daß beim Druken etwas hin-
weggelaßen wird; denn ich hatte meine guten Gründe zu
allem was ich stehen ließ, und soweit geht meine Nachgie-
bigkeit gegen die Bühne nicht, daß ich Lüken laße, und
Karaktere der Menschheit für die Bequemlichkeit der Spieler verstümmele. –
In Absicht auf die Wahl der Kleidung erlauben Sie mir nur
die unmaßgebliche Bemerkung; Sie ist in der *Natur* eine
Kleinigkeit, niemals auf der *Bühne.* Meines R[äuber]
Moors Geschmak darin wird nicht schwer zu treffen seyn,
doch bin ich auch auf diese Kleinigkeit äuserst begierig,
wenn ich so glüklich bin Zeuge der Vorstellung zu seyn.
Einen Busch trägt er auf dem Hut, denn dieses komt na-
mentlich im Stük vor, zu der Zeit da er sein Amt nieder-
legt. Ich gäbe ihm auch einen Stok zu. Seine Kleidung
müßte imer edel ohne Zierung, nachläßig ohne Leichtsinn
seyn. Ein vortreflicher junger Componist arbeitet wirklich
an einer Simfonie für meinen verlornen Sohn;[4] ich weiß daß
sie meisterlich wird. Sobald sie fertig ist, bin ich so frei, sie
Ihnen zu offerieren.
Nun entschuldigen Sie auch die ungleiche Handschrift, das

---

4. Überliefert sind die »Gesänge zu dem Schauspiel die Räuber« von
Johann Rudolph Zumsteeg (1760–1802), der am Musikinstitut der Akademie bis 1781 studierte und zum engeren Freundeskreis Schillers gehörte.

Unkorrekte der Schreibart. Ich eilte Ihnen das Stük zu schiken und darum zweierlei Hand, und darum nahm ich mir auch nicht Zeit, daßelbe zu corrigieren. Mein Kopist hat, nach Gewohnheit aller beßerwißenwollender Schreiber, die Orthographie offt erbärmlich mißhandelt.

Schließlich empfehle ich mich und meine Arbeit der Nachsicht eines verehrungswürdigen *Kenners*.

D. Schiller. RMedicus«

3. November 1781:

»Die mit höchster Begierde erwartete Antwort und Kritik meines Verlorenen Sohns habe ich richtig erhalten, und bedaure nur daß die Verzögerung derselben ihren Grund in einer Krankheit gehabt hat, wovon ich E. E. von Herzen befreyt wünsche. Das was Ihnen darin tadelswerth geschienen konnte ich freilich selbsten nicht so leicht finden, weil mir sowol gewiße Theaterbeziehungen unbekannt sind, als auch das Stük selbst in einer allzugroßen Nähe steht, daß der kritische Verstand, der sein Objekt nothwendig in perspectivischer Entfernung gestellt haben muß, über viele Nüancen hinweggleitet. Diß einzige kam mir befremdlich für, daß E. E. die poëtische Seite des Stüks in der Umarbeitung ungern vermißen, welche meinem Bedünken nach jederzeit mit Vortheil von einem Theaterstük wegbleiben kann. Das günstige Urtheil über die *Verdammung Franzens* ist mir um so angenehmer, da ich es weniger bei diesem Fall als etwa bei der *Ermordung Amaliens* und ihrer Situation mit dem Räuber im IVten Akt erwartet hätte. Theatralisch mag es immerhin von der auf[f]allendsten Wirkung seyn. Daß E. E. die Amalia lieber erschießen als erstechen laßen wollen gefällt mir ungemein, und ich willige mit Vergnügen in diese Veränderung. Der Effekt muß erstaunlich seyn, und kömmt mir auch räubermäßiger vor. Was sonstige Abänderungen betrift, so stell ich es dem Gutbefinden E. E. anheim damit zu schalten und zu walten wie Sie wollen. Freilich wünscht ich zuweilen auch ein Wort zur Beleuchtung gewisser Stellen sprechen zu dörfen.

Wenn ich Ihnen auf die Frage: ob das Stük nicht mit Vortheil in spätere Zeiten zurükgeschoben werden könnte, meine unmaßgebliche Meinung sagen darf, so gesteh ich,

ich wünschte diese Veränderung nicht. Alle Karaktere sind
zu aufgeklärt zu modern angelegt, daß das ganze Stük
untergehen würde, wenn die Zeit, worin es geführt wird,
verändert würde. Doch meine Meinung ist vielleicht zu einseitig, und soll auch nicht binden. Sonst wüßte ich nichts
zur Legitimation meiner Umarbeitung hinzuzusezen, wenigstens nichts was sich leicht in den Gränzen eines Briefs
einschränken ließ. Lebendiger und anschauender wäre vielleicht öfters meine Rechtfertigung bei einzelnen Paßagen
selbst; denn ich erinnere mich noch wol, daß es mich hie
und da eine kleine Anstrengung gekostet hat, so und nicht
anders zu handeln.

Übrigens unterwerff ich meine Arbeit gänzlich dem Urtheil
der Kenner, und habe also zu der Kritik des Vornehmsten
unter diesen kein Wort hinzuzusezen.

Euer Excellenz
ganz unterthäniger
D Schiller.«

12. Dezember 1781:

»Mit der von E. Excellenz in Rüksicht auf den Verlag meines Schauspiels getroffenen Veränderung bin ich vollkommen zufrieden, besonders da ich sehe, daß durch dieselbe
zwei von sich sehr verschieden gewesene Interessen vereinigt
worden sind, ohne jedoch wie ich hoffe die Folgen und den
Success meines Schauspiels zu unterdrüken. E. Excellenz
berühren einige *sehr* wichtige Veränderungen die meine Arbeit von Ihren Händen erlitten hat und ich finde diese
Sache in ansehung meiner wichtig genug etwas weitläufftig
dabei zu seyn. Gleich Anfangs gesteh ich Ihnen aufrichtig,
daß ich die Zurüksezung der Geschichte meines Stüks in die
Epoche des gestifteten Landfriedens und unterdrükten
Faustrechts – die ganze dardurch entsprungene neue Anlage
des Schauspiels für unendlich beßer als die *meinige* halte,
und halten muß, wenn ich vielleicht dardurch mein ganzes
Schauspiel verlieren sollte. Allerdings ist der Einwurf, daß
schwerlich in unserm hellem Jahrhundert, bey unserer abge-
schliffenen Polizey, und Bestimtheit der Geseze eine solche
meisterlose Rotte gleichsam im Schoos der Geseze entstehen
noch viel weniger einwurzeln und einige Jahre aufrecht

stehen könnte, allerdings ist dieser Vorwurf gegründet, und ich wüßte nichts dagegen zu sezen, als die Freiheit der Dichtkunst, die Wahrscheinlichkeiten der Wirklichen Welt in den Rang der Wahrheit, und die Möglichkeit derselben in den Rang der Wahrscheinlichkeit erheben zu dörfen. Diese Entschuldigung befriedigt allerdings die Größe des Gegentheils nicht. Wenn ich Euer Excellenz aber dieses zugebe, (und ich gebe es mit Wahrheit und ungeheuchelter Überzeugung zu.) Was wird folgen? – Gewiß nichts anders als daß mein Schauspiel einen großen Fehler bei der Geburt bekommen, einen eigentlichen angeborenen Fehler den die Hand der feinsten Chirurgie ewig nicht ausmerzen wird – einen Fehler den es wenn ich so sagen darf, ins Grab mitnehmen muß, weil er in sein Grundwesen verflochten ist, und nicht ohne Destruktion des ganzen aufgehoben werden kann. Ich will mich E. E. näher zu erklären wagen.

I. Sprechen alle meine Personen zu modern, zu aufgeklärt für die damalige Zeit. Der Dialoge ist gar nicht derselbe. Die Simplicitaet, die uns der Verfaßer des Göz v[on] Berlichingen so lebhaft gezeichnet hat, fehlt ganz. Viele Tiraden, kleine und große Züge, Karaktere sogar sind aus dem Schoos unserer gegenwärtigen Welt herausgehoben, und taugten nichts in dem Maximilianischen Alter. Mit einem Wort, es ginge dem Stük wie einem Holzstich den ich in einer Ausgabe des Virgils gefunden. Die Trojaner hatten schöne Husarenstiefel, und der König Agamemnon führte ein paar Pistolen in seinem Hulfter. Ich beginge ein *Verbrechen* gegen die Zeiten Maximilians, um einem *Fehler* gegen die Zeiten Friderichs II. auszuweichen.

II. Meine ganze Episode mit *Amaliens Liebe* spielte gegen die einfache Ritterliebe der damaligen Zeit einen abscheulichen Kontrast. Amalia müßte schlechterdings in ein Ritterfräulein umgeschmolzen werden, und Sie sehen von selbsten, dieser Karakter, diese Gattung Liebe die in meiner Arbeit herrscht ist in das ganze Gemälde der Räuber Moors, ja in das ganze Stük so tief und allgemein hinein kolorirt daß man das ganze Gemäld übermalen muß um es auszulöschen. So verhält es sich auch mit dem ganzen Karakter Franzens, diesem spekulativischen Bösewicht, diesem metaphysisch-spizfündigen Schurken. Ich glaube mit *einem* Wort sagen zu können, diese Versezung meines Stüks, welche ihm vor

der Ausarbeitung den grösesten Glanz und die höchste Vollkommenheit würde gegeben haben, macht es nunmehr, da
es schon angelegt und vollendet ist zu einem fehlervollen
und anstößigen Quodlibet, zu einer Krähe mit Pfauen-
federn.

Verzeihen Euer Excellenz dem Vater diese eifrige Für-
sprache für sein Kind. Es sind nur Worte, und allerdings
kann jedwedes Theater mit den Schauspielen anfangen was
es will, der Autor muß sichs gefallen laßen, und ein Glük
ist es für den Verfaßer der Räuber, daß er in die besten
Hände gefallen ist. Dieses einige werd ich mir von
H. Schwan ausbedingen, daß er es wenigstens nach der
1sten Anlage *drukt*. Auf dem Theater praetendire ich keine
Stimme.

Die Zwote Haupt Veränderung mit der Ermordung Amaliens interessirte mich fast noch mehr. Glauben mir E. E. es
war dieses derjenige Theil meines Schauspiels der mich am
meisten Anstrengung und Ueberlegung gekostet hat, davon
das Resultat kein anderes war, als dieses, daß Moor seine
Amalie ermorden *muß*, und daß dieses eine *positive Schönheit* seines Karakters ist, die einerseits den feurigsten Liebhaber andernseits den *Banditenführer* mit dem lebhafftesten
Kolorit auszeichnet. Doch ich würde die Rechtfertigung
dieser Stelle in keinem Briefe erschöpffen. Übrigens sind
die wenigen Worte, davon E. E. in Ihrem Briefe Meldung
gethan *fürtreflich*, und der ganzen Situation werth. Ich
würde stolz darauf seyn, sie gemacht zu haben.

Da mir H. Schwan auch schreibt das Stük würde mit der
Musik und den unentbehrlichsten Pausen gegen 5 Stunden
spielen, eine zu lange Zeit für ein Stük! so wird eine zweite
Beschneidung an demselben vorgenommen werden müßen.
Ich wünschte nicht daß jemand anders, als ich, sich dieser
Arbeit unterzöge, und ich selbst kann es nicht ohne die
Anschauung einer Probe, oder der *ersten* Vorstellung selbst.
Wenn es möglich wäre daß E. E. die Generalprobe des
Stüks wenigstens zwischen dem 20–30 dieses Monats zu
standen brächten, und mir die wichtigsten Unkosten einer
Reise zu Ihnen vergüteten, so hoffte ich in etlichen Tagen
das Interesse des Theaters und das meinige vereinigen, und
dem Stük die theatralische Rundung geben zu können, die
sich nicht ohne wirkliche Gegenwart bei der Aufführung

geben läßt. Überdieses bät ich mir dieser Tage einen gütig-
sten Aufschluß aus, so würde ich mich auf den Fall vorzu-
sehen wißen.
H. Schwan schreibt mir daß ein Baron v. Gemmingen sich
die Müh genomen, und meinem Stük die Ehre gegeben hätte
es vorzulesen. Ich höre auch daß dieser H. v. Gemmingen
Verfaßer des Teutschen Hausvaters sey. Ich wünsche die
Ehre haben diesen Mann zu versichern, daß ich eben diesen
Hausvater ungemein gutgefunden, und einen vortreflichen
Mann, und sehr schönen Geist darinn bewundert habe. Doch
was ligt dem Verfaßer des Teutsch[en] Hausvaters an dem
Geschwäz eines jungen Kandidaten? – Übrigens, wenn ich
je das Glük habe einem v. Dalberg zu Mannheim meine
Wärme und Verehrung zu bezeugen, so will ich mich auch
in die Arme jenes drängen und Ihm sagen wie lieb mir sol-
che Seelen sind wie Dalberg und Gemmingen.
Den Gedanken mit dem kleinen Avertissement vor Auf-
führung des Stüks find ich fürtreflich, und sende daher
E. E. in Beilage einen Versuch.
Übrigens hab ich die Ehre mit vollkommener Achtung zu
ersterben

E. Excellenz

ganz unterthäniger

Schiller.«

25. Dezember 1781:

»EE. haben mich in Ihrem lezten Brief scharfsinnig genug
nach Hauß geschikt, daß ich schweigen und abwarten muß.
Scheinbar wenigstens sind Ihre ausgedachten Gründe im
höchsten Grade, besonders die aristotelische Philosophie
und der Sophistische Geist des damaligen Jahrhunderts in
Absicht auf meinen *Franz*, daß ich selbst bald Ihrer Meinung bin. Doch müßte man dem Leser und Zuschauer in
Absicht auf dieses einen kurzen Aufschluß im Dialogen
selbsten geben. Was die Amalia betrift so glaube ich komt
sehr viel darauf an wie Solche *gespielt* wird, das unschul-
dige einfache des Betragens amalgamirt sich dann mit dem
Text und bildet daraus einen HauptEindruk der nicht anders als vortheilhafft seyn muß.
Auf meinen R[äuber] *Moor* bin ich im höchsten Grade begierig, und von H. Bök, der ihn ja vorstellen soll, hör ich

nichts, als gutes. Ich freue mich wirklich darauf wie ein
Kind. Ich glaube meine ganze Dramatische Welt wird dabei aufwachen, und mir im ganzen einen größeren Schwung
geben, denn es ist das erstemal in meinem Leben, daß ich
etwas mehr als Mittelmäßiges hören werde.
Für das gütigste Anerbieten einer Reiseunkostenvergütung
dank ich gehorsamst, und es soll mir dazu dienen, und mich
antreiben irgend ein Verdienst um die Mannheimer Schaubühne zu erwerben.
Daß E E. mit meinem Avertissement zufrieden sind freut
mich ungemein, und ich hoffe daß auch dieses etwas zur
beßeren Aufnahme beitragen wird.
In Hoffnung einer baldigen Gelegenheit EE. dasjenige
mündlich sagen zu können, was ich Ihnen schuldig zu seyn
füle habe ich die Ehre mit vollkommenster Hochachtung zu
verharren

EE.
unterthäniger Diener

D. Schiller«

(NA XXIII,19,20–28)

Die Uraufführung fand am 13. Januar 1782 statt. Schiller
war, ohne vom Herzog die Genehmigung zu dieser ›Aus-
landsreise‹ zu haben, heimlich nach Mannheim gekommen
und saß im Zuschauerraum. Im folgenden Eindrücke von
dem Ereignis von Iffland, dem ersten Darsteller des Franz
Moor, von Schillers Fluchtgenosse Streicher, von dem Buchhändler Schwan und von einem Zuschauer.

Christian Friedrich S c h w a n an Christian Gottfried
Körner, 14. Juli 1811:

»Als alles zur ersten Aufführung bereit war, lud ich Schillern ein, wenn er irgend abkommen könne, der Vorstellung
persönlich beyzuwohnen. Er kam in Begleitung seines
Freundes Petersen und stieg bey mir ab. Er war heimlich,
ohne Erlaubniß des Herzogs abgereiset, in der Hoffnung,
daß seine Abwesenheit durch die Vorkehrungen, die er getroffen, verschwiegen bleiben werde. Man räumte ihm eine
eigene Loge ein, wo er unbemerkt und unerkannt sehen und
fühlen könne, was sein Stück auf der Bühne für Wirkung

thue. Da er aber die Unvorsichtigkeit begangen, bey seiner
Ankunft seinen Namen am Thore anzugeben, so ward es
gleich in der ganzen Stadt bekannt, Schiller, der Verfasser
der Räuber sey selbst da.«

(Schillers Persönlichkeit II,58)

Andreas S t r e i c h e r , 1836:

»Endlich kam auch der so heftig gewünschte und ersehnte
Tag heran, wo er seinen verlornen Sohn, wie er anfangs
die Räuber benennen wollte, in der Mitte Januars 1782 auf
dem Theater in Mannheim darstellen sah. Aus der ganzen
Umgegend, von Heidelberg, Darmstadt, Frankfurt, Mainz,
Worms, Speyer usw. waren die Leute zu Roß und zu Wagen herbeigeströmt, um dieses berüchtigte Stück, das eine
außerordentliche Publizität erlangt hatte, von Künstlern
aufführen zu sehen, die auch unbedeutende Rollen mit täu-
schender Wahrheit gaben und nun hier um so stärker wirken konnten, je gedrängter die Sprache, je neuer die Ausdrücke, je ungeheurer und schrecklicher die Gegenstände
waren, welche dem Zuschauer vorgeführt werden sollten.
Der kleine Raum des Hauses nötigte diejenigen, welchen
nicht das Glück zuteil wurde, eine Loge zu erhalten, ihre
Sitze schon mittags um ein Uhr zu suchen und geduldig zu
warten, bis um fünf Uhr endlich der Vorhang aufrollte.
[...] Die ersten drei Akte machten die Wirkung nicht, die
man im Lesen davon erwartete; aber die letzten drei enthielten alles, um auch die gespanntesten Forderungen zu
befriedigen.«

(Streicher: Schillers Flucht von Stuttgart und
Aufenthalt in Mannheim von 1782 bis 1785,
hrsg. von Paul Raabe. Stuttgart 1968. Reclams
UB Nr. 4652 [3]. S. 36 f.)

August Wilhelm I f f l a n d , 1798:

»Die ›Räuber‹ wurden im Jahre 1782 zum ersten Male gegeben. Der Freiherr von Dalberg tat alles mögliche, dieses
Talent [Schiller] zu ehren. Die Vorstellung wurde an Dekorationen, Kostüme, Fleiß und Genie auf eine bewun-
dernswürdige Art gegeben. Wenn Böck auch nicht ganz das
Ideal des Karl Moor erreicht hat, so waren doch viele Szenen, besonders die mit Amalien im vierten Akt, und ganz

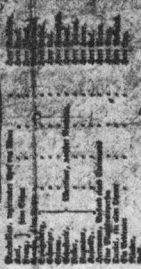

Der einzige erhaltene Theaterzettel der Uraufführung

vorzüglich die Szene am Turm, sein Triumph. Das Publikum, Akteur und Statisten wurden mit ihm fortgerissen in dem allgewaltigen Feuerstrome. Stärker konnte der Dichter nicht gefühlt haben, als er ihn wiedergab. Franz Moor war für mich ein eignes Fach, in dem es mir, glaub ich, gelungen ist, Neuheit und Kraft zu entwickeln.«

> (Iffland: Meine theatralische Laufbahn. Mit Anmerkungen und einer Zeittafel von Oscar Fambach. Stuttgart 1976. Reclams UB Nr. 5853 [2]. S. 56)

Nach Aussage eines Augenzeugen der ersten Vorstellung:

»Das Theater glich einem Irrenhause, rollende Augen, geballte Fäuste, stampfende Füße, heisere Aufschreie im Zuschauerraum! Fremde Menschen fielen einander schluchzend in die Arme, Frauen wankten, einer Ohnmacht nahe, zur Thüre. Es war eine allgemeine Auflösung wie im Chaos, aus deßen Nebeln eine neue Schöpfung hervorbricht!«

> (Anton Pichler: Chronik des Großherzoglichen Hof- und National-Theaters in Mannheim. Mannheim 1879. S. 67 f.)

Der Herzog belegte Schillers unerlaubte Entfernung aus Stuttgart mit einem vierzehntägigen Arrest und dem Verbot, mit dem ›Ausland‹ in Beziehung zu treten. Wenig später führte die ›Graubünder-Affäre‹ (s. Kap. I, Anm. zu S. 57,29 f.) dazu, daß der Herzog Schiller auch noch das Schreiben literarischer Texte untersagte. Auf solche Weise handgreiflich auf den Unterschied zwischen seinem eingeschränkten Leben als Regimentsmedikus und herzoglicher Untertan und seinem Ruhm als Furore machender junger Autor hingewiesen und in der unerträglichen Aussicht, auf die Literatur mindestens in der näheren Zukunft verzichten zu müssen, emigrierte Schiller heimlich am Abend des 22. September 1782 in Streichers Begleitung. Er hoffte, mit neuen Theaterstücken seinen Erfolg in Mannheim fortsetzen zu können. »Die Räuber«, schrieb er 1784 (s. Kap. V, 6), »kosteten mir Familie und Vaterland.«

August Wilhelm Iffland als Franz Moor (Foto: Goethe-Museum, Düsseldorf)

V. Selbstzeugnisse Schillers

1. Unterdrückte Vorrede

Sie wurde während des Druckvorgangs der ersten Ausgabe der »Räuber« von Schiller zurückgezogen und gegen die neue Vorrede ausgetauscht.

»Es mag beym ersten *in die Hand nehmen* auffallen, daß dieses Schauspiel niemals das Bürgerrecht auf dem Schauplaz bekommen wird. Wenn nun dieses ein unentbehrliches Requisitum zu einem Drama seyn soll, so hat freilich das meinige einen grossen Fehler mehr.

Nun weiß ich aber nicht, ob ich mich dieser Forderung so schlechtweg unterwerffen soll. Sophokles und Menander mögen sich wohl die sinnliche Darstellung zum Haupt-Augenmerk gemacht haben, denn es ist zu vermuthen, daß diese sinnliche Vorbildung erst auf die Idee des Dramas geführt habe: in der Folge aber fand sichs, daß schon allein die Dramatische Methode auch ohne Hinsicht auf theatralische Verkörperung, vor allen Gattungen der rührenden und unterrichtenden Poesie einen vorzüglichen Werth habe. Da sie uns ihre Welt gleichsam gegenwärtig stellt, und uns die Leidenschafften und geheimsten Bewegungen des Herzens in *eigenen Aeusserungen* der Personen schildert, so wird sie auch gegen die beschreibende Dichtkunst um so mächtiger würken, als die lebendige Anschauung kräfftiger ist, denn die historische Erkenntniß. Wenn der unbändige Grimm in dem entsezlichen Ausbruch: *Er hat keine Kinder*[1]: aus Makduff redet, ist diß nicht wahrer und Herzeinschneidender als wenn der alte Diego seinen Sakspiegel herauslangt, und sich auf offenem Theater begucket?

o Rage! o Desespoir![2]

Wirklich ist dieses große Vorrecht der Dramatischen Manier, die Seele gleichsam bey ihren verstohlensten Operationen zu ertappen, für den Franzosen durchaus verloren. Seine Menschen sind, (wo nicht gar Historiographen und Heldendichter ihres eigenen hohen Selbsts) doch selten mehr

1. Shakespeare, Macbeth IV,3.
2. Corneille, Der Cid I,5.

1. Unterdrückte Vorrede   **149**

als eißkalte Zuschauer ihrer Wuth, oder altkluge Professore ihrer Leidenschafft.

Wahr also ist es, daß der ächte Genius des Dramas, welchen Schakespear, wie Prospero seinen Ariel[3] in seiner Gewalt mag gehabt haben, daß sage ich der wahre Geist des Schauspiels tiefer in die Seele gräbt, schärffer ins Herz schneidet, und lebendiger belehrt als Roman und Epopee, und daß es der sinnlichen Vorspiegelung gar nicht einmal bedarf uns diese Gattung von Poesie vorzüglich zu empfehlen. Ich kann demnach eine Geschichte Dramatisch abhandeln, ohne darum ein Drama schreiben zu wollen. Das heißt: Ich schreibe einen *dramatischen Roman*, und kein theatralisches Drama. Im ersten Fall darf ich mich nur den allgemeinen Gesezen der Kunst, nicht aber den besondern des Theatralischen Geschmacks unterwerffen.

Nun auf die Sache selbst zu kommen, so muß ich bekennen, daß nicht sowohl die körperliche Ausdehnung meines Schauspiels, als vielmehr sein Innhalt ihm Siz und Stimm auf dem Schauplaze absprechen. Die Oekonomie desselben machte es nothwendig daß mancher Karakter auftreten mußte, der das feinere Gefühl der Tugend beleidigt, und die Zärtlichkeit unserer Sitten empört. (Ich wünschte zur Ehre der Menschheit, daß ich hier nichts denn Karrikaturen geliefert hätte, muß aber gestehen, so fruchtbarer meine Weltkenntniß wird, so ärmer wird mein Karrikaturen-Register,) Noch mehr – Diese unmoralische Karaktere mußten von gewissen Seiten glänzen, ja offt von Seiten des Geists gewinnen, was sie von Seiten des Herzens verlieren. Jeder Dramatische Schriftsteller ist zu dieser Freiheit berechtigt, ja so gar genöthigt, wenn er anders der getreue Kopist der wirklichen Welt seyn soll. Auch ist, wie Garve lehrt, kein Mensch durchaus unvollkommen: auch der Lasterhaffteste hat noch viele Ideen, die richtig, viele Triebe die gut, viele Thätigkeiten, die edel sind. Er ist nur minder vollkommen.

Man trifft hier Bösewichter an, die Erstaunen abzwingen, ehrwürdige Mißethäter, Ungeheuer mit Majestät; Geister, die das abscheuliche Laster reizet, um der Grösse willen, die ihm anhänget, um der Krafft willen, die es erfordert, um

3. Figuren aus dem »Sturm«.

der Gefahren willen, die es begleiten. Man stößt auf Menschen, die den Teufel umarmen würden, weil er der Mann ohne seines Gleichen ist; die auf dem Weg zur höchsten Vollkommenheit die unvollkommensten werden, die unglückseligsten auf dem Wege zum höchsten Glück, wie sie es wähnen. Mit einem Wort, man wird sich auch für meine Jago's[4] interessiren, man wird meinen Mordbrenner bewundern, ja fast sogar lieben. Niemand wird ihn verabscheuen, jeder darf ihn bedauren. Aber eben darum möchte ich selbst nicht gerathen haben, dieses mein Trauerspiel auf der Bühne zu wagen. Die Kenner die den Zusammenhang des Ganzen befassen, und die Absicht des Dichters errathen, machen immer das dünnste Häuflein aus. Der Pöbel hingegen (worunter ich s. v. v.[5] nicht die Mistpantscher allein, sondern auch und noch vielmehr manchen Federhut, und manchen Tressenrok, und manchen weissen Kragen zu zählen Ursache habe,) der Pöbel, will ich sagen, würde sich durch eine schöne Seite bestechen lassen, auch den häßlichen Grund zu schäzen, oder wohl gar eine Apologie des Lasters darinn finden, und seine eigene Kurzsichtigkeit den armen Dichter entgelten lassen, dem man gemeiniglich alles nur nicht Gerechtigkeit, wiederfahren läßt.

Es ist das ewige Da capo mit Abdera und Demokrit, und unsere gute Hippokrate müßten ganze Plantagen Nießwurz erschöppfen, wenn sie diesem Unwesen durch einen heilsamen Kräutertrank abhelffen wollten. Noch so viele Freunde der Wahrheit und Tugend mögen zusammenstehen ihren Mitbürgern auf offener Bühne Schule zu halten, der Pöbel hört nie auf Pöbel zu seyn, und wenn Sonne und Mond sich wandeln, und Himmel und Erde veralten wie ein Kleid, die Narren bleiben immer sich selbst gleich, wie die Tugend. Mort de ma vie sagt Herr Eisenfresser das heiß ich einen Sprung! Fy – Fy flistert die Mamsell, die Coeffure der kleinen Sängerin war viel zu altmodisch – Sacre dieu sagt der Friseur, welche göttliche Simfonie! da führen die Deutsche Hunde dagegen! – Sternhagelbataillon, den Kerl hättest du sehen sollen das rosenfarbene Mädel hinter die spanische Wand schmeissen, sagt der Kutscher zum Laquaien, der sich vor Frieren und Langeweile in die Komö-

4. Jago, Figur aus Shakespeares »Othello«.
5. sit venia verbo, man verzeihe das Wort.

die eingeschlichen hatte – Sie fiel recht artig, sagt die gnä-
dige Tante recht gustös sur mon honneur (und spreitet ihren
damastenen Schlamp weit aus) – was kostet Sie diese Even-
taille[6] mein Kind? – Und auch mit viel Expression viel sub-
mission – Fahr zu Kutscher! –
Nun gehe man hin und frage! – Sie haben die Emilia[7] gespielt. –
Diß könnte mich allenfalls schon entschuldigen, daß mirs
gar nicht darum zu thun war, für die Bühne zu schreiben.
Nicht aber das Auditorium allein, auch selbst das Theater
schrökte mich ab. Wehe genug würde es mir thun, wenn ich
so manche lebendige Leidenschafft mit allen Vieren zer-
stampfen, so manchen großen und edlen Zug erbärmlich
maßakriren, und meines Räubers Majestät in der Stellung
eines Stallknechts müßte erzwingen sehen. Ich würde mich
übrigens glücklich schätzen, wenn mein Schauspiel die Aufmerksamkeit eines deutschen Roscius[8] verdiente.
Schließlich will ich nicht bergen, daß ich der Meinung bin,
der Applausus des Zuschauers sey nicht immer der Maaß-
stab für den Werth eines Dramas. Der Zuschauer vom gewaltigen Licht der Sinnlichkeit geblendet, übersieht offt
eben sowohl die feinsten Schönheiten, als die untergeflosse-
nen Flecken, die sich nur dem Auge des bedachtsamen Lesers entblößen. Vielleicht ist das gröste Meisterstük des brit-
tischen Aeschylus nicht am meisten beklatscht worden, vielleicht muß er in seiner rohen scythischen Pracht denen à la
mode (verschönerten oder verhunzten?) Kopien von Got-
ter, Weisse und Stephanie weichen.
So viel von meiner Versündigung gegen den Schauplaz –
Eine Rechtfertigung über die Oekonomie meines Schauspiels
selbst würde wohl keine Vorrede erschöpffen. Ich überlasse
sie daher ihrem eigenen Schiksal, weit entfernt meine Richter mit zierlichen Worten zu bestechen wenn ich ihre Strenge
zu befürchten fände, oder auf Schönheiten aufmerksam zu
machen, wenn ich irgend welche darinn gefunden hätte.
Geschrieben in der Ostermesse.

1781. Der Herausgeber.«

(NA III,243–246)

6. frz. éventail, Fächer.
7. Lessings »Emilia Galotti«.
8. Quintus Roscius Gallus, berühmter röm. Schauspieler im 1. Jh.
v. Chr.

2. »Vorrede zur zwoten Auflage«

Die achthundert Exemplarien der ersten Auflage meiner
Räuber sind bälder zerstreut worden, als alle Liebhaber zu
dem Stük konnten befriedigt werden. Man unternahm daher eine zwote, die sich von der ersten an Pünktlichkeit des
Druks, und Vermeidung derjenigen Zweideutigkeiten aus-
nimmt, die dem feinern Theil des Publikums auffallend gewesen waren. Eine Verbesserung in dem *Wesen* des Stüks
die den Wünschen meiner Freunde und Kritiker entspräche,
durfte die Absicht dieser Auflage nicht seyn.
Es sind dieser zwoten Auflage zerschiedene Klavierstüke
zugeordnet, die ihren Werth bei einem grossen Theil des
Musikliebenden Publikums erheben werden. Ein Meister
sezte die Arien die darinn vorkommen in Musik, und ich
bin überzeugt, daß man den Text bei der Musik *vergessen*
wird.

Stuttgardt den 5. Jan. 1782.

D. Schiller.

(NA III,9)

3. »Der Verfasser an das Publikum«

auf dem Theaterzettel zur Uraufführung

Die Räuber – das Gemählde einer verirrten grosen Sele –
ausgerüstet mit allen Gaben zum Fürtrefflichen, und
mit allen Gaben – verloren – zügelloses Feuer und
schlechte Kameradschaft verdarben sein Herz, rissen ihn
von Laster zu Laster, bis er zulezt an der Spize einer
Mordbrennerbande stand, Gräuel auf Gräuel häufte, von
Abgrund zu Abgrund stürzte, in alle Tiefen der Verzweifelung – doch erhaben und ehrwürdig, gros und majestätisch
im Unglück, und durch Unglück gebessert, rückgeführt
zum Fürtrefflichen. – Einen solchen Mann wird man im
Räuber Moor beweinen und hassen, verabscheuen und lieben.
Franz Moor, ein heuchlerischer, heimtückischer Schleicher
– entlarvt, und gesprengt in seinen eigenen Minen.
Der alte Moor, ein allzu schwacher nachgebender Vater,

Verzärtler, und Stifter vom Verderben und Elend seiner Kinder.

In Amalien die Schmerzen schwärmischer Liebe, und die Folter herrschender Leidenschaft.

Man wird auch nicht ohne Entsezen in die innere Wirthschaft des Lasters Blicke werfen, und wahrnehmen, wie alle Vergoldungen des Glücks den innern Gewissenswurm nicht tödten – und Schrecken, Angst, Reue, Verzweifelung hart hinter seinen Fersen sind. – Der Jüngling sehe mit Schrecken dem Ende der zügellosen Ausschweifungen nach, und der Mann gehe nicht ohne den Unterricht von dem Schauspiel, daß die unsichtbare Hand der Vorsicht, auch den Bösewicht zu Werkzeugen ihrer Absicht und Gerichte brauchen, und den verworrensten Knoten des Geschicks zum Erstaunen auflösen könne.

4. »*Monument Moors des Räubers*«

Vollendet!
Heil dir! Vollendet!
Majestätischer Sünder!
Deine furchtbare Rolle vollbracht.

Hoher Gefallener!
Deines Geschlechts Beginner und Ender!
Seltner Sohn ihrer schröklichsten Laune,
Erhabner *Verstoß* der Mutter Natur!

Durch wolkigte Nacht ein prächtiger Bliz!
Hui! hinter ihm schlagen die Pforten zusammen!
Geizig schlingt ihn der Rachen der Nacht!
Zuken die Völker
Unter seiner verderbenden Pracht!
Aber Heil dir! vollendet!
Majestätischer Sünder!
Deine furchtbare Rolle vollbracht!

Modre – verstieb
In der Wiege des offnen Himmels!

Fürchterlich jedem Sünder zur Schau,
Wo dem *Thron gegenüber*
Heißer Ruhmsucht *furchtbare Schranke* steigt!
Siehe! der Ewigkeit übergibt dich die Schande!
Zu den Sternen des Ruhms
Klimmst du auf den Schultern der Schande!
Einst wird unter dir auch die Schande zerstieben,
Und dich reicht – die Bewunderung.

Nassen Auges an deinem schauernden Grabe
Männer vorüber –
Freue dich der Thräne der Männer,
Des Gerichteten Geist!
Nassen Auges an deinem schauernden Grabe
Jüngst ein Mädchen vorüber,
Hörte die furchtbare Kunde
Deiner Thaten vom steinernen Herold,
Und das Mädchen – freue dich! freue dich!
Wischte die Thräne nicht ab.
Ferne stand ich – sah die Perle fallen,
Und ich rief ihr: Amalia!

Jünglinge! Jünglinge!
Mit des *Genies* gefährlichem Aetherstral
Lernt behutsamer spielen.
Störrig knirscht in den Zügel das Sonnenroß,
Wie's am Seile des Meisters
Erd und Himmel in sanfterem Schwunge wiegt,
Flammts am kindischen Zaume
Erd und Himmel in lodernden Brand!
Unterging in den Trümmern
Der muthwillige Phaethon.

Kind des himmlischen Genius,
Glüendes thatenlechzendes Herz!
Reizet dich das Mal meines Räubers?
War wie du glüenden thatenlechzenden Herzens,
War wie du des himmlischen Genius Kind.
Aber du lächelst und gehst –
Dein Blick durchfliegt den Raum der Weltgeschichte,

Moorn den Räuber findest du nicht –
Steh und lächle nicht Jüngling!
Seine Sünde lebt – lebt seine Schande,
Räuber Moor nur – ihr Name nicht.

Vom Verfasser der Räuber

(Anthologie auf das Jahr 1782. [Hrsg. von Friedrich Schiller.] Tobolsko [= Stuttgart 1782]. S. 177–180)

5. Selbstrezension und Bericht zur Uraufführung

In seinem Brief an Dalberg wenige Tage nach der Uraufführung (17. Januar 1782) kündigte Schiller an:

»E.E. werden mir erlauben, wenn ich die *Vorstellung der Räuber zu Mannheim* nach meinen dabei angestelten Beobachtungen weitläuffig zergliedere, und in einer *Abhandlung über das Schauspiel* öffentlich der Welt bekannt mache. Ich werde hier die drei treflichen Spieler H. Iffland, H. Boek, und H. Beil vorzüglich zu karakterisieren suchen, nemlich in so weit ich aus den Rollen die sie spielten auf sie schließen darf. Ich werde mir die Freiheit nehmen über die Gränzen des Dichters und Spielers zu reden, und in einigen Situationen mehreres Licht auf meinen eigenen Text werffen, wo ich glaube daß er auf eine andere Art als ich mir dachte begriffen worden. Auf diese Abhandlung also, die nächstens fertig werden, und E. Excellenz zugeschikt werden soll berufe ich mich und breche ab, mit der einzigen Vorerklärung, daß ich als Verfaßer des Stüks ohnstreitig ein parteiischer und vielleicht allzustrenger Richter bin.«

(NA XXIII,30)

Er verwirklichte den Plan im 1. Stück des »Wirtembergischen Repertoriums«, Ostern 1782, trennte aber die Rezension des Stücks von der der Aufführung. Im 3. Stück der Zeitschrift, Frühjahr 1783, teilte er mit, »daß die Kritik über die Räuber [...] von dem Verfasser dieses trefflichen Schauspiels Herrn D. Schiller selbst ist« (NA XXII,385).

Die Räuber
Ein Schauspiel, von Friedrich Schiller
1782
(Ich nehme es nach der neuesten Theaterausgabe, wie es bisher auf der
Nationalbühne zu Mannheim ist vorgestellt worden.)

Das einzige Schauspiel auf wirtembergischen Boden gewachsen. Die Fabel des Stücks ist ohngefähr diese: Ein
fränkischer Graf, Maximilian von Moor, ist Vater von
zween Söhnen, Karl und Franz, die sich an Charakter sehr
unähnlich sind. Karl, der ältere, ein Jüngling voll Talenten
und Edelmut, gerät zu Leipzig in einen Zirkel lüderlicher
Brüder, stürzt in Exzesse und Schulden, muß zuletzt mit
einem Trupp seiner Spießgesellen aus Leipzig entfliehen.
Unterdes lebte Franz, der jüngere, zu Hause beim Vater,
und da er heimtückischer schadenfroher Gemütsart war,
wußte er die Zeitungen von den Lüderlichkeiten seines Bruders zu seinem eigenen Vorteil zu verschlimmern, seine reu-
vollen und rührenden Briefe zu unterdrücken, andere nach-
teiligen Inhalts unterzuschieben und den Vater dergestalt
gegen den Sohn zu erbittern, daß er ihm den Fluch gab und
ihn enterbte.
Karl, durch diesen Schritt zur Verzweiflung gebracht, ver-
wickelt sich mit seinen Gefährten in ein Räuberkomplott,
wird ihr Anführer und führt sie in böhmische Wälder. Der
alte Graf hatte eine Nichte im Hause, die den jungen Grafen Karl schwärmerisch liebte. Dieses Mädchen kämpfte
mit allen Waffen der Liebe gegen den Zorn des Vaters und
hätte auch durch zudringliches Bitten zuletzt ihren Zweck
erreicht, wenn nicht Franz, der von diesem Schritt alles zu
besorgen hatte, der neben dem noch Absichten auf Amalien
hegte, durch eine ersonnene List alles vereitelt hätte. Nämlich er unterrichtete einen seiner Vertrauten, der noch einen
Privatgroll auf den alten und jungen Grafen gefaßt hatte,
unter dem vorgeblichen Namen eines Freunds von Karln
die erdichtete Zeitung vom Tod dieses letztern zu bringen,
und versah ihn hiezu mit den tüchtigsten Dokumenten. Der
Streich gelang, die Trauerpost überraschte den Vater auf
dem Krankenbett und wirkte so stark auf seinen geschwächten Körper, daß er in einen Zustand verfiel, den
jedermann für den Tod erklärte – Aber es war nur eine
tiefe Ohnmacht. – Franz, der sich durch boshafte Streiche

zu den abscheulichsten Verbrechen erhärtet hatte, benutzte diesen allgemeinen Wahn, vollzog das Leichenbegängnis und brachte den Vater mit Hülfe seines gedungenen Handlangers in einen abgelegenen Turm, ihn alldort, ferne von Menschen, Hungers sterben zu lassen, und trat sodenn in den vollkommensten Besitz seiner Güter und Rechte.

Unterdessen hatte sich Karl Moor an der Spitze seiner Rotte durch außerordentliche Streiche weit und breit ruchtbar und furchtbar gemacht. Sein Anhang wuchs, seine Güter stiegen, sein Dolch schröckte die kleinere Tyrannen und autorisierten Beutelschneider, aber sein Beutel war der Notdurft geöffnet, und sein Arm zu ihrem Schutze bereit. Niemals erlaubte er sich spitzbübische Dieberei, sein Weg gieng gerade, er hätte sich bälder zehen Mordtaten als einen einzigen Diebstahl vergeben. Das Gerücht seiner Taten foderte die Gerechtigkeit auf; er wurde in einem Walde, wo hinein er sich nach einem Hauptstreich mit seiner ganzen Bande geworfen hatte, umringt, aber der zur Verzweiflung gehetzte Abenteurer schlug sich mit wenigem Verlust herzhaft durch und entrann glücklich aus Böhmen. Itzt verband sich ein flüchtiger edler Böhme mit ihm, den sein widriges Geschick mit der bürgerlichen Gesellschaft entzweit hatte, dessen unglückliche Liebesgeschichte die schlafende Erinnerung der seinigen wieder aufweckte und ihn zu dem Entschluß bewog, Vaterland und Geliebte wiederzusehen, welchen er auch schleunig ins Werk setzte.

Hier eröffnet sich die zweite Epoche der Geschichte. Franz Moor genoß indes in aller wollüstigen Ruhe die Frucht seiner Büberei; nur Amalia stemmte sich standhaft gegen seine wollüstige Bestürmungen. Karl erscheint unter einem vorgeblichen Namen – Wilde Lebensart, Leidenschaft und lange Trennung hatten ihn unkenntlich gemacht, nur die Liebe, die sich niemals verleugnet, verweilt über dem sonderbaren Fremdling. Sinnliches Anschauen überwältigt die Erinnerung, Amalia fängt an ihren Karl in dem Unbekannten zu lieben – und zu vergessen, und liebt ihn doppelt, eben da sie ihm untreu zu werden fürchtet. Ihr Herz verrät sich dem seinigen, das seinige dem ihrigen, und der scharfsichtigen Furcht entrinnt keines von beiden. Franz wird aufmerksam, vergleicht, errät, überzeugt sich, und beschließt das Verderben des Bruders. Zum zweitenmal will er den

Arm seines Handlangers dingen, der aber, durch seinen Un-
dank beleidigt, mit angedrohter Entdeckung der Geheim-
nisse von ihm abspringt. Franz, selbst zu feig einen Mord
auszuführen, verschiebt die unmenschliche Tat. Unterdes
war schon der Eindruck von Karl so tief in das Herz des
Mädchens gegangen, daß ein Heldenentschluß auf Seiten
des ersten vonnöten war, ihn zu vertilgen. Er mußte die
verlassen, von der er geliebt war, die er liebte und doch
nicht mehr besitzen konnte; er floh, nachdem sie ihn er-
kannt, zu seiner Bande zurück. Er traf diese im nächst-
gelegenen Wald. Es war der nämliche, worin sein Vater
im Turme verzweifelte, von dem reuigen und rachsüchtigen
Hermann (so hieß Franzens Vertrauter) kümmerlich ge-
nährt. Er findet seinen Vater, den er mit Hülfe seiner Raub-
werkzeuge befreit. Ein Detachement von Räubern muß den
abscheulichen Sohn herbeiholen, der aus dem Brand seines
Schlosses, worein er sich aus Verzweiflung gestürzt hatte,
mühsam errettet wird. Karl läßt ihn durch seine Bande
richten, die ihn verurteilt, in dem nämlichen Turme zu verhungern. Nun entdeckt sich Karl seinem Vater, doch seine
Lebensart nicht. Amalia war dem fliehenden Geliebten in
den Wald nachgeflohen und wird hier von den streifenden
Banditen aufgefangen und vor den Hauptmann gebracht.
Karl ist gezwungen sein Handwerk zu verraten, wobei der
Vater für Entsetzen stirbt. Auch itzt ist ihm seine Amalia
noch treu. Er ist im Begriff der Glücklichste zu werden,
aber die schwürige Bande steht wider ihn auf und erinnert
ihn an den feierlich geschwornen Eid. Karl, auch im größten Bedrängnis noch Mann, ermordet Amalien, die er nicht
mehr besitzen kann, verläßt die Bande, die er durch dieses
unmenschliche Opfer befriedigt hat, und geht hin, sich
selbst in die Hände der Justiz zu überliefern.

Man findet aus diesem Generalriß des Stücks, daß es an
wahren dramatischen Situationen ungemein fruchtbar ist,
daß es selbst aus der Feder eines mittelmäßigen Schriftstel-
lers nicht ganz uninteressant fließen, daß es in den Händen
eines bessern Kopfs ein Originalstück werden müsse: fragt
sich nun, wie hat es der Dichter bearbeitet?

Zuerst denn von der W a h l der Fabel. Rousseau rühmte
es an dem Plutarch, daß er erhabene Verbrecher zum Vor-

wurf seiner Schilderung wählte*. Wenigstens dünkt es mich, solche bedürfen notwendig einer ebenso großen Dosis von Geisteskraft als die erhabene Tugendhafte, und die Empfindung des Abscheus vertrage sich nicht selten mit Anteil und Bewunderung. Außer dem daß im Schicksal des großen Rechtschaffenen, nach der reinsten Moral, durchaus kein Knoten, kein Labyrinth stattfindet, daß sich seine Werke und Schicksale notwendiger Weise zu voraus bekannten Zielen lenken, welche beim ersten zu ungewissen Zielen durch krumme Mäander sich schlängeln (ein Umstand, der in der dramatischen Kunst alles ausmacht), außer dem daß die hitzigsten Angriffe und Kabalen des Lasters nur Binsengefechte gegen die siegende Tugend sind, und wir uns so gern auf die Partie der Verlierer schlagen, ein Kunstgriff, wodurch Milton, der Panegyrikus der Hölle, auch den zartfühlendesten Leser einige Augenblicke zum gefallenen Engel macht, außer dem sage ich, kann ich die Tugend selbst in keinem triumphierenden Glanze zeigen, als wenn ich sie in die Intrigen des Lasters verwickle und ihre Strahlen durch diesen Schatten erhebe, denn es findet sich nichts Interessanteres in der moralisch ästhetischen Natur, als wenn Tugend und Laster an einander sich reiben.

R ä u b e r aber sind die Helden des Stücks, Räuber, und einer, der auch Räuber niederwägt, ein s c h l e i c h e n - d e r Teufel. Ich weiß nicht, wie ich es erklären soll, daß wir um so wärmer sympathisieren, je weniger wir Gehilfen darin haben; daß wir dem, den die Welt ausstößt, unsere Tränen in die Wüste nachtragen; daß wir lieber mit Crusoe auf der menschenverlassenen Insel uns einnisten, als im drängenden Gewühle der Welt mitschwimmen. Dies wenigstens ist es, was uns in vorliegendem Stück an die so äußerst unmoralische Jaunerhorden festbindet. Eben dieses eigentümliche Korpus, das sie der bürgerlichen Gesellschaft gegenüber formieren, seine Beschränkungen, seine Gebrechen, seine Gefahren, alles lockt uns näher zu ihnen, aus einer unmerkbaren Grundneigung der Seele zum Gleichgewicht meinen wir durch unsern Beitritt, welches zugleich auch unserm Stolze schmeichelt, ihre leichte unmoralische Schale so lang beschweren zu müssen, bis sie waagrecht mit

---

* Schriften von H. P. Sturz. In den Denkwürdigkeiten von Rousseau.

der Gerechtigkeit steht. Je entferntern Zusammenhang sie
mit der Welt haben, desto nähern hat unser Herz mit
ihnen. – Ein Mensch, an den sich die ganze Welt knüpft,
der sich wiederum an die ganze Welt klammert, ist ein
Fremdling für unser Herz. – Wir lieben das Ausschließende
in der Liebe und überall.

Der Dichter führte uns also in eine Republik hinein, auf
welcher, als auf etwas Außergewöhnlichem, unsere Aufmerksamkeit weilet. Wir haben eine so ziemlich vollstän-
dige Ökonomie der ungeheuersten Menschenverirrung, selbst
ihre Quellen sind aufgedeckt, ihre Ressorts angegeben, ihre
Katastrophe ist entfaltet. Allerdings würden wir vor dem
kühnen Gemälde der sittlichen Häßlichkeit zurücktreten,
wofern nicht der Dichter durch etliche Pinselstriche
Menschlichkeit und Erhabenheit hineingebracht hätte. Wir
sind geneigter den Stempel der Gottheit aus dem Grimassen
des Lasters herauszulesen, als ebendenselben in einem regelmäßigen Gemälde zu bewundern; eine Rose in der sandig-
ten Wüste entzückt uns mehr als deren ein ganzer Hain in
den hesperischen Gärten. Bei Verbrechern, denen das Gesetz
als Idealen moralischer Häßlichkeit die Menschheit abge-
rissen hat, erheben wir auch schon einen geringern Grad
von Bosheit zur Tugend, so wie wir im Gegenteil all unserm
Witz aufbieten, im Glanz eines Heiligen Flecken zu entdecken. Kraft eines ewigen Hangs, alles in dem Kreis unserer Sympathie zu versammeln, ziehen wir Teufel zu uns
empor und Engel herunter. Noch einen zweiten Kunstgriff
benutzte der Dichter, indem er dem weltverworfenen Sünder einen schleichenden entgegensetzte, der seine scheuß-
lichern Verbrechen mit günstigerem Erfolge und weniger
Schande und Verfolgung vollbringt. Auf diese Art legen
wir nach unserer strengen Gerechtigkeitsliebe mehr Schuld
in die Schale des Begünstigten und vermindern sie in der
Schale des Bestraften. Der erste ist um so viel schwärzer,
als er glücklicher, der zweite um so viel besser, als er unglücklicher ist. Endlich hat der Verfasser vermittelst einer
einzigen Erfindung den fürchterlichen Verbrecher mit tausend Fäden an unser Herz geknüpft: – Der Mordbrenner
liebt und wird wieder geliebt.

Räuber Moor ist nicht Dieb, aber Mörder. Nicht Schurke, aber Ungeheuer. Wofern ich mich nicht irre, dankt dieser seltene Mensch seine Grundzüge dem Plutarch und Cervantes*, die durch den eigenen Geist des Dichters nach Shakespearischer Manier in einem neuen, wahren und harmonischen Charakter unter sich amalgamiert sind. In der Vorrede zum ersten Plan ist der Hauptriß von diesem Charakter entworfen. Die gräßlichsten seiner Verbrechen sind weniger die Wirkung bösartiger Leidenschaften als des zerrütteten Systems der guten. Indem er eine Stadt dem Verderben preisgibt, umfaßt er seinen Roller mit ungeheuerm Enthusiasmus; weil er sein Mädchen zu feurig liebt, als sie verlassen zu können, ermordet er sie; weil er zu edel denkt, als ein Sklave der Leute zu sein, wird er ihr Verderber; jede niedrige Leidenschaft ist ihm fremde; die Privaterbitterung gegen den unzärtlichen Vater wütet in einen Universalhaß gegen das ganze Menschengeschlecht aus. »Reue und kein Erbarmen! – Ich möchte den Meer vergiften, daß sie den Tod aus allen Quellen saufen.« Zu groß für die kleine Neigung niederer Seelen, Gefährten im Laster und Elend zu haben, sagt er zu einem Freiwilligen: »Verlaß diesen schrecklichen Bund! – Lern erst die Tiefe des Abgrunds kennen, eh du hineinspringst. – Folge mir! mir! und mach dich eilig hinweg.« Eben diese Hoheit der Empfindungen begleitet ein unüberwindlicher Heldenmut und eine erstaunenswerte Gegenwart des Geistes. Man erblicke ihn, umzingelt in den böhmischen Wäldern, wie er sich aus der Verzweiflung seiner Wenigen eine Armee wirbt – den großen Mann vollendet ein unersättlicher Durst nach Verbesserung und eine rastlose Tätigkeit des Geists. Welches drängende Chaos von Ideen mag in dem Kopfe wohnen, der eine Wüste fodert sich zu sammeln und eine Ewigkeit sie zu entwickeln! – Das Aug wurzelt in den erhabenen armen Sünder, wenn schon lange der Vorhang gefallen ist, er ging auf wie ein Meteor, und schwindet wie eine sinkende Sonne.

Einen überlegenen Schurken, dergleichen Franz, der jüngere Moor, ist, auf die Bühne zu bringen – oder besser (der Verfasser gesteht, daß er nie an die Bühne dachte) ihn

---

* Jedermann kennt den ehrwürdigen Räuber Roque aus dem Don Quixote. [Vgl. Kap. III,3.]

zum Gegenstand der bildenden Kunst zu machen, heißt
mehr gewagt, als das Ansehen Shakespeares, des größten
Menschenmalers, der einen Jago und Richard erschuf, entschuldigen; mehr gewagt, als die unglückseligste Plastik der
Natur verantworten kann. Wahr ist es – so gewiß diese
letztere an l ä c h e r l i c h e n Originalen auch die luxu-
rierendste Phantasie des Karikaturisten hinter sich läßt; so
gewiß sie zu den bunten Träumen des Narrenmalers Fratzen
genug liefert, daß ihre getreuesten Kopisten nicht selten in
den Vorwurf der Übertreibung verfallen: so wenig wird sie
jedennoch d i e s e Idee unsers Dichters mit einem einzigen
Beispiel zu rechtfertigen wissen. Dazu kommt, wenn auch
die Natur nach einer hundert- und tausendjährigen Vorbereitung so unbändig über ihre Ufer träte, wenn ich dies
auch zugeben könnte, sündigt nicht der Dichter unverzeih-
lich gegen ihre ersten Gesetze, der dieses Monstrum der
s i c h s e l b s t b e f l e c k e n d e n N a t u r in eine
J ü n g l i n g s - S e e l e verlegt? Noch einmal zugegeben,
es sei so möglich – wird nicht ein solcher Mensch erst tausend krumme Labyrinthe der Selbstverschlimmerung durch-
kriechen, tausend Pflichten verletzen müssen, um sie gering
schätzen zu lernen – tausend Rührungen der zum Vollkom-
menen strebenden Natur verfälschen müssen, um sie be-
lachen zu können? – Mit einem Wort, wird er nicht erst
alle Auswege versuchen, alle Verirrungen erschöpfen müssen, um dieses abscheuliche non plus ultra m ü h s a m zu
erklettern? Die moralischen Veränderungen kennen ebensowenig einen Sprung als die physischen; auch liebe ich die
Natur meiner Gattung zu sehr, als daß ich nicht lieber
zehenmal den Dichter verdamme, eh ich i h r eine solche
krebsartige Verderbnis zumute. Mögen noch so viel Eiferer
und ungedungene Prediger der Wahrheit von ihren Wolken
herunterrufen: D e r M e n s c h n e i g t s i c h u r -
s p r ü n g l i c h z u m V e r d e r b l i c h e n : ich glaub es
nicht, ich denke vielmehr überzeugt zu sein, daß der Zustand des moralischen Übels im Gemüt eines Menschen ein
schlechterdings gewaltsamer Zustand sei, welchen zu erreichen zuvörderst das Gleichgewicht der ganzen geistigen
Organisation (wenn ich so sagen darf) aufgehoben sein
muß, so wie das ganze System der tierischen Haushaltung,
Kochung und Scheidung, Puls und Nervenkraft durchein-

ander geworfen sein müssen, eh die Natur einem Fieber oder Konvulsionen Raum gibt. Unserm Jüngling, aufgewachsen im Kreis einer friedlichen, schuldlosen Familie – woher kam ihm eine so herzverderbliche Philosophie? Der Dichter läßt uns diese Frage ganz unbeantwortet; wir finden zu all denen abscheulichen Grundsätzen und Werken keinen hinreichenden Grund, als das armselige Bedürfnis des Künstlers, der, um sein Gemälde auszustaffieren, die ganze menschliche Natur in der Person eines Teufels, der ihre Bildung usurpiert, an den Pranger gestellt hat.

Es sind nicht sowohl gerade die Werke, die uns an diesem grundbösen Menschen empören – es ist auch nicht die abscheuliche Philosophie – es ist vielmehr die Leichtigkeit, womit ihn diese zu jenen bestimmt. Wir hören vielleicht in einem Kreis Vagabunden dergleichen ausschweifende Bonmots über Moralität und Religion – unser inneres Gefühl empört sich dabei, aber wir glauben noch immer unter Menschen zu sein, solang wir uns überreden können, daß das Herz niemals so grundverderbt werden kann, als die Zunge es auf sich nimmt. Wiederum liefert uns die Geschichte Subjekte, die unsern Franz an unmenschlichen Taten weit hinter sich lassen*, und doch schüttelt uns dieser Charakter so sehr. Man kann sagen: Dort wissen wir nur die Fakta, unsre Phantasie hat Raum solche Triebfedern darzu zu träumen, als nur immer dergleichen Teufeleien wohl nicht entschuldigen, doch begreiflich machen können. Hier zeichnet uns der Dichter selbst die Schranken vor, indem er uns das Triebwerk enthüllt, unsre Phantasie wird durch historische Fakta gefesselt, wir entsetzen uns über den gräßlichen Sophismen, aber noch scheinen sie uns zu leicht und luftig zu sein, als daß sie zu wirklichen Verbrechen – darf ich sagen? – erwärmen könnten. Vielleicht gewinnt das Herz des Dichters auf Unkosten seiner dramatischen Schilderei; tausend Mordtaten zu geloben, tausend Menschen in Gedanken zu vernichten ist leicht, aber es ist eine herkulische Arbeit, einen einzigen Totschlag

---

* Man erzählt von einem Spitzbuben in unsern Gegenden, der mit Gefahr seines Lebens Personen, die er nicht einmal kannte, auf die abscheulichste Weise massakrierte. – Wiederum von einem andern, der, ohne einigen Mangel an Nahrungsmitteln zu haben, die Kinder der Nachbarschaft an sich lockte und verzehrte.

wirklich zu begehen. Franz sagt uns in einem Monologen einen wichtigen Grund: »V e r f l u c h t s e i d i e T o r - h e i t u n s r e r A m m e n u n d W ä r t e r i n n e n, d i e u n s r e P h a n t a s i e m i t s c h r e c k l i c h e n M ä r - c h e n v e r d e r b e n u n d g r ä ß l i c h e B i l d e r v o n S t r a f g e r i c h t e n i n u n s e r w e i c h e s G e - h i r n m a r k d r ü c k e n, d a ß u n w i l l k ü r l i c h e S c h a u e r d i e G l i e d e r d e s M a n n e s n o c h i n f r o s t i g e A n g s t r ü t t e l n, u n s r e k ü h n s t e E n t s c h l o s s e n h e i t s p e r r e n« usf. Aber wer weiß es nicht, daß eben diese Spuren der ersten Erziehung in uns unvertilgbar sind? In der neuen Auflage des Stücks hat sich der Dichter gebessert. Der Bösewicht hat seinen Helfers- helfer verloren und ist gezwungen seine eigenen Hände zu brauchen – »W i e? w e n n i c h s e l b s t h i n g i n g e u n d i h m d e n D e g e n i n d e n L e i b b o h r t e h i n t e r r ü c k s? – E i n v e r w u n d e t e r M a n n i s t e i n K n a b e – f r i s c h! i c h w i l l s w a g e n! *Er geht mit starken Schritten fort, bleibt aber plötzlich in schreckhafter Erschlaffung stehen.* W e r s c h l e i c h t h i n t e r m i r? – G e s i c h t e r, w i e i c h n o c h k e i n e s a h! – S c h n e i d e n d e T r i l l e r! *er läßt den Dolch aus dem Kleide fallen* d u r c h m e i n e K n o - c h e n Z e r m a l m u n g! – N e i n! i c h w i l l s n i c h t t u n« usf. Der größeste Weichling kann Tyrann und Mörder sein, aber er wird seinen B r a v o an der Seite haben und durch den Arm eines im Handwerk erhärteten Buben frevlen. Oft ist dies Feigheit, aber laufen nicht auch Schaueranwandlungen der wiederkehrenden Menschheit mit unter?

Dann sind auch die Raisonnements, mit denen er sein Laster- system aufzustutzen versteht, das Resultat eines aufgeklär- ten Denkens und liberalen Studiums. Die Begriffe, die sie voraussetzen, hätten ihn notwendig veredeln sollen, und bald verleitet uns der Dichter die Musen allgemein zu ver- dammen, die zu dergleichen Schelmereien jemals die Hände führen konnten.

Doch Klag und kein Ende! Sonst ist dieser Charakter, so sehr er mit der menschlichen Natur mißstimmt, ganz über- einstimmend mit sich selbst; der Dichter hat alles getan, was er tun konnte, n a c h d e m e r e i n m a l d e n

Menschen überhüpft hatte; dieser Charakter ist ein eigenes Universum, das ich gern jenseits der sublunarischen Welt, vielleicht in einen Trabanten der Hölle, einquartiert wissen möchte; seine untreue Seele schlüpft geschmeidig in alle Masken und schmiegt sich in alle Formen: beim Vater hört man ihn beten, schwärmen neben dem Mädchen, und neben dem Handlanger lästern. Kriechend, wo er zu bitten hat, Tyrann, wo er befehlen kann. Verständig genug, die Bosheit eines andern zu verachten, nie so gerecht, sie bei sich selbst zu verdammen. An Klugheit dem Räuber überlegen, aber hölzern und feig neben dem empfindsamen Helden. Vollgepfropft von schweren entsetzlichen Geheimnissen, daß er selbst seinen Wahnwitz für einen Verräter hält. »*Nachdem er aus einer Raserei, die sich in Ohnmacht verlor, zu sich selbst gebracht ward.* Was hab ich gesagt? Merke nicht drauf, ich hab eine Lüge gesagt, es sei was es wolle.« Endlich in der unglücklichen Katastrophe seiner Intrige, wo er menschlich leidet? – Wie sehr bestätigt dies die allgemeine Erfahrung wieder! – wir rücken ihm näher, sobald er sich uns nähert; seine Verzweiflung fängt an, uns mit seiner Abscheulichkeit zu versöhnen: Ein Teufel, erblickt auf den Foltern der ewigen Verdammnis, würde Menschen weinen machen; wir zittern für ihn und über eben das, was wir so heißgrimmig auf ihn herabwünschten. Selbst der Dichter scheint sich am Schluß seiner Rolle für ihn erwärmt zu haben: er versuchte durch einen Pinselstrich ihn auch bei uns zu veredlen: »Hier! nimm diesen Degen. Hurtig! Stoß mir ihn rücklings in den Leib, daß nicht diese Buben kommen und treiben ihren Spott aus mir.« Stirbt er nicht bald wie ein großer Mann, die kleine kriechende Seele!

Es findet sich in der ganzen Tragödie nur ein Frauenzimmer, man erwartet also billig im Charakter dieser Einzigen gewissermaßen die Repräsentantin ihres ganzen Geschlechts. Wenigstens wird die Aufmerksamkeit des Zuschauers und Lesers um so unverwandter auf ihr haften, je einsamer sie im Kreise der Männer und Abenteurer steht, wenigstens wird man von den wilden stürmischen Empfin-

dungen, worin uns die Räuberszenen herumwerfen, in ihrer
sanften weiblichen Seele auszuruhen gedenken. Aber zum
Unglück wollte uns der Dichter hier etwas Außerordent-
liches zukommen lassen, und hat uns um das Natürliche
gebracht. R ä u b e r war einmal die Parole des Stücks, der
lärmende Waffenton hat den leisern Flötengesang über-
stimmt. Der Geist des Dichters scheint sich überhaupt mehr
zum Heroischen und Starken zu neigen als zum Weichen
und Niedlichen. Er ist glücklich in vollen saturierten Empfindungen, gut in jedem höchsten Grade der Leidenschaft,
und in keinem Mittelweg zu gebrauchen. Daher schuf er
uns hier ein weibliches Geschöpf, wobei wir, unbeschadet
all der schönen Empfindungen, all der liebenswürdigen
Schwärmerei, doch immer das vermissen, was wir zuerst
suchen: das sanfte, leidende, schmachtende Ding – das
Mädchen. Auch handelt sie im ganzen Stück durchaus zu
wenig, ihr Roman bleibt durch die drei ersten Akte immer
auf eben derselben Stelle stehen (so wie, beiläufig zu sagen,
das g a n z e S c h a u s p i e l i n d e r M i t t e e r -
l a h m t). Sie kann sehr artig über ihren Ritter weinen, um
den man sie geprellt hat, sie kann auch den Betrüger aus
vollem Halse heruntermachen, der ihn weggebissen hat, und
doch auf ihrer Seite kein angelegter Plan, den Herzeinzigen
entweder zu h a b e n, oder zu v e r g e s s e n, oder durch
einen andern zu e r s e t z e n; ich habe mehr als die
Hälfte des Stücks gelesen und weiß nicht, was das Mädchen
will, oder was der Dichter mit dem Mädchen gewollt hat,
ahnde auch nicht, was etwa mit ihr geschehen könnte, kein
zukünftiges Schicksal ist angekündigt oder vorbereitet,
und zudem läßt ihr Geliebter bis zur letzten Zeile des –
dritten Akts kein halbes Wörtchen von ihr fallen. Dieses ist
schlechterdings die t ö d l i c h e S e i t e d e s g a n z e n
S t ü c k s, wobei der Dichter ganz unter dem Mittelmäßigen geblieben ist. Aber vom vierten Akt an wird er ganz
wieder er selbst. Mit der Gegenwart ihres Geliebten fängt
die interessante Epoche des Mädchens an. Sie glänzt in seinem Strahle, erwärmt sich an seinem Feuer, s c h m a c h -
t e t neben dem S t a r k e n, und ist ein W e i b neben
dem M a n n. Die Szene im Garten, welche der Verfasser
in der neuen Auflage verändert liefert, ist ein wahres Gemälde der weiblichen Natur und ungemein treffend für die

drangvolle Situation. Nach einem Selbstgespräch, worin sie
gegen die Liebe zu Karln (der unter einem fremden Namen
ihr Gast ist) als gegen einen Meineid kämpft, erscheint er
selbst:

»R ä u b e r M o o r. Ich kam, um Abschied zu nehmen.
  Doch Himmel! Auf welcher Wallung muß ich Ihnen be-
  gegnen!
A m a l i a. Gehen Sie, Graf – Bleiben Sie – Glücklich!
  Glücklich! wären Sie nur jetzt nicht gekommen! Wären
  Sie nie gekommen!
R. M o o r. Glücklich wären Sie dann gewesen? – Leben Sie
  wohl.
A m a l i a. Um Gottes willen! bleiben Sie – Das war nicht
  meine Meinung! *Die Hände ringend.* Gott! und warum
  war sie es nicht? – Graf! was tat Ihnen das Mädchen, das
  Sie zur Verbrecherin machen? Was tat Ihnen die Liebe,
  die Sie zerstören?
R. M o o r. Sie ermorden mich, Fräulein!
A m a l i a. Mein Herz so rein, eh meine Augen Sie sahen! –
  O daß sie verblindeten, diese Augen, die mein Herz ver-
  kehrt haben!
R. M o o r. Mir! Mir diesen Fluch, mein Engel! Diese
  Augen sind unschuldig wie dies Herz.
A m a l i a. Ganz seine Blicke! – Graf! ich beschwöre Sie,
  kehren Sie diese Blicke von mir, die mein Innerstes
  durchwüten! – Ihn – Ihn selbst heuchelt sie mir in diesen
  Blicken vor, Phantasie die Verräterin – Gehen Sie! Kom-
  men Sie in Krokodilgestalt wieder, und mir ist besser.
R. M o o r *mit dem vollen Blick der Liebe.* Du lügst,
  Mädchen.
A m a l i a *zärtlicher.* Und solltest du falsch sein, Graf?
  Solltest du kurzweilen mit meinem schwachen weiblichen
  Herzen? – Doch wie kann Falschheit in einem Auge
  wohnen, das s e i n e n Augen aus dem Spiegel gleicht! –
  Ach! und erwünscht! wenn es auch wäre! Glücklich!
  wenn ich dich hassen müßte! – Weh mir! wenn ich dich
  nicht lieben könnte!
R. M o o r *drückt ihre Hand wütend an den Mund.*
A m a l i a. Deine Küsse brennen wie Feuer.
R. M o o r. Meine Seele brennt in ihnen.
A m a l i a. Geh – noch ist es Zeit! Noch! – Stark ist die

Seele des Manns! – Feure auch mich an mit deinem Mut,
Mann mit der starken Seele!

R. M o o r. Dein Zittern entnervt den Starken. Ich wurzle
h i e r – *das Haupt an ihre Brust gedrückt* und h i e r
will ich sterben.

A m a l i a. Weg! laß mich! – Was hast du gemacht, Mann?
– Weg mit deinen Lippen! – Gottloses Feuer schleicht in
meinen Adern. *Sie sträubt sich ohnmächtig gegen seine
Bestürmungen.* Und mußtest du kommen aus fernen Lan-
den, eine Liebe zu zerstören, die dem Tode trotzte? *Sie
drückt ihn fester an die Brust.* Gott vergebe dirs, Jüngling!« usf.

Der Ausgang dieser Szene ist höchst tragisch, so wie sie
überhaupt zugleich die rührendste und entsetzlichste ist.
Der Graf hat ihr den Trauring, den sie ihm vor vielen Jahren gegeben, an den Finger gespielt, ohne daß sie ihn er-
kannt hätte. Nun ist er mit ihr am Ziele – wo er sie verlassen und sich ihr zu erkennen geben soll. Eine Erzählung
ihrer eigenen Geschichte, die sie für eine andere auslegt,
war sehr interessant. Sie verteidigt das unglückliche Mädchen. Die Szene endet also:

»R. M o o r. Meine Amalia ist ein unglückliches Mädchen.

A m a l i a. Unglücklich! daß sie dich von sich stieß!

R. M o o r. Unglücklicher, weil sie mich zwiefach umwin-
det.

A m a l i a. O dann gewiß unglücklich! – Das liebe Mädchen. Sie sei meine Schwester, und dann noch eine bes-
sere Welt –

R. M o o r. Wo die Schleier fallen und die Liebe mit Entsetzen zurückprallt – E w i g k e i t heißt ihr Name –
Meine Amalia ist ein unglückliches Mädchen.

A m a l i a *etwas bitter.* Sind es alle, die d i c h lieben und
Amalia heißen?

R. M o o r. Alle – wenn sie wähnen einen Engel zu umhal-
sen, und ein Totschläger in ihren Armen liegt. – Wehe
meiner Amalia! Sie ist ein unglückliches Mädchen.

A m a l i a *im Ausdruck der heftigsten Rührung.* Ich be-
weine sie!

R. M o o r *nimmt stillschweigend ihre Hand und hält ihr
den Ring vor die Augen.* Weine über dich selber *und*
stürzt hinaus.

A m a l i a *niedergesunken.* Karl! Himmel und Erde!«
Noch.wär ein Wort über die zweideutige Katastrophe der
ganzen Liebesgeschichte zu sagen. Man frägt, war es t r a -
g i s c h , daß der L i e b h a b e r sein Mädchen ermordet?
War es in dem gegebenen Falle n a t ü r l i c h ? War es
n o t w e n d i g ? War kein m i n d e r s c h r e c k l i c h e r
Ausweg mehr übrig? – Ich will auf das letzte zuerst antworten: N e i n ! – Möglich war keine V e r e i n i g u n g
mehr, unnatürlich und höchst u n d r a m a t i s c h wär
eine R e s i g n a t i o n gewesen. Zwar vielleicht diese
letzte möglich und schön auf Seiten des männlichen Räubers – aber wie äußerst widrig auf Seiten des Mädchens!
Soll sie heimgehen und sich trösten über das, was sie nicht
ändern kann? Dann hätte sie n i e geliebt. Soll sie sich
selbst erstechen? Mir ekelt vor diesem alltäglichen Behulf
der schlechten Dramatiker, die ihre Helden über Hals über
Kopf abschlachten, damit dem hungrigen Zuschauer die
Suppe nicht kalt werde. Nein, man höre vielmehr den
Dichter selbst und beantworte sich dann gelegenheitlich
auch die übrige Fragen. R. Moor hat Amalien auf einen
Stein gesetzt und entblößt ihr den Busen.
»R. M o o r. Schaut diese Schönheit, Banditen! – Schmelzt
   sie euch nicht? – Schaut m i c h an, Banditen. Jung bin
   ich und liebe. Hier werd ich geliebt. Angebetet. Bis ans
   Tor des Paradieses bin ich gekommen. – Sollten mich
   meine Brüder zurückschleudern?
   Räuber stimmen ein Gelächter an.
R. M o o r *entschlossen.* Genug. Bis hieher Natur! Itzt fängt
   der Mann an. Auch ich bin der Mordbrenner einer – und
   ihnen entgegen mit Majestät euer Hauptmann! Mit dem
   Schwert wollt ihr mit euerm Herrn rechten, Banditen?
   Mit gebietender Stimme. Streckt die Gewehre! Euer
   Herr spricht mit euch!
   Räuber lassen zitternd ihre Waffen fallen.
R. M o o r. Seht! Nun seid ihr nichts mehr als Knaben, und
   ich – bin frei. Frei muß Moor sein, wenn er groß sein
   will. Um ein Elysium voll Liebe ist mir dieser Triumph
   nicht feil. – Nennt es nicht Wahnwitz, Banditen, was ihr
   das Herz nicht habt Größe zu nennen; der Witz des Unglücks überflügelt den Schneckengang der ruhigen Weisheit – Taten wie diese überlegt man, wenn sie getan sind.

Ich will hernach davon reden. *Er ermordet das Mädchen.*«

Die Räuber preisen den Sieg ihres Fürsten. Aber nun seine Empfindungen n a c h der Tat.

»R. M o o r. Nun ist sie mein *indem er sie mit dem Schwert bewacht.* Mein – oder die Ewigkeit ist die Grille eines Dummkopfs gewesen. Eingesegnet mit dem Schwert hab ich heimgeführt meine Braut, vorüber an all den Zauberhunden meines Feindes Verhängnis! – Und er muß süß gewesen sein, der Tod von Bräutigams Händen? Nicht wahr, Amalia?

A m a l i a *sterbend im Blut.* Süße. *Streckt die Hand aus und stirbt.*

R. M o o r *zu der Bande.* Nun, ihr erbärmlichen Gesellen! Habt ihr noch was zu fordern? Ihr opfertet mir ein Leben auf, ein Leben, das schon nicht mehr euer war, ein Leben voll Abscheulichkeit und Schande. – Ich hab euch einen Engel geschlachtet, Banditen! Wir sind quitt. Auf dieser Leiche liegt meine Handschrift zerrissen – Euch schenk ich die eurige« usf.

Offenbar krönt diese Wendung das ganze Stück und v o l l e n d e t den Charakter des L i e b h a b e r s und R ä u b e r s.

Schlechter bin ich mit dem V a t e r zufrieden. Er soll zärtlich und schwach sein, und ist klagend und kindisch. Man sieht es schon daraus, daß er die Erfindungen Franzens, die an sich plump und vermessen genug sind, gar zu einfältig glaubt. Ein solcher Charakter kam freilich dem Dichter zu statten, um Franzen zum Zweck kommen zu lassen, aber warum gab er nicht lieber dem Vater mehr Witz, um die Intrigen des Sohnes zu verfeinern? Franz muß allem Ansehen nach seinen Vater durchaus gekannt haben, daß er es für unnötig hielt, seine ganze Klugheit an ihm zu verschwenden? Überhaupt muß ich in der Kritik dieses letztern noch nachholen, daß sein Kopf mehr verspricht, als seine Intrigen erfüllen, welche, unter uns gesagt, abenteuerlich grob und romanhaft sind. So mischt sich in die Bedauernis über den Vater ein gewisses verachtendes Achselzucken, das sein Interesse um vieles schwächt; so gewiß zwar eine gewisse Passivität des Beleidigten unsern Grimm gegen den Beleidiger mehr erhitzt als eine Selbsttätigkeit des erstern, so gehört doch immer ein Grad von Hochachtung gegen ihn dazu, um uns für ihn zu interessieren – und wenn diese Hochachtung nicht auf intellektuelle Vollkommenheiten geht, worauf geht sie sonst? – Auf die moralischen? – Aber man weiß, wie genau sich diese letztern mit den ersten amalgamieren müssen, um anziehend zu sein. Überdies ist der alte Moor mehr Betschwester als Christ, der seine religiösen Sprüche aus seiner Bibel herzubeten scheint. Endlich springt der Verfasser mit dem armen Alten gar zu tyrannisch um, und, unsrer Meinung nach, hätte dieser, wenn er auch dem zweiten Akte entronnen wäre, durch das Schwert des vierten fallen sollen. – Er hat ein gar zähes Froschleben, der Mann! das freilich dem Dichter recht a propos kommen mochte. – Doch der Dichter ist ja auch Arzt und wird ihm schon Diät vorgeschrieben haben.

In den kontrastierenden Charakteren der Räuber R o l l e r, S p i e g e l b e r g, S c h u f t e r l e, K o s i n s k y, S c h w e i z e r ist der V. glücklicher gewesen. Jeder hat etwas Auszeichnendes, jeder das, was er haben muß, um auch noch neben dem Hauptmann zu interessieren, ohne ihm Abbruch zu tun. Der Rolle H e r r m a n n s, die im ersten Plan höchst fehlerhaft war, ist in der zweiten Auflage eine vorteilhaftere Wendung gegeben. Es ist eine interessante Situation, wie sich in der Mitte des vierten Akts die beiden Schurken an einander zerschlagen. So wie sich der Charakter Hermanns erhob, wurde der Charakter des alten D a n i e l s in Schatten gestellt.

Die Sprache und der Dialog dörften sich gleicher bleiben und im ganzen weniger poetisch sein. Hier ist der Ausdruck l y r i s c h und e p i s c h, dort gar m e t a p h y s i s c h, an einem dritten Ort b i b l i s c h, an einem vierten p l a t t. Franz sollte durchaus anders sprechen. Die blumigte Sprache verzeihen wir nur der erhitzten Phantasie, und Franz sollte schlechterdings kalt sein. Das Mädchen hat mir zu viel im Klopstock gelesen. Wenn man es dem Verfasser nicht an den Schönheiten anmerkt, daß er sich in seinen Shakespeare vergafft hat, so merkt man es desto gewisser an den Ausschweifungen. Das E r h a b e n e wird durch poetische Verblümung durchaus nie erhabener, aber die Empfindung wird dadurch verdächtiger. Wo der Dich-

ter am w a h r s t e n f ü h l t e und am d u r c h d r i n -
g e n d s t e n b e w e g t e, sprach er wie unser einer. Im
nächsten Drama erwartet man Besserung, oder man wird
ihn zu der O d e verweisen.

Gewisse historische Beziehungen finde ich nicht ganz be-
richtigt. In der neuen Auflage ist die Geschichte in die Errichtung des teutschen Landfriedens verlegt worden. Das
Stück war in der Anlage der Charaktere und der Fabel
m o d e r n zugeschnitten, die Zeit wurde verändert, Fabel
und Charaktere blieben. So entstand ein buntfärbiges Ding,
wie die Hosen des Harlequins, alle Personen sprechen um
viel zu studirt, itzt findet man Anspielungen auf Sachen,
die ein paar hundert Jahre nachher geschahen oder gestat-
tet werden durften.

Auch sollte durchgängig mehr Anstand und Milderung beobachtet sein. Laokoon kann i n d e r N a t u r aus
Schmerz brüllen, aber in der anschaulichen Kun'st erlaubt
man ihm nur eine leidende Miene. Der V. kann vorwenden:
ich habe R ä u b e r geschildert, und R ä u b e r be-
s c h e i d e n zu schildern wär ein Versehen gegen die Natur – Richtig, Herr Autor! Aber warum haben Sie denn
auch R ä u b e r geschildert?

Nun das Stück von Seiten seiner Moral? – Vielleicht findet
der Denker d e r g l e i c h e n darin (besonders wenn er sie
mitbringt), Halbdenkern und ä s t h e t i s c h e n M a u l -
a f f e n darf man es kühnlich konfisziren.

Endlich der Verfasser – man frägt doch gern nach dem
Künstler, wenn man sein Tableau umwendet – Seine Bildung kann schlechterdings nur a n s c h a u e n d gewesen
sein; daß er keine Kritik gelesen, vielleicht auch mit keiner
zurecht kommt, lehren mich seine Schönheiten und noch
mehr seine kollossalischen Fehler. Er soll ein Arzt bei einem
Wirtembergischen G r e n a d i e r -Bataillon sein, und wenn
das ist, so macht es dem Scharfsinn seines Landesherrn
Ehre: So gewiß ich sein Werk verstehe, so muß er s t a r k e
D o s e n in Emeticis[9] eben so lieben als in Aestheticis, und
ich möchte ihm lieber zehen Pferde als meine Frau zur Kur
übergeben.

K . . . . r.

(NA XXII,115–131)

9. Emetica: Brechmittel.

Anhang über die Vorstellung der Räuber

Das Stück ist zu verschieden malen in Mannheim gespielt worden. Ich
hoffe meine Leser zu verbinden, wenn ich ihnen einen Brief mitteile,
den mir mein Korrespondent, der dem Schauspiel zu Gefallen dahin ab-
gereist war, auf Ansuchen darüber geschrieben hat.

Worms, den 15. Jenner –82.

Vorgestern endlich ging die Vorstellung der *Räuber* des
Hrn. Schillers vor sich. Ich komme soeben von der Reise
zurück, und noch warm von dem Eindruck, setze ich mich
nieder, Ihnen zu schreiben. Nun erst muß ich erstaunen,
welche unübersteiglich scheinende Hindernisse der Hr. Präsident von Dalberg besiegen mußte, um dem Publikum das
Stück auftischen zu können. Der Hr. Verfasser hat es freilich für die Bühne umgearbeitet, aber wie? Gewiß auch nur
für die, die der tätige Geist Dalbergs beseelt; für alle übrige,
die ich wenigstens kenne, bleibt es, nach wie vor, ein un-
regelmäßiges Stück. Unmöglich wars, bei den fünf Akten
zu bleiben; der Vorhang fiel zweimal zwischen den Szenen,
damit Machinisten und Schauspieler Zeit gewännen, man
spielte Zwischenakte, und so entstanden sieben Aufzüge.
Doch das fiel nicht auf. Alle Personen erschienen neu gekleidet, zwei herrliche Dekorationen waren ganz für das
Stück gemacht, Hr. Danzi hatte auch die Zwischenakte neu
aufgesetzt, so daß nur die Unkosten der ersten Vorstellung
hundert Dukaten betrugen. Das Haus war ungewöhnlich
voll, daß eine große Menge abgewiesen wurde. Das Stück
spielte ganze vier Stunden, und mich deucht, die Schauspieler hatten sich noch beeilet.
Doch – Sie werden ungeduldig sein, vom Erfolge zu hören.
Im ganzen genommen, tat es die vortrefflichste Wirkung.
Hr. Boeck, als Räuberhauptmann, erfüllte seine Rolle, so
weit es dem Schauspieler möglich war, immer auf der Folter
des Affekts gespannt zu liegen. In der mitternächtlichen
Szene am Turm hör ich ihn noch, neben dem Vater kniend,
mit aller pathetischen Sprache den Mond und die Sterne
beschwören – Sie müssen wissen, daß der Mond, wie ich
noch auf keiner Bühne gesehen, gemächlich über den Thea-
terhorizont lief und nach Maßgab seines Laufs ein natür-
liches schröckliches Licht in der Gegend verbreitete. –
Schade nur, daß Hr. Boeck für seine Rolle nicht Person

genug hat. Ich hatte mir den Räuber hager und groß gedacht. Hr. Iffland, der den Franz vorstellte, hat mir (doch
entscheidend soll meine Meinung nicht sein) am vorzüglichsten gefallen. Ihnen gesteh ich es, diese Rolle, die gar nicht
für die Bühne ist, hatt ich schon für verloren gehalten, und
nie bin ich noch so angenehm betrogen worden. Iffland hat
sich in den letztern Szenen als Meister gezeigt. Noch hör ich
ihn in der ausdrucksvollen Stellung, die der ganzen laut
bejahenden Natur entgegenstund, das ruchlose *Nein* sagen und dann wiederum, wie von einer unsichtbaren Hand
gerührt, ohnmächtig umsinken: »Ja! Ja! – droben einer
über den Sternen!« – Sie hätten ihn sollen sehen auf den
Knieen liegen und beten, als um ihn schon die Gemächer
des Schlosses brannten – Wenn nur Hr. Iffland seine Worte
nicht so verschlänge und sich nicht im Deklamieren so
überstürzte! Teutschland wird in diesem jungen Mann noch
einen Meister finden. Hr. Beil, der herrliche Kopf, war
ganz Schweizer. Hr. Meyer spielte den Hermann unverbes-
serlich, auch Kosinsky und Spiegelberg wurden sehr gut getroffen. Madame Toskani gefiel, mir zum mindesten, ungemein. Ich fürchtete anfangs für diese Rolle, denn sie ist
dem Dichter an vielen Orten mißlungen. Toskani spielte
durchaus weich und delikat, auch wirklich mit Ausdruck
in den tragischen Situationen, nur zu viel Theater-Affekta-
tionen und ermüdende weinerlich klagende Monotonie. Der
alte Moor konnte unmöglich gelingen, da er schon von
Haus aus durch den Dichter verdorben ist.
Wenn ich Ihnen meine Meinung teutsch heraussagen soll –
dieses Stück ist dem ohnerachtet kein Theaterstück. Nehme
ich das Schießen, Sengen, Brennen, Stechen und dergleichen
hinweg, so ist es für die Bühne ermüdend und schwer. Ich
hätte den Verfasser dabei gewünscht, er würde viel ausge-
strichen haben, oder er müßte sehr eigenliebig und zäh sein.
Mir kam es auch vor, es waren zu viele Realitäten hinein-
gedrängt, die den Haupteindruck belasten. Man hätte drei
Theaterstücke daraus machen können, und jedes hätte mehr
Wirkung getan. Man spricht indes langes und breites davon.
Übermäßige Tadler und übermäßige Lober. Wenigstens ist
dies die beste Gewähr für den Geist des Verfassers. Bald
werden wir es gedruckt haben. Hr. Hofkammerrat Schwan,

der zur Aufnahme des Stücks sehr viel beigetragen hatte
und ein eifriger Liebhaber davon ist, wird es herausgeben.
Ich habe die Ehre zu sein usf.   N.

(NA XXII,309–311)

6. Ankündigung der »Rheinischen Thalia‹

Im Spätherbst 1784 verschickte Schiller die Ankündigung
seiner neuen Zeitschrift und kam darin in folgender Passage
noch einmal auf die »Räuber« zurück.

»Ich schreibe als Weltbürger, der keinem Fürsten dient.
Frühe verlor ich mein Vaterland, um es gegen die große
Welt auszutauschen, die ich nur eben durch die Fernröhre
kannte. Ein seltsamer Mißverstand der Natur hat mich in
meinem Geburtsort zum Dichter verurteilt. Neigung für
Poesie beleidigte die Gesetze des Instituts, worin ich erzogen
ward, und widersprach dem Plan seines Stifters. Acht Jahre
rang mein Enthusiasmus mit der militärischen Regel; aber
Leidenschaft für die Dichtkunst ist feurig und stark, wie
die *erste* Liebe. Was sie ersticken sollte, fachte sie an. Verhältnissen zu entfliehen, die mir zur Folter waren, schweifte
mein Herz in eine *Idealenwelt* aus – aber unbekannt mit
der *wirklichen*, von welcher mich eiserne Stäbe schieden –
unbekannt mit den *Menschen* – denn die vierhunderte, die
mich umgaben, waren ein *einziges* Geschöpf, der getreue
Abguß eines und eben dieses Modells, von welchem die
plastische Natur sich feierlich lossagte – unbekannt mit
den Neigungen freier, sich selbst überlassener Wesen, denn
hier kam nur *eine* zur Reife, eine, die ich jetzo nicht
nennen will; jede übrige Kraft des Willens erschlaffte,
indem eine einzige sich konvulsivisch spannte; jede Eigen-
heit, jede Ausgelassenheit der tausendfach spielenden Natur
ging in dem regelmäßigen Tempo der herrschenden Ordnung verloren – unbekannt mit dem schönen Geschlecht,
die Tore dieses Instituts öffnen sich, wie man wissen wird,
Frauenzimmern nur, ehe sie anfangen interessant zu werden, und wenn sie aufgehört haben es zu sein – unbekannt
mit Menschen und Menschenschicksal mußte mein Pinsel

notwendig die mittlere Linie zwischen Engel und Teufel
verfehlen, mußte er ein Ungeheuer hervorbringen, das zum
Glück in der Welt nicht vorhanden war, dem ich nur
darum Unsterblichkeit wünschen möchte, um das Beispiel
einer Geburt zu verewigen, die der naturwidrige Beischlaf
der *Subordination* und des *Genius* in die Welt setzte. – Ich
meine die ›Räuber‹.
Dies Stück ist erschienen. Die ganze sittliche Welt hat den
Verfasser als einen Beleidiger der Majestät vorgefodert. –
Seine ganze Verantwortung sei das *Klima*, unter dem es
geboren ward. Wenn von allen den unzähligen Klagschrif-
ten gegen die Räuber eine einzige *mich* trifft, so ist es diese,
daß ich zwei Jahre vorher mich anmaßte, Menschen zu
schildern, ehe mir noch einer begegnete.
Die Räuber kosteten mir Familie und Vaterland – –«

                                              (NA XXII,93 f.)

VI. Dokumente zur Wirkungsgeschichte

Die erste Rezension der »Räuber« erschien am 24. Juli 1781 in der »Erfurtischen Gelehrten Zeitung«. Sie stammte von Christian Friedrich T h i m m e.

»Eine Erscheinung, die sich unter der unübersehbaren Menge ähnlicher Sächelchen gar sehr auszeichnet, wahrscheinlich noch fortdauern wird, wenn jene schon in ihr Nichts wieder zurückgegangen sind, noch ehe sie anfingen, recht zu leben. Ich glaube, daß sie um deswillen unsere besondere Aufmerksamkeit verdient. Volle blühende Sprache, Feuer im Ausdruck und Wortfügung, rascher Ideengang, küne fortreisende Fantasie, einige hingeworfene, nicht genug durchdachte Ausdrüke, poetische Deklamazionen, und eine Neigung nicht gern einen glänzenden Gedanken zu unterdrüken, sondern alles zu sagen, was gesagt werden kan, alles das karakterisirt den Verfasser als einen jungen Mann, der bei raschem Kreislauf des Bluts und einer fortreisenden Einbildungskraft, ein warmes Herz voll Gefül und Drang für die gute Sache hat. Haben wir je einen teutschen Shakespear zu erwarten, so ist es dieser. Aber eben diese grose Hofnung berechtigt uns auch zu gröseren Forderungen, als die Alltagskost für unsere gewönliche Kraftmänner, und süse Geisterchen. In der Vorrede sagt der Verfasser, daß er sein Werk nicht als Schauspiel nach den Regeln des Aristoteles und Batteux, sondern als dramatisirte Geschichte beurteilt wissen will. [...] Die Regeln des Arist. sind keine Grillen eines müsigen Kunstrichters, sie sind von den besten Stüken des Altertums abgezogen, und in der Natur der Sache, in der Natur unserer Empfindung gegründet. [...] Allein die Zumutung, in drey Stunden mit meinem Helden einen Zeitraum von Jahren zu durchlaufen, in einer Zeitfolge von Augenbliken die Sitten der Handlungen eines halben Menschenalters zu durchschauen, die Widersprüche nicht zu bemerken, mit der Leichtigkeit des Dichters über die Lüken hinwegschlüpfen, angewurzelt auf dem Raum eines Quadratschuhes, Städte zu durchwandern, und auf dem Zaubermantel der Fantasie im Hui über Länder zu fliegen, ohne eine Fuszehe zu rühren, ohne unwillig zu fra-

gen, wie hängt das zusammen? wie ging das zu? was ging
hier vor? Kurz, nur um mich zu täuschen, meine Fantasie
zu jagen, meinen Verstand zu betäuben, und meine Sinnen
Lügen zu strafen; wär diese Zumutung weniger widersinnig?
Ich weis es wol, daß es zum beliebten Scheniewesen gehört,
auf Regeln aus Schulgeschwätz zu schimpfen, Aristoteles
und Batteux für Dummköpfe zu halten, über Stock und
Stein querfeldein zu springen und Zaun und Heken nieder-
zutreten. Aber ich weis auch, daß wir nur noch kurze Zeit
so fortfahren dürfen, um alles, was die besten Köpfe seit
Jahrhunderten gebaut haben, niederzureisen, und mit Sturm
und Drang, Sing und Sang in das beliebte Zeitalter der
Gothen zurükzukehren. Jedoch zu diesen wütenden Kraft-
schenies gehört unser Verfasser noch nicht, und ich hoffe,
daß er sich mit dem Aristoteles noch aussönen, und uns
Meisterstücke der Kunst liefern wird, die mit Shakespears
so oft schon nachgeäften, aber bis itzt noch unerreichten
Schönheiten prangen, ohne durch seine Ausschweifungen
verunstaltet zu werden. Ein Auszug aus dem Stück lässt
sich nicht geben, ohne es zu verunstalten, zu entkräften.
Man lese selbst, und es wird die Mühe reichlich belonen.
Die Karaktere sind gröstenteils meisterhaft geschildert, kün
angelegt, und treu ausgeführt, vorzüglich Karl Moors Karakter, der ein wahres Meisterstük ist. Franzens kurze Erzählung in der ersten Szene, S. 5 [UB S. 11], lässt uns mit
einem Blik die Geschichte der Kindheit der ungleichen Brüder übersehen, und aus den verschiedenen Anlagen begrei-
fen, daß jeder unter solchen Umständen das werden muste,
was er wurde. Franz, der schleichende heuchlerische Böswicht, und Karl, der seltne grose Mann, der unter andern
Verbindungen die Bewunderung der Völker gewesen wäre,
den man aber auch itzt als Mörder und Räuber, indem man
seine Schandthaten hasst und verabscheut, noch bewundern,
bedauern und lieben mus. Bis an das Ende bleibt er sich
gleich; gleich gros, gleich liebens- und gleich verabscheu-
ungswürdig. Keine seiner auserordentlichsten Handlungen
kömt ganz unerwartet, oder, ist unbegreiflich. Alles ist so
angelegt, so zwischen Ursache und Wirkung verbunden,
daß es nicht anders kommen konte. Das gilt auch von Franzens Handlungen. Dessen Karakter ist nicht so schwer,
weil er nicht so zusammen gesezt ist. Er ist blos abscheulich,

bleibt sich aber auch immer gleich. Ob es aber – was der
Verfasser auch in seiner Vorrede, mit sehr viel Zuversicht
zu sich selbst, vom Pöbel und von Abderiten sagen mag –
ob es ein so gänzliches Ungeheuer in der Natur giebt: das
ist eine andere Frage. Er eifert ja selbst wider die Aufstel-
lung der Ideale, und ich möchte mir doch zeigen lassen,
welcher unter den alten oder neuen Dichtern es gewagt
hätte, ein so vollkommenes Ideal eines menschlichen Un-
geheuers aufzustellen. Man legt schon lange Richardson seinen Lovelace[1] zur Last: und Lovelace ist doch gewis ein
Heiliger gegen Franzen. War es nicht möglich, daß der
Verfasser ihm alle zur Karakteristik des Stücks nöthige
Hauptzüge lies, und doch einige andere Züge hineinwebte,
die ihn der wirklichen Menschennatur, die nie so ganz, so
durchaus, so ununterbrochen bös ist, näher gebracht hätten?
Übrigens bleibt auch dieser Karakter bis an das Ende sich
treu. Auch seine Verzweiflung und Gewissensangst gehören
nothwendig dazu: denn seine niedrig boshafte Sele war zu
klein, um auch in der Bosheit heldenmäsig zu verharren.
Was wir von Amalien sehen, ist gut, ist sehr schön: aber
mich dünkt, wir sehen zu wenig von ihr. Eine solche Hauptperson solte mehr ausgezeichnet, mehr in das hellste Licht
gestellt, von mehreren Seiten gezeigt sein! und das hätte
leicht geschehen können, wenn einige ganz überflüssige
Nebenpersonen ganz weggeblieben wären. Dazu gehören
die meisten der Räuber. Wozu die ganze Rotte? zu nichts,
als das ganze Stük hier und da langweilig zu machen, und
einige sehr widrige Szenen aufzuführen. Schweizer und
Spiegelberg konten bleiben; dieser, um die Maschine in Bewegung zu sezen, wozu Moor für sich unfähig war; und
jener, um ein würdiger Vertrauter Moors, und ein Werkzeug seiner edeln Sache zu sein. Der alte Moor ist ein guter
zärtlicher Vater, aber ein schwacher Mann, und als dieser
spielt er seine Rolle gut. Aber in Herrmanns Karakter kan
ich mich nicht finden. Er ist boshaft und rachgierig genug,
um sich von Franzen zum Werkzeug der abscheulichsten
Schandthaten brauchen zu lassen, und unmittelbar darauf,
ohne weitere Veranlassung, der gutherzige Retter der Lei-

---

1. Figur aus dem Roman »Clarissa« von Samuel Richardson (1689 bis
1761).

denden. Zum ersten ist hinlänglicher Grund und Veranlassung da; zum lezten nicht. Der alte Daniel ist ganz überflüssig: denn zu Franzens Vertrauten schikt er sich durchaus nicht. Wie war es möglich, das ein so listiger Böswicht,
wie Franz, einem so alten einfältigen frommen Manne so
bedenkliche Aufträge geben konnte? Das ist offenbar Widerspruch. Warum wälte er nicht auch hierzu den Herrmann? Herrmann hatte ihm blutige Rache gelobt; itzt war
es Zeit, Gebrauch davon zu machen. Das war natürlich,
und der Leser wurde einiger langweiliger Szenen zwischen
Daniel und Franz, und Daniel und Karl überhoben. Besonders ist die Wiedererkennungsszene zwischen den lezten beiden, und Daniels Kindererzälung, mehr als langweilig, zumal zu einer Zeit, wo es von Karls Fassung nicht zu erwarten war, daß er Gedult genug haben konte, das einfältige
Gewäsche des kindischen Alten so gelassen anzuhören.
Franzens Monolog S. 13 [16], wo er seine Bosheit zu be-
mänteln sucht, scheint eine Nachamung des schönen Ed-
mundischen Monologs im Lear zu sein, da er seinen Vater
behorcht hat. Er würde ebenso thun, und noch meisterhafter
sein, wenn er kürzer wär, allein er ist gar zu lang gerathen.
Eben das gilt von der Szene von S. 20 [20] an. Spiegelbergs
Erzälungen sind nicht nur überflüssig und langweilig, sondern auch ekelhaft. Wer mag eine so weitläufige Relazion
läppischer Studentenstreiche mit anhören? Die Szene sollte
wenigstens um die Hälfte abgekürzt seyn, und sie wäre
noch immer mehr als hinlänglich, den grosen Entschluß
nach und nach reifen zu lassen. Moors Verzweiflung und
wütender Schmerz, und ein flüchtiger Einfall von Spiegelberg waren hinreichende Triebfedern, mithin der gröste
Teil des unbedeutenden Gewäsches der Übrigen überflüssig.
Moors Verzweiflung von S. 39 [31] an ist vortreflich,
fürchterlich schön. Shakespear läßt seinen Lear nicht rüh-
render, nicht fürchterlicher rasen. Die erste Szene des zweiten Akts ist herrlich, und Franzens Überredung Herrmanns
ein Meisterstük der Kunst. Die dritte Szene ist zu gedehnt,
und das Räubergeschwäz ekelhaft. Spiegelbergs Erzälung
hat keine Verbindung mit dem Stük, und die Geschichte mit
dem Nonnenkloster ist zu schändlich, ist beleidigend. Überhaupt solte der Verfasser hier und da mehr über sich
wachen, damit ihm nicht zuweilen Ausdrücke entwischten,

die jedem zärtlichen Ohr beleidigend seyn müssen. Ich mag
sie nicht auszeichnen, um nicht denselben Feler zu begehen. So auch bedient er sich einiger Provinzialausdrüke,
die an einigen Orten Teutschlands ganz unverständlich
sind, z. E. *Weidenstoz, Aufstreich, jolen, zettern, bret-
teln* etc. So ist sein Wiz zuweilen gesucht und abenteuerlich. [...] Moor's Reue über das Unglück der durch
ihn angezündeten Stadt ist rührend. [...] Kossinski's An-
werbung ist Episode, die mit dem Stük in gar keiner Verbindung steht, aber um Karls willen mir so reizend, daß
ich ganze Bände dafür hingebe. Die Szene von Moors Zu-
sammenkunft mit Amalien ist hinreisend schön. Das Räuberlied in der fünften Szene des vierten Akts und ein Teil
ihrer Unterhaltung hätte wol wegbleiben können. Aber der
darauf folgende Monolog Moors: Glaubt ihr, ich werde
zittern? Geister meiner Erwürgten! ich werde nicht zittern
etc. Warum hat ein Perillus einen Ochsen aus mir gemacht,
daß die Menschheit in meinem glühenden Bauche bratet?
Und: ›Zeit und Ewigkeit – gekettet an ein ander durch ein
einzig Moment! Grauser Schlüssel, der das Gefängniß des
Lebens hinter mir schliest, und vor mir aufriegelt die Be-
hausung der ewigen Nacht – sage mir etc.‹ Kaum kan ich
mich enthalten die ganze Stelle abzuschreiben, sie ist sicher
so schön, wo nicht schöner noch als, Hamlets berühmter
Monolog vom Sein und Nichtsein. Doch ich müste beinahe
das ganze Stük ausschreiben, wenn ich alle vortrefliche
Stellen anmerken wolte. Die Szene, wo Moor seinen Vater
entdekt, und Rache schwört, ist fürchterlich. – Im fünften
Akt gefällt mir bei Franzens Verzweiflung sein Traum
nicht: denn ich glaube kein Drama, sondern einige Kapitel
aus der Offenbarung Johannis zu lesen; völlig derselbe Ton.
Pastor Moser ist auch eine überflüssige Person: denn sein
Besuch bewirkt nichts. Er bringt nicht die mindeste Veränderung in dem Gemützustand des Verzweifelnden hervor: was soll er also? Seine Unterhaltung selbst macht uns
keinen sonderlichen Begrif von ihm, da er weder den Men-
schenkenner, noch den Menschenfreund, noch den Philosophen, sondern den im ungewönlichen Alltagston donnern-
den Geszprediger macht. Amaliens Ermordung scheint mir
zu ruhig vollzogen zu werden; und das Ende der ganzen
Szene sollte wol überhaupt mehr zusammengedrängt, und

kürzer abgebrochen werden, um den Leser nicht vor dem
Ende schon erkalten zu lassen. – Ich bin weitläuftig gewesen: aber ich glaube, eine so seltne Erscheinung im dramatischen Fach verdient es. Ein Verfasser, dessen erstes
Produkt sich schon so sehr auszeichnet, mus, wenn er aufmerksam auf sich ist, und die Bemerkungen kunstverständi-
ger Freunde benutzt, mit Riesenschritten zu Vollkommenheit fortschreiten, und das Publikum zu grosen Erwartungen berechtigen. Nur wünschte ich noch, daß er bei dem
Studio Shakespears weniger den Göz, als Lessings Werke
studiren mögte, da das Feuer seines Genies ohnehin mehr
eines Zügels, als der Sporn bedarf.   -e.«

(Braun I,1, S. 1–7)

Als Beispiel für die Kritik, die an Schillers Stück vor allem
die demoralisierende Wirkung sah, kann der Auszug aus
einer anonymen Rezension im »Magazin der Philosophie
und schönen Literatur«, Leipzig 1785, gelten.

»Wenn die Stimme eines *gewissen Publikums* entscheidend
genung wäre, so würde dieser Vorbericht eben so unnütz
seyn, als die in der folgenden kleinen Abhandlung ent-
haltenen Beobachtungen über den *Geist einiger der neuesten dramatischen Produkte.* [. . .]
Ich meine *die durch giftige Einflüsse nach und nach unter-
grabene Moralität des Publikums.*
Es giebt Menschen, bei denen man Gefahr läuft, für blöd-
sinnig, für *schwach an Körper und Seele* gehalten zu werden, wenn man sich unterfinge, vor ihren Augen zu beweisen, oder nur es als eine *eigene*, nicht *ausschließliche Meinung* zu äußern, daß wir bei dramatischen Werken dieser
Art Gefahr laufen, alle Moralität und Politur, ich will
nicht sagen, den Geschmack *des Schönen und Guten*, den
Respekt der Ausländer, auf den keine Nation eifersüchtig
genung seyn kann, und die Achtung der Nachkommenschaft
zu verlieren, oder derselben bloß schädlich zu werden, da
wir die künftige Generation mit *dem* Gifte impregniren, das
itzt schon manche unhaltbare Bande in manchen Zirkeln
der Familien aufzulösen drohet.
Um nicht in den Verdacht zu gerathen, als sei alles, was
wir hier schreiben, eitel Deklamation, so will ich bloß ein

Faktum anführen, das ich erst jetzt von einem meiner Freunde erfahren habe.

In der Gegend von *Baiern* und *Schwaben* rotteten sich vor nicht langer Zeit gefährlich schwärmende Jünglinge zusammen, und wollten nichts geringeres ausführen, als sich durch *Mord,* und *Mordbrennerei* auszuzeichnen, und einen Namen zu machen, oder dem großen Drange nachzugeben, *Räuber* und *Mordbrenner* zu werden. – – Und welcher Anlaß konnte solche Unglückliche, in der *Imagination versengte* Menschen verleiten, und sie auf den Grad von Ausschweifung bringen, wenn wir es aufs gelindeste benennen? ›Sie wollten *Schiller's Räuber* realisieren.‹ [...]

Ich bin nicht im Stande, den Zustand zu beschreiben, in welchen mich die mit der größten Anstrengung geendete Lektüre der *Räuber* zurückgelassen hat. Meine Gewohnheit ist, bei wolkichten und stürmischen Tagen, besonders im Spätjahre, die Felder zu durchirren, und an irgend einem Absturze, den Tannen umschatten, oder bei einem Waldbache den *Ossian* zu lesen. Die große sandigte Heide vor mir, die auf ihren Hügeln und Abhängen der Nordwind in kleinen Wellen beweget; das nahe Säuseln der Pappeln, und der bange schwere Flug der Raben versetzt mich dann ganz in die Zeiten des Dichters. – – – In dieser Gemüthsstimmung kam ich von meinem Spaziergange spät zurück, und las bis in die Nacht die *Räuber.* Es war nöthig, dieses Umstandes zu erwähnen, um folgendes Phönomen eines Traumes zu erklären. – – Welche Menschen, dachte ich bei mir. Ein *Räuber*, ein *Mörder*, und doch ein *edler Mensch*; ein Ungeheuer, das unter einer Rotte von Ungeheuern, an einem grünen Abhange, in dichterischer Gluth, mit der Natur, seiner mittrauernden Freundin, mit der untergehenden Sonne spricht, und fantasirt. Die heftigste Unruhe, der größte Ekel faßten mich. Ich erschrecke und zittere. *Franz moralisirend, philosophierend*; Vaterliebe; Mutterliebe; brüderliches und schwesterliches Band; Bande der Menschheit und der Gesellschaft, mit einem Hiebe durchschnitten; ein Zwerg, eine Komposition aus allen Ungeheuern *Shakespear's* und aus dem Gehirne des deutschen Dichters; meine Betrachtungen leiteten mich auf den Karakter desselben: ist es möglich, kann das die poetische Geburt eines civilisirten Menschen seyn? oder ent-

sprang sie aus unregelmäßigen Leidenschaften, aus unglücklichen Lagen, aus übler Leitung, aus Schicksalen, die
wir nicht wissen, und aus einem zerrütteten Empfindnisse,
das nur solche Wesen gebähren kann?
Doch ich will nicht dem *Menschen* zu nahe treten, und den
Dichter an die *poetische Freiheit* appelliren lassen; er verzeihe nur meiner eigenen Zerrüttung diese Vermuthungen;
es ist eine der schrecklichsten Nächte gewesen, die ich nach
dieser Lektüre hatte. *Mörder und Ungeheuer; graue Väter
und Helden opferten nach einem Blutbade und bei rauchen-
den Pallästen der hervorsteigenden Sonne.*
Um wieder zurückzukommen, so frage ich, wessen Landes
Sitten, wessen Gepräge trägt dieses sogenannte Schauspiel?
Sollte der Dichter, (aber es ist unmöglich!) in Deutschland
Originale kopirt haben? so sind wir ärger, als die *Neusee-
länder*, und dürfen nach der Vorstellung der *Räuber* das
bürgersche neuseeländische *Schlachtlied*[2] anstimmen.
Welche Wirkung werden die Produkte dieser Dichtung in
den Herzen schwärmender Jünglinge, und sanfter, deutscher Mädchen hervorbringen? Der Philosoph spüre nach;
der Psycholog sammle Bemerkungen: der Mann von Geschmack weine über die Trümmer des guten Geschmacks,
der Moralität, und der schönen Literatur, die, (um nur von
einer Sache zu reden) die Köpfe der Franzosen volatilisirt[3],
und bei uns Ungeheuer zur Welt bringt.
Es ist wahr, in den Schauspielen *Schiller's* sind manche
Szenen, die so kräftig dialogirt sind, eine so blendende
Diktion und so wahre Darstellung haben, und so viel Kennt-
niß des Menschen vereinigen, daß ich den Talenten des
Dichters meinen Beifall gebe, andere Szenen sind auch so
fürchterlich tragisch, so die Haare sträubend, daß der
fürchterliche Crebillon, wie ihn die Franzosen nannten,
nichts gegen den *Crebillon* der Deutschen ist.
Ein großer Staatsmann hat unlängst unter vielen frommen
Wünschen für Unser Theater, über das Schauspiel die Meinung geäußert: *Eine civilisirte Nation könne kein solches
Trauerspiel haben.*«

(Braun I,1, S. 111 f., 118 f.)

---

2. Gedicht von Gottfried August Bürger (1747–94), in dem der Schlacht-
gesang menschenfressender Eingeborener dargestellt ist.
3. beflügelt, von lat. volatilis, ›geflügelt‹.

Die Berliner Schriftstellerin Anna Luise K a r s c h (1722 bis 1791) an Schiller, 4. Mai 1786:

> »O Schiller den im Schattenreiche
> Der Britte Schäcksbaer zugesteht
> Daß Carl Moor den Macbeth gleiche
> und Einem Grad noch drüber geht.

Dieses Geständnis war ich Ihnen schuldig, es ist Wahrheit, ist Sprache des Gefühls, ich glaub alles was vorkommt in den ›Räubern‹, das unwahrscheinlichste hat eine Göttergewalt über mich, sagen Sie mir wie Sie das machten, o Natur Natur, große mächtige, untergeordnete Schöpferin, dich empfindet man hier, so sprach mein Herz, und mein Verstand. [...] Aber kommen Sie doch einmal selbst nach Berlin, kommen Sie, ehe der alte Fährmann abrudert mit Ihrer alten dreiundsechzigjährigen Beifallgeberin.«

(Zitiert nach Hoyer, S. 212 f.)

Eine frühe Stimme für die Wirkung der »Räuber« im Ausland ist der englische Romantiker Samuel Taylor C o l e - r i d g e (1772–1834). Er berichtet in einem Brief an Robert Southey vom 3. November 1794:

Es ist nach ein Uhr nachts – Ich habe mich um zwölf Uhr hingesetzt, um die »Räuber« von Schiller zu lesen – Ich zitterte und fröstelte schon beim Lesen, bevor ich zu der Stelle kam, wo Moor seine Pistole über den schlafenden Räubern abfeuert – Ich konnte nicht weiterlesen – Mein Gott! Southey! Wer ist dieser Schiller? Der das Herz in Zuckungen versetzt? Hat er seine Tragödie unter dem Kreischen von Teufeln geschrieben? – Ich möchte solche Charaktere nicht beschreiben können – Ich zittere wie Espenlaub – Bei meiner Seele, ich schreibe nur an Dich, weil mir graust – Ich will lieber ins Bett gehen. Wie konnten wir nur Milton erhaben nennen? Dieser Graf von Moor – Fürchterlicher Herr über die herzzerreißenden Tugenden –? Satan selbst ist kaum geeignet, ihn als Geistlicher zu seiner Hinrichtung am Galgen zu begleiten.«

(Übersetzt nach S. T. Coleridge: Collected Letters. Ed. E. L. Griggs. 1. Bd. 1785–1800. Oxford 1956. S. 68)

Zwei Jahre später (1796) veröffentlicht Coleridge ein So-
nett, das den Lektüreeindruck poetisch verarbeitet:

To the author of 'The Robbers'

SCHILLER! that hour I would have wish'd to die,
If thro' the shuddering midnight I had sent
From the dark dungeon of the Tower time-rent
That fearful voice, a famish'd Father's cry—
Lest in some after moment aught more mean
Might stamp me mortal! A triumphant shout
Black Horror scream'd, and all her *goblin* rout
Diminish'd shrunk from the more withering scene!
Ah! Bard tremendous in sublimity!
Could I behold thee in thy loftier mood
Wandering at eve with finely-frenzied eye
Beneath some vast old tempest-swinging wood!
Awhile with mute awe gazing I would brood:
Then weep aloud in a wild ecstasy!

(Übersetzung: An den Dichter der »Räuber«
Schiller! In jener Stunde wäre ich gern gestorben, wenn
ich durch die schauerliche Mitternacht jene fürchterliche
Stimme, den Schrei eines verhungernden Vaters, aus dem
dunklen Verlies des altersschwachen Turms heraufgeschickt
hätte – damit mich nicht etwas Banaleres in einem späteren
Augenblick zur Sterblichkeit verurteilen möge! Die Hölle
stieß ein Triumphgeschrei aus, und all ihre im Streit ge-
schlagenen Geister zogen sich von der Szene zurück, die
mehr als sie selbst das Leben erstickt. Ah! Sänger schreck-
lich in Erhabenheit! Könnte ich dich in schöpferischer Stimmung beobachten, wie du am Abend, edlen Wahnsinn im
Auge, in einem alten sturmgepeitschten Wald umherirrst!
Eine Weile würde ich, in stummem Entsetzen starrend, brü-
ten: dann in wilder Ekstase laut weinen!)

(S. T. Coleridge: The Complete Poetical
Works. Ed. E. H. Coleridge. 1. Bd. Poems.
Oxford 1912. S. 72 f.)

Romantische Auferstehung feiert Schillers Stück auch in
E. T. A. Hoffmanns (1776–1822) Erzählung »Die Räuber«
(1822). Zwei Freunde erleben auf einem böhmischen Schloß

Doppelgänger-Gestalten aus Schillers Erstling. Aber Hoffmann nimmt eine Umwertung der Charaktere vor: Der böse Räuber Karl ruiniert die gräfliche Familie und wird von dem unglücklichen Franz erschossen. Amalia irrt schließlich wahnsinnig durch den Wald und identifiziert sich mit Schillers Figur.

Von dem Bühnenschicksal der »Räuber« in den ersten hundert Jahren gibt Heinrich Hubert H o u b e n (1875–1945) einen Eindruck:

»Ihre Wiener Erstaufführung erlebten sie 1784, also zwei Jahre nach der Mannheimer Uraufführung, auf dem Kärntnertortheater, wo sonst meist Hofoper, Ballett und Singspiel heimisch waren. Der Lustspieldichter Johann Rautenstrauch hatte Schillers Erstling ›bearbeitet‹ und mit Rücksicht auf das vierte Gebot den Vater Moor, so versichert wenigstens der Wiener Schriftsteller Castelli, in einen – Oheim verwandelt! ›Der Oheimmord‹, über den Karl Moor im 4. Akt bei Öffnung des Hungerturmes schaudert, muß eine erschütternde Wirkung gehabt haben! ›Schweizer, so ist noch kein Sterblicher geehrt worden, wie du: räche meinen – Oheim!‹ Nur in dieser und ähnlichen Verballhornungen durften die ›Räuber‹ bis 1850 auf den Wiener Nebenbühnen erscheinen. Der dortige Zensor, Regierungsrat Hägelin, hatte sich in seiner Zensurdenkschrift vom Jahre 1795 gegen sie ausgesprochen, indem er das Urteil eines ›einsichtigen dramatischen Kunstrichters‹ zu seinem eigenen machte: ›Unwesen, wie der ältere [gemeint ist wohl der jüngere, Franz] Moor, sieht der Mittelschlag von Menschen mit pharisäischer Gleichgültigkeit an, dancket Gott, daß er ihn nicht gemacht hat, wie einen von diesen, und findet keine Anwendung, keine Brauchbarkeit auf und für sich darin. Das hier aufgestellte Bild der Habsucht ist zur Ehre der Menschheit so ideal, so sehr von der Alltagsstraße entfernt, daß man es bey der Analisierung durch die Darstellung für ein Wesen anderer Art hält, und er uns nicht einmal den ganzen Abscheu einflößet, den wir bey näherer Annäherung zur gewöhnlichen menschlichen Natur nothwendig davor gehegt haben würden.‹ Also, war

die Folgerung des Zensors, solche übertriebenen Stücke, die
den ›höchsten Grad des Schlechten oder Guten‹ darstellen,
verfehlen den moralischen Erziehungszweck des Theaters.
Gräßliche und unnatürliche Verbrechen sollen überhaupt
nicht aufgeführt werden. ›Schon grobe Mißhandlungen der
Eltern sind bedenklich; sie gehen auch gegen den guten Geschmack.‹ Außerdem wimmelte das Stück im einzelnen von
Dingen, die nie an das Ohr eines gesitteten Wiener Theater-
besuchers dringen durften. Das Renommieren der Räuber
mit ihren Schandtaten im Nonnenkloster, ihre Blasphemien,
die Anklagen Karl Moors gegen Gott und die Welt waren
unbedingt verboten. ›Gott‹, so bestimmte ja der Zensur-
katechismus, ›darf als Urheber der Natur nie auf eine ent-
schiedene Art zum Urheber des Übels gemacht werden‹;
Flüche und Verwünschungen mußten entsprechend gemil-
dert werden, und Ausdrücke wie Sackerment usw. waren
strengstens verpönt. [. . .]
Schlimmer noch als Rautenstrauch wirtschaftete mit den
›Räubern‹ der Berliner Theaterdichter Karl Plümicke. Er
degradierte Franz Moor zu einem Halbbruder Karls, zu
einem Bastard; ein Schurke wie er durfte kein rechtmäßiger
Grafensproß sein, dafür aber mußte sich die – Gottlob
tote – Gräfin v. Moor einen Ehebruch zuschieben lassen,
und Karl Moor fiel durch den Dolch Schweizers. In dieser
Verbesserung gingen die ›Räuber‹ am 1. Januar 1783 über
die Bretter des Döbbelinschen Theaters in der Behrenstraße
zu Berlin und erregten dennoch stürmischen Jubel, so daß
sie fünfzehnmal schnell hintereinander wiederholt werden
mußten. In dieser Bearbeitung wurde Schillers Erstling am
5. März 1784 sogar in Stuttgart aufgeführt und erlebte
sechs Darstellungen. Vielleicht gab ein Gastspiel Ifflands
dazu Anlaß, und der gestrenge Herzog drückte ein Auge
zu; der große Erfolg eines seiner Karlsschüler mochte ihn
schließlich mit dessen subordinationswidrigem Wesen ver-
söhnt haben. [. . .]
Ein anderer Bearbeiter, namens Thomas, trieb es noch ärger.
Er brachte die Tragödie zu einem gemütlichen Ende: Nur
Franz Moor war und blieb tot; den Vater, Amalie, Schweizer, Karl, alle ließ er am Leben, Karl und die Räuber umkehren, Amalie mit ihrem Geliebten glücklich werden, den

Alten ins Kloster gehen und die übrigen in die weite Welt.
An diesem beruhigenden Ausgang sollen sich die Bieder-
leute in Stralsund und Rostock weidlich ergötzt haben.
[...] Aus dieser reumütigen Umkehr machte eine Frau
v. Wallenrodt 1801 sogar ein eigenes Drama ›Karl Moor
und seine Genossen nach der Abschiedsszene beim alten
Thurm‹, die Räuber entwickeln sich alle zu Engeln und
werden begnadigt. Schon 1785 hatte ein Unbekannter es
sogar fertig gebracht, die Räuber ganz aus dem Stück hin-
auszuwerfen und in Leipziger Studenten zu verwandeln.
[...] In Danzig legte sich die Polizei ins Mittel und verbot
die ›Räuber‹ als ein ›unmoralisches, sittenbeleidigendes
Stück‹. –
In Leipzig, berichtet der Schillerbiograph Brahm, ereignete
es sich, daß, während man auf der Bühne die ›Räuber‹
spielte – die dortige Uraufführung fand am 20. September
1782 statt –, in der Stadt sowohl wie im Theater Kollegen
des Schufterle feste Griffe in fremdes Eigentum taten,
›welches natürlich viel Gerede verursachte und den dortigen Magistrat bewog, die fernere Aufführung des Stückes
zu verbieten‹. In Leipzig spielte man Anfang des neun-
zehnten Jahrhunderts nicht die ›Räuber‹, sondern einen ab-
geschwächten ›Carl Moor‹. Als der Wiener Polizeipräsident
v. Sumerau 1808 die Aufführung des bearbeiteten ›Carl
Moor‹ ausnahmsweise wieder gestattete, berief er sich darauf, daß dieser Titel auch am Dresdner Hoftheater gebräuchlich sei; bei der ersten dortigen Aufführung 1782
hatte der echte Titel keinen Anstoß erregt. Selbst die wei-
marischen Schauspieler durften 1801 in Lauchstädt nur
einen ›Carl Moor‹ spielen. Den Sommer zuvor war ihnen
auch das verboten worden. –
Jahre hindurch hatte man Schillers ›Räuber‹ immerhin auf
den kleineren Theatern Wiens ihr Wesen treiben lassen,
selbst die Furcht vor der Revolution hatte vor diesem Mei-
sterwerk die Segel gestrichen. Natürlich waren nur die früheren, von der Zensur genehmigten Bearbeitungen erlaubt.
1804 wurde Freiherr v. Sumerau Präsident der Polizei- und
Zensurhofstelle, und eine seiner ersten Regierungshandlun-
gen als Theaterzensor war ein Verbot der ›Räuber‹, die,
wie er am 31. August 1805 zu Protokoll gab, ›als ein un-

moralisches, alle Bande der Gesellschaft auflösendes, höchst
gefährliches Theaterstück, weder nach der Idee des Verfassers noch in irgend einer Umarbeitung zur theatralischen
Vorstellung geeignet‹ seien. Kurz vor seiner Amtsentsetzung
(20. Juli 1808) aber steckte er ein Loch zurück. Die adligen
Unternehmer, die seit 1807 das Hoftheater, das Kärnter-
tortheater und das an der Wien gepachtet hatten, ließen im
Juni 1808 das Stück neu bearbeiten und baten dringend um
die Erlaubnis zur Aufführung, ›da vorzüglich bei der jetzt
eingetretenen Sommerzeit für gute und interessante Spektakel gesorgt werden muß‹. Dieser Notschrei der Kavaliere
machte Eindruck. Zwar habe sich ›von jeher die allgemeine
Stimme gegen diese Jugendarbeit Schillers erhoben‹, antwortete Sumerau am 13. Juli, aber er sei doch einem Versuch nicht abgeneigt, ›ob dieses Stück nicht einen widrigen
Eindruck auf das Publikum zurücklasse‹. Einige Änderungen wurden noch verlangt, der Titel nach sächsischem
Muster in ›Carl Moor‹ verwandelt, und in dieser Gestalt
wurde das Stück erlaubt. [...] Von einem ›widrigen Eindruck‹ der ›Räuber‹ melden die Akten der Polizeihofstelle
nichts, und der Versuch wurde ebenfalls auf der Leopold-
städter und Josefstädter Bühne gemacht, ohne daß die Ruhe
der Kaiserstadt dadurch gestört wurde. Natürlich war alles
Revolutionäre aus der Dichtung beseitigt. U. a. war während der Regierungszeit des Kaisers Franz (1792–1835) die
Frage des Räubers Schweizer an seinen Kollegen Roller, als
sie den Absagebrief des ›zuckersüßen Brüderchens‹ Franz
Moor an Karl lasen: ›Franz heißt die Canaille?‹ streng verboten, denn, meinte ein Zensor, ›das könnte als eine Anspielung auf – Se. Majestät den Kaiser genommen werden‹! –
Über das Schicksal der Buchausgabe der ›Räuber‹ liegen
zuverlässige Nachrichten nicht vor. 1814 übersetzte der
Jurist Swoboda die ›Räuber‹ ins Tschechische; die Über-
tragung durfte aber nicht im Druck erscheinen; da das
Stück auf die Jugend und ›eine gewisse Klasse von Menschen‹ einen solchen Eindruck gemacht habe, sei es gar zu
gefährlich, ›es einzeln, zumal ins Böhmische übertragen,
also für die mindere Klasse, die nicht deutsch könne‹, zu
verbreiten.
Nach der allgemeinen Zensurverschärfung, die 1819 mit

den Karlsbader Beschlüssen einsetzte, verschwanden auch die ›Räuber‹ wieder von den Theatern Wiens und Berlins. Hier wurden sie schon 1825 vom Grafen Brühl, anscheinend in ihrer echten Fassung, wiederhervorgeholt, obgleich der König sie nicht leiden konnte [...]; noch 1838 durfte Karl Seydelmann seine Glanzrolle Franz Moor in Berlin nicht vorführen, eben dieser Abneigung des Königs wegen. [...] In Wien durften die ›Räuber‹ erst am 10. September 1830 ›in ganz neuer Gestalt‹ im Theater an der Wien wieder aufleben. Eine neue ›Bearbeitung‹ des Theaterdirektors Carl befriedigte endlich das durch die Julirevolution besonders empfindsam gewordene moralische Bedürfnis des Zensors. Den von Carl ›verplümickten‹ Räuberhauptmann (des Ausdrucks »verplümicken« bedient sich schon Frh. v. Knigge 1793: ›Ueber Schriftsteller und Schriftstellerey‹, S. 248) ereilte die verdiente Strafe; seinen Entschluß, sich freiwillig dem Richter zu stellen, wie der Dichter das gewollt hatte, konnte er am Ende auf dem Wege zum Amt noch bereuen. Der Direktor Carl hatte ihm dieses Hinterpförtchen verrammelt: nach seiner ›Bearbeitung‹ fiel Karl Moor am Schluß schwer verwundet den verfolgenden Soldaten in die Hände, während seine Komplizen in Ketten gelegt wurden. Fiat justitia, pereat mundus – Gerechtigkeit, und wenn auch die Welt zugrunde geht – wenigstens die Welt des Dichters!
Die Angst der Polizei in den aufgeregten Zeiten des Vormärz hatte dann Schillers Jugendwerk auch in den haarsträubendsten moralischen Bearbeitungen längst wieder von den Wiener Bühnen verbannt, die Aufführung war noch 1847 dem Theaterdirektor Pokorny verweigert worden, und selbst durch die nur kurze Zeit offene Tür der Zensurfreiheit des Jahres 1848 war es noch nicht auf die Hofbühne gelangt.«

   (Houben: Verbotene Literatur von der klassischen Zeit bis zur Gegenwart. Dessau u. Bremen: Schünemann ²1925. S. 532–536)

Johann Peter E c k e r m a n n (1792–1854) berichtet in seinen »Gesprächen mit G o e t h e« am 17. Januar 1827:

»Wir sprachen sodann über Schillers Fiesco, der am letzten Sonnabend war gegeben worden. Ich habe das Stück zum ersten Male gesehen, sagte ich, und es hat mich nun sehr beschäftigt, ob man nicht die ganz rohen Szenen mildern könnte; allein ich finde, daß sich wenig daran tun läßt, ohne den Charakter des Ganzen zu verletzen.

Sie haben ganz recht, es geht nicht, erwiderte Goethe, Schiller hat sehr oft mit mir darüber gesprochen, denn er selbst konnte seine ersten Stücke nicht leiden, und er ließ sie, während wir am Theater waren, nie spielen. Nun fehlte es uns aber an Stücken, und wir hätten gern jene drei gewaltsamen Erstlinge dem Repertoire gewonnen. Es wollte aber nicht gehen, es war alles zu sehr miteinander verwachsen, so daß Schiller selbst an dem Unternehmen verzweifelte und sich genötigt sah, seinen Vorsatz aufzugeben und die Stücke zu lassen wie sie waren.

Es ist schade darum, sagte ich; denn trotz aller Roheiten sind sie mir doch tausendmal lieber als die schwachen, weichen, forcierten und unnatürlichen Stücke einiger unserer neuesten Tragiker. Bei Schiller spricht doch immer ein grandioser Geist und Charakter.

Das wollte ich meinen, sagte Goethe. Schiller mochte sich stellen wie er wollte, er konnte gar nichts machen, was nicht immer bei weitem größer herauskam als das Beste dieser Neuern; ja wenn Schiller sich die Nägel beschnitt, war er größer als diese Herren.

Wir lachten und freuten uns des gewaltigen Gleichnisses.

Aber ich habe doch Personen gekannt, fuhr Goethe fort, die sich über die ersten Stücke Schillers gar nicht zufrieden geben konnten. Eines Sommers in einem Bade ging ich durch einen eingeschlossenen sehr schmalen Weg, der zu einer Mühle führt. Es begegnete mir der Fürst *Putiatin*, und da in demselben Augenblick einige mit Mehlsäcken beladene Maultiere auf uns zukamen, so mußten wir ausweichen und in ein kleines Haus treten. Hier, in einem engen Stübchen, gerieten wir nach Art dieses Fürsten sogleich in tiefe Gespräche über göttliche und menschliche Dinge; wir kamen auch auf Schillers Räuber, und der Fürst äußerte sich folgendermaßen: Wäre ich Gott gewesen, sagte er, im Begriff die Welt zu erschaffen, und ich hätte in dem Augenblick vorausgesehen, daß Schillers Räuber darin würden geschrieben werden, ich hätte die Welt nicht erschaffen. Wir mußten lachen. Was sagen Sie dazu? sagte Goethe; das war doch eine Abneigung, die ein wenig weit ging und die man sich kaum erklären konnte.

Von dieser Abneigung, versetzte ich, haben dagegen unsere jungen Leute, besonders unsere Studenten, gar nichts. Die trefflichsten, reifsten Stücke von Schiller und anderen können gegeben werden, und man sieht von jungen Leuten und Studierenden wenige oder gar keine im Theater; aber man gebe Schillers Räuber oder Schillers Fiesco, und das Haus ist fast allein von Studenten gefüllt. – Das war, versetzte Goethe, vor funfzig Jahren wie jetzt und wird wahrscheinlich nach funfzig Jahren nicht anders sein. Was ein junger Mensch geschrieben hat, wird auch wieder am besten von jungen Leuten genossen werden. Und dann denke man nicht, daß die Welt so sehr in der Kultur und gutem Geschmack vorschritte, daß selbst die Jugend schon über eine solche rohere Epoche hinaus wäre! Wenn auch die Welt im ganzen vorschreitet, die Jugend muß doch immer wieder von vorne anfangen und als Individuum die Epochen der Weltkultur durchmachen.«

> (Zitiert nach: Goethes Gespräche. Gesamtausgabe. Neu hrsg. von Flodoard Frhr. von Biedermann. Bd. 3. Leipzig 1910. S. 322 f.)

Wolfgang M e n z e l (1798–1873), der Gegner des Jungen Deutschland, gibt in seiner Literaturgeschichte ein ideologisch einseitiges Bild Schillers:

»Friedrich Schiller, 1759 zu Marbach geboren, bildete sich auf der hohen Karlsschule in Stuttgart zum Regimentsarzt aus, durchbrach aber schon als Schüler die doppelten Schranken, welche ihn einengten. Je tyrannischer sein Herzog Karl regierte, um so mächtiger empörte sich in dem jungen Genius das Freiheitsgefühl, und je verdorbener die Sitten des Hofes und der Schule selbst waren, um so unwiderstehlicher trieb es ihn aus diesem Schmutz zum sittlichen Ideal hin. Zum erstenmal regte sich ihm unbewußt die uralte Sigfridsnatur. Hohe Gestalten reiner edler Heldenjünglinge schwebten ihm vor. Er konnte sie aber nur in grellem Gegensatz gegen die Wirklichkeit des modernen Lebens auffassen. So entstanden seine ersten Trauerspiele, die noch in Prosa geschrieben sind.

In den ›Räubern‹, gedruckt 1781, die er noch als Karls-

Kupferstich einer Weimarer Aufführung: IV,5 (Foto: Goethe-Museum, Düsseldorf)

schüler schrieb, ist Karl Moor ein unbewußter Sigfrid, das nie verjährende Ideal eines deutschen Heldenjünglings, strotzend von Kraft, ›als fühle er eine Armee in seiner Faust‹, und unschuldig, unbefangen, treuherzig, hingebend. Darin, daß Schiller ihn durch die Verhältnisse dahin gebracht werden läßt, ein Räuber zu werden, liegt eine tiefe Symbolik. Der Sinn ist, die Nation ist physisch und moralisch so verkommen, daß ihr bester Sohn keinen Platz mehr in ihr findet oder die schlechteste Rolle in ihr übernehmen muß. Das begriff auch die Jugend der Nation mit wunderbarer Schnelligkeit und was man auch über die Verwilderung und Karikirung in diesem ersten Werke Schillers mit Recht sagen mochte, es wurde mit rauschender Begeisterung begrüßt.«

> (Menzel: Deutsche Dichtung von der ältesten bis auf die neueste Zeit. Stuttgart 1859. Bd. 3, S. 249 f.)

Zwei Jugendzeugnisse aus der Mitte des 19. Jahrhunderts:

Johannes B r a h m s (1833–97), 1853:

»Ich lege all mein Geld in Büchern an, Bücher sind meine höchste Lust, ich habe von Kindesbeinen an soviel gelesen, wie ich nur konnte, und ich bin ohne alle Anleitung aus dem Schlechtesten zum Besten durchgedrungen. Unzählige Ritterromane hab ich als Kind verschlungen, bis mir die ›Räuber‹ in die Hände fielen, von denen ich nicht wußte, daß ein großer Dichter sie geschrieben; ich verlangte aber mehr von demselben Schiller und kam so aufwärts.«

> (Aufzeichnung Hedwig von Holsteins. Zitiert nach: Johannes Brahms in Selbstzeugnissen und Bilddokumenten. Dargestellt von Hans A. Neunzig. Reinbek 1973. S. 7)

Der junge Friedrich N i e t z s c h e (1844–1900) notiert am 24. August 1859 in sein Tagebuch:

»– Ich habe gestern wieder einmal die Räuber gelesen; es wird mir dabei jedesmal ganz eigentümlich zumute. Die Charaktere sind mir fast übermenschlich, man glaubt einen Titanenkampf gegen Religion und Tugend zu sehen, bei dem aber doch die himmlische Allgewalt einen endlos tragischen Sieg erringt. Furchtbar ist zuletzt die Verzweiflung des unendlichen Sünders, die durch die Worte des Paters

grausenerregend vermehrt wird. Mir ist nichts Neues auf-
gefallen, als daß Schiller an einer Stelle auf ein Jugend-
gedicht von sich selbst hinweist. –
     – Dritter Akt, zweite Szene –
Schwarz: ›Wie herrlich die Sonne dort untergeht!‹
Moor: ›So stirbt ein Held: Anbetungswürdig!‹
– – – –
   ›Da ich noch Bube war, war's mein Lieblingsgedanke,
   wie sie zu leben, zu sterben wie sie!‹
Man vergleiche hiermit das Gedicht:
›Die Sonne hat vollendet gleich dem Helden‹ usw.
Man sieht auch hierin, daß in dem Karl Moor Schiller viele
seiner Ideen, seiner Entwürfe verwebt hat. –«

                           (Nietzsche: Werke in drei Bänden. Hrsg. von
                           Karl Schlechta. München 1956. Bd. 3. S. 60)

Bertolt B r e c h t (1898–1956) notiert an zwei Stellen den
Einfluß der »Räuber« auf eins seiner frühen Stücke:

»Mit ›Dickicht‹ wollte ich die ›Räuber‹ verbessern (und
beweisen, daß Kampf unmöglich sei wegen der Unzuläng-
lichkeit der Sprache).« [Etwa 1926.]

                           (Brecht: Gesammelte Werke. Bd. 15 Schriften
                           zum Theater 1. Frankfurt a. M.: Suhrkamp
                           1967. werkausgabe edition suhrkamp. S. 69)

»Wenn auch nicht sehr deutlich, so erinnere ich mich doch
an das Schreiben des Stückes ›Im Dickicht der Städte‹,
jedenfalls erinnere ich mich an Wünsche und Vorstellungen,
die mich erfüllten. Eine gewisse Rolle spielte, daß ich ›Die
Räuber‹ auf dem Theater gesehen hatte, und zwar in einer
jener schlechten Aufführungen, die durch ihre Ärmlichkeit
die großen Linien eines guten Stücks hervortreten lassen, so
daß die guten Wünsche des Dichters dadurch zutage treten,
daß sie nicht erfüllt werden. In diesem Stück wird um bür-
gerliches Erbe mit teilweise unbürgerlichen Mitteln ein
äußerster, wildester, zerreißender Kampf geführt. Es war
die Wildheit, die mich an diesem Kampf interessierte, und
da in diesen Jahren (nach 1920) der Sport, besonders der
Boxsport mir Spaß bereitete, als eine der ›großen mythi-
schen Vergnügungen der Riesenstädte von jenseits des großen Teiches‹, sollte in meinem neuen Stück ein ›Kampf an

VI. Dokumente zur Wirkungsgeschichte

sich‹, ein Kampf ohne andere Ursache als den Spaß am Kampf, mit keinem anderen Ziel als der Festlegung des ›besseren Mannes‹ ausgefochten werden.« [1954.]

(Brecht: Gesammelte Werke. Bd. 17 Schriften zum Theater 3. Frankfurt a. M.: Suhrkamp 1967. werkausgabe edition suhrkamp. S. 948)

Bei den Aufführungen der »Räuber« im 20. Jahrhundert sind die Namen großer Regisseure und Schauspieler vertreten. Wie kaum ein anderes Stück – außer wohl Shakespeares »Hamlet« – reizte Schillers Erstlingsdrama zur Aktualisierung der Substanz und der Darstellung: Spiegelberg als Trotzki oder als SDS-Ideologe, die Räuberbande in Heimkehreruniformen oder blue jeans – es gab die verschiedensten Versionen.

Unter Max Reinhardt, der die Einzelgestalten hinter die Kollektivhandlung der Räuberbande zurücktreten ließ, spielten Paul Wegener den Franz Moor und Alexander Moissi den Spiegelberg; die berühmteste Aufführung des Jahrhunderts fand 1926 unter Erwin Piscator in Berlin statt; 1932 stellten in Leopold Jessners Inszenierung in Berlin Bernhard Minetti und Walter Franck die Brüder Franz und Karl Moor dar; ebenfalls in Berlin spielte Heinrich George 1934 den Franz; Gründgens riskierte noch 1944 in Berlin eine Aufführung; in den Nachkriegsjahren brachte Fritz Kortner das Stück 1952 in München und 1964 in Berlin heraus. Mit der letzteren Inszenierung löste er die »Räuber«-Hausse der späten sechziger Jahre aus: Peter Zadek spielte das Stück 1966 in Bremen in einer Comic-Strip-Version, die als so kühn galt, daß sie nur in Spätvorstellungen gezeigt wurde; Egon Monk scheiterte 1968 endgültig als Intendant des Hamburger Schauspielhauses mit den »Räubern«; sein Nachfolger Hans Lietzau feierte mit ihnen im selben Jahr in München Triumphe. Vieldiskutierte Aufführungen fanden 1971 in Mannheim durch Hans Neuenfels und 1975 in Stuttgart durch Claus Peymann statt.

Ausführlicher werden hier Piscators und Lietzaus Inszenierung dokumentiert, weil sie extreme Gegenpositionen zu vertreten scheinen: Während ersterer ein Maximum an Aktualisierung erstrebte, war letzterer um ein Minimum an Verfälschung durch die Gegenwart bemüht.

Am 12. September 1926 hatten die »Räuber« in Piscators
Inszenierung im Staatlichen Schauspielhaus Berlin Premiere.
Der Regisseur übersetzte die Handlung in die Nachkriegs-
wirklichkeit: Spiegelberg in der Maske Trotzkis wird zum
politischen Agitator; die Räuber tragen eine Mischung aus
Proletarierkluft und alten Uniformen; die Räuberszenen
spielen in einem von Stacheldraht durchzogenen Gelände.
Die Reaktionen waren sehr gemischt:

Ernst B l o c h (1885–1977) hielt derlei für einen Irrweg:

»Jedoch gibt es nicht leicht einen abgeschmackteren Unsinn,
als Hamlet im Frack zu spielen oder [...] den ersten Akt
von ›Hoffmanns Erzählungen‹ in eine Chromnickel-Bar zu
legen. Oder auch Schillers Räubern Proletenkluft anzulegen
und Spiegelberg eine Trotzki-Maske. All das ist ein snobi-
stischer, mindestens übertriebener Rückschlag gegen die
ohnehin längst abgelaufene historisierende Theaterspielerei.«

                                   (Bloch: Das Prinzip Hoffnung, Frank-
                                   furt a. M.: Suhrkamp 1967. Bd. 1.
                                   S. 494 f.)

Bertolt B r e c h t war zunächst angetan, wie das »Gespräch über Klassiker«, etwa 1929, mit Herbert J h e r i n g
(1888–1977) zeigt, der 1926 eine wohlwollende, aber kritische Rezension geschrieben hatte.

»Jhering: Es war klar, daß von dem großen Umschich-
tungsprozeß der Kulturwerte auch Schiller nicht unbe-
rührt bleiben konnte. Schiller, der immer Instinkt für
große, weltgeschichtliche Stoffe hatte, für den objektiven
Gehalt des Dramas, Schiller, der diese Haltung unter dem
Einfluß Goethes verlor, mußte zurückgeführt, mußte
›entgoethet‹ werden. Nun wurde dieser Versuch gerade
an einem Drama gemacht, das nicht unter dem Einfluß
Goethes entstanden war, an den ›Räubern‹. Aber dieser
Versuch deckte doch das Verhältnis der Gegenwart zu
Schillers Problematik auf. Erwin Piscator schwächte in
den ersten beiden Akten der ›Räuber‹ den Revolutionär
aus privatem Sentiment, Karl Moor, zugunsten des syste-
matischen Revolutionärs ab, des Revolutionärs aus Gesinnung, Spiegelberg. Dazu bedurfte es brutalster Text-
änderungen. Das war gewiß gefährlich und unschille-

risch. Aber diese Inszenierung warf eine Grundfrage auf.
Diese ›Räuber‹-Darstellung, die scheinbar die Selbstherr-
lichkeit des Regisseurs dem dichterischen Werk gegenüber
auf der Höhe zeigte, bedeutete in Wahrheit die Überwindung des Auffassungsspielleiters, die Überwindung
des formal-experimentierenden Regisseurs. Diese Vorstellung, deren zweiter Teil als Schiller-Darstellung einfach
schlecht war, wurde wesentlich, weil sie dem Theater,
auch vom Klassiker her, statt ästhetischer Finessen wieder Inhalt zuführte, Substanz, also Material.

Brecht: Ja, es war ein hoffnungsvoller Versuch. Man sah
plötzlich wieder eine Möglichkeit. Schiller blühte ordentlich wieder auf; Piscator sagte zwar: ›150 Jahre, das ist
keine Kleinigkeit‹, aber im Rampenlicht sah die Sache
ganz ordentlich aus.

Jhering: Die Wirkung war seltsam. Statt sich zu freuen,
daß Schillers Stück wieder in den Fluß der Zeit geworfen
wurde, entstand ein Wutgeheul der Klassikerfreunde.
Immer wieder wollte man das Menschlich-Große. Das
Menschlich-Große, einst eine geistig reale Vorstellung,
war längst Bezeichnung für alles Verquollene, Unklare,
Ideologische geworden.«

> (Brecht: Gesammelte Werke. Bd. 15 Schriften
> zum Theater 1. Frankfurt a. M.: Suhrkamp
> 1967. werkausgabe edition suhrkamp. S. 179 f.)

Später distanzierte er sich (im »Messingkauf«, 1939/40) von
der Piscator-Inszenierung:

»Wichtig ist, daß man, wenn man ändert, den Mut und die
Geschicklichkeit haben muß, genügend zu ändern. Ich erinnere mich an eine Aufführung der Schillerschen ›Räuber‹
im Theater des Piscator. Das Theater fand, daß Schiller
einen der Räuber, Spiegelberg, als Radikalisten für das
Publikum ungerechterweise unsympathisch gemacht habe.
Er wurde also sympathisch gespielt, und das Stück fiel
buchstäblich um. Denn weder Handlung noch Dialog gaben
Anhaltspunkte für Spiegelbergs Benehmen, die es als ein
sympathisches erscheinen ließen. Das Stück wirkte reaktionär (was es nicht ist, historisch gesehen), und Spiegelbergs
Tiraden wirkten nicht revolutionär. Nur durch sehr große
Änderungen, die mit historischem Gefühl und viel Kunst

hätten vorgenommen werden müssen, hätte man eine kleine
Aussicht gehabt, Spiegelbergs Ansichten, die radikaler sind
als die der Hauptperson, als die fortgeschritteneren zu zeigen.«

> (Brecht: Gesammelte Werke. Bd. 16 Schriften
> zum Theater 2. Frankfurt a. M.: Suhrkamp
> 1967. werkausgabe edition suhrkamp. S. 605)

Karl K r a u s (1874–1936) nahm die Aufführung zum Anlaß, einen langen Artikel gegen Piscator zu schreiben:
»Mein Vorurteil gegen Piscator« (1927). Er verriß die Inszenierung:

»Denn das verstehen sie unter ›Herausschälung des Zeit-
gehalts‹, ›Transponierung ins Heutige‹, unter ›geschicht-
lich-politischer Erweiterung des Themas‹, das ist ihnen der
›grandiose Aufriß‹ oder wie die Redensarten sonst lauten,
die in der kritischen Schnauze Platz haben. Wenn das Zeit-
bedürfnis schon im Totschlag der Formen befriedigt ist,
dann freilich haben diese neuberlinischen Szenereien eine
Vollkommenheit des Stils erreicht, die eine Weiterentwick-
lung nicht mehr zuläßt. Aber das Zeitgemäße an all dem
ist nichts als dessen Möglichkeit, als die Wehrlosigkeit der
im Geldbetrieb ramponierten Großstadtnerven gegenüber
den Ersatzkünsten eines Theaters, mit dem die Literaten
Schindluder spielen. Seitdem es aufgehört hat, auf den Bei-
nen der schauspielerischen Persönlichkeit zu stehen, bedarf
es der Prothesen, die ihm die ›Regie‹ beistellt. Indem sie
nun von keinem andern Gedanken ausgeht als wie sie das,
was sie nicht machen kann, anders machen könnte, darf sie
des Zulaufs einer Schicht sicher sein, deren Leben sich nicht
unmittelbar mit der Natur verbindet. Darum ist Piscator
der Schöpfer nach dem Anspruch der Zeit, welche freilich
in jener Zone mit der besonderen Frechheit aufbegehrt, die
etwa die ›Pandora‹ aus dem Grunde ablehnen würde, weil
da nichts ›Heutiges‹ herausschaut. Denn dieser auftrump-
fende Flachsinn macht ja nicht nur ein Geschäft damit,
sondern auch eine Doktrin daraus, den Zeitwert des Kunst-
werks in seiner Eignung zu erkennen, sich von der Kom-
mishand, die danach greift, ›aktualisieren‹ zu lassen. An
den ›Räubern‹, zu deren Schutz immerhin kulturelle Pietät
dem Gelüste zu wehren hätte, ist eine Arbeit verrichtet

worden, die dem Erneuerer weniger den Vorwurf einträgt,
daß er Schiller verkürzt als daß er dessen Namen stehen
gelassen hat: keinem Hörer wäre es eingefallen, ein Plagiat
zu vermuten.«

(Kraus: Unsterblicher Witz. Bd. 9 der Werke.
Hrsg. von Heinrich Fischer. München: Kösel
1961. S. 186 f.)

Erwin Piscator (1893–1966) selbst schrieb 1929 im
Rückblick über seine Intentionen:

»Spiegelberg war der Mann, der mir in den ›Räubern‹ den
Film ersetzte, die Weltkugel und das laufende Band, das
war mein dramaturgischer Trick, mein Regulativ, mein
Barometer. An diesem Männchen hatte ich die ›Frechheit‹,
zu prüfen, ob Karl Moor nicht doch vielleicht ein roman-
tischer Narr und die ihn umgebende Räuberbande keine
Kommunisten, sondern eben nur Räuber in des Wortes
wahrster Bedeutung sind, allerdings mit allen Finessen eines
dichterischen Gehirns ausgestattet. Diesen dramaturgischen
Salto mortale hat keiner verstanden. Allerdings habe ich
einen großen Fehler gemacht: nur diesen Mann hätte ich in
seinem etwas zeitlosen Cut, seiner schmutzigbraunen Melone
und mit einem Chaplinstöckchen durch das Stück gehen
lassen sollen, während alle anderen nicht mit ›zeitlosen
Kostümen‹, wie es geschah, sondern historischen, wie es die
Schuljungen kennen, hätten ausgestattet sein müssen. Seltsam, wie ernsthaft dieser kleine Mann wurde, dieser eigentliche Schillersche Bösewicht, als ich den ideologischen Ver-
bindungsfäden, die ihn mit seinen Gefährten und seiner
Umwelt verbanden, nachging. Wie tragisch wurde er, dem
alle humoristischen und ›schurkischen‹ Arabesken abge-
schnitten worden waren, wie führte er, der keinen reichen
Vater auf einem herrschaftlichen Schloß hinter sich hatte,
der kein ›schöner‹ Held mit tenoraler Stimme und großem
Pathos war, der nicht die äußerlichen Fähigkeiten eines
›beliebten‹ Führers hatte, seine Revolution durch! Wie hart
und unerbittlich zwingt ihn das Schicksal mit allen nur er-
denklichen Mitteln, seinen Weg mit letzter Konsequenz bis
zu Ende zu gehen. Er wurde ein Vertreter unserer harten
sozialen Lage, der Verbindungsmann vom Heute zum
Gestern. Er entlarvt das Schillersche Pathos, er entlarvt den

schwachen ideologischen Hintergrund, aber er ehrt seinen
Dichter, indem er – gerade er – heute noch lebt, während
die Welt, die ihn umgibt, gestorben ist. Gewiß tönen die
herrlichen Schillerschen Passagen, das Räuberlied wie eine
wundersame Musik. Das Schloß: eine Simultanbühne, Burg,
Besitz und Macht, darin sich die Monologe zum Terzett aus
Haß, Rache, Liebe, Treue und Reue – wie in der Großen
Oper – verbinden. Auch dies alles gewinnt Eigenwert und
Raum, berauscht und drängt das Blut zum Herzen. Kunst!
Ja, und echter, echter Schiller, wunderbarster deutscher
Dramatiker! In ›Die Räuber‹ und in ›Kabale und Liebe‹
ist er der bürgerliche Revolutionär, und für das heutige
Bürgertum deshalb viel zu revolutionär. Auch dann noch
geladen, wenn ich die Sonde Spiegelberg nicht an ihn gelegt
hätte, um noch viele Generationen der bürgerlichen Gesellschaft mit seinem Atem anzublasen, daß sie aus den Panti-
nen kippen. Nur eben für das Proletariat ist der Mann
schon 100 Jahre tot.«

> (Piscator: Das Politische Theater. Neubearbei-
> tet von Felix Gasbarra. Mit einem Vorwort
> von Wolfgang Drews. Reinbek: Rowohlt 1963.
> S. 88 f.)

Unter schwierigsten Umständen hatten die »Räuber« am
24. Juni 1944 in der Regie von Gustaf Gründgens im Berliner Schauspielhaus am Gendarmenmarkt Premiere. Ein
aufschlußreiches Dokument dazu bildet der Brief des Reichs-
tagsabgeordneten F a b r i c i u s an den Intendanten:

                        Berlin NW 7, den 30. Juli 1944
Sehr geehrter Herr Generalintendant!
Am 14. Juli sah ich im Schauspielhaus am Gendarmenmarkt
Ihre packende Inszenierung von Schillers »Räubern«.
Es war vielleicht die beste Räuberaufführung, die ich je ge-
sehen habe. Bedauert habe ich nur, daß aus der Rolle des
Spiegelberg – ich glaube mit Ausnahme der Zitierung des
Josephus – alle Stellen gestrichen waren, in denen Schiller
auf die jüdische Rasse Spiegelbergs anspielt.
In den Räuberbanden des 18. Jahrhunderts spielten ja, wie
historisch feststeht, Juden eine bedeutende Rolle. Darum
lag es nahe, daß auch der junge Schiller wenigstens einen
von seinen Räubern als Juden zeichnete. Interessanter Weise

wählte er hierzu die verderbliche Gestalt, die es in raffinierter Weise fertig bringt, junge deutsche Studenten unter Ausnutzung und Irreführung ihrer idealistischen Gesinnung zur Gründung einer Räuberbande zu überreden.

Den Charakter dieses jüdischen Gauners hat Schiller überaus rasseecht dargestellt; Spiegelbergs Feigheit, sein Geltungstrieb, seine Weltverbesserer-Pose, sein Internationalismus (der sich mit zionistischen, national-jüdischen Anwandlungen durchaus verträgt), sein Antimilitarismus, sein sexueller Zynismus, sein demoralisierender Einfluß, sein auf Mord sinnender Haß gegen das echte Führertum Karls – das alles sind Wesenszüge, die aus der selbsterlebten Geschichte der letzten 30 bis 40 Jahre als typisch jüdisch nur zu gut in Erinnerung sind.

Daß Schiller in der Gestalt Spiegelbergs ganz bewußt einen jüdischen Gauner zeichnen wollte, ergibt sich aus den in der Anlage wiedergegebenen Textstellen. Schon der erste Satz, den Spiegelberg spricht und mit dem er Karl ausgerechnet die Lektüre des jüdischen Geschichtsschreibers Josephus empfiehlt, verrät Spiegelbergs Rasse. Völlig außer Zweifel gestellt wird sie dann durch Karls Anspielung und Spiegelbergs Eingeständnis, daß er beschnitten sei.

Wenn man sich in den Zeiten der Judenemanzipation und der Judenherrschaft begreiflicherweise gescheut hat, Spiegelberg nach dem Willen des Dichters als Juden auf die Bühne zu bringen, so dürfte heute, wo sich das nationalsozialistische Deutschland in einem Kampf auf Leben und Tod mit dem Weltjudentum befindet, aller Anlaß bestehen, diesen Verbrecher so darzustellen wie ihn Schiller haben wollte: Als Juden. In der Aufführung des Schauspielhauses ist jedoch, wenn ich mich recht erinnere, sogar der Feigheitsausbruch Spiegelbergs in der Kampfszene und die köstliche Zurechtweisung, die Schweizer dieser jüdischen Erbärmlichkeit erteilt, gestrichen. Das deutsche Theaterpublikum hat m. E. ein Anrecht darauf, daß eine politisch so hoch interessante und hoch aktuelle Angelegenheit bei einer Schiller-Aufführung im 5. Jahre unseres Krieges gegen das Weltjudentum nicht einfach unter den Tisch fällt. Ich suche vergebens nach Gründen, warum dies dennoch geschieht. Für einen guten Schauspieler wäre es m. E. eine sehr lohnende Aufgabe, den Spiegelberg einmal – ohne jede kit-

schige Übertreibung oder Karikierung aber lebensecht – als
Juden vom Schlage etwa eines Kurt Tucholsky auf die
Bühne zu stellen.

Heil Hitler!
gez. Dr. Fabricius
Reichstag Abgeordneter

(Zitiert nach Edda Kühlken: Die Klassiker-
Inszenierungen von Gustaf Gründgens. Mei-
senheim a. Gl. 1972. Deutsche Studien Bd. 15.
S. 163–165)

Wolfgang I g n é e (geb. 1932) glossiert die »Räuber«-
Mode der sechziger Jahre in der Wochenzeitung »Christ
und Welt« vom 13. Dezember 1968:

Der Tanz um die toten »Räuber«
Über eine aktuelle Manie deutscher Regisseure

Was denn nun noch? Mittlerweile scheinen alle Anlässe ver-
schlissen, die sich Deutschlands Regisseure imaginieren
konnten, Schillers »Räuber« zu spielen. Oder etwa nicht?
Faßt man die »Räuber«-Hausse der letzten zweieinhalb
Jahre mit einem Blick zusammen, dann verwandelt sich
Hofmannsthals (in Grenzen zu strapazierende) Bemerkung,
ein Stück sei um so größer, je unvollendeter es konzipiert
worden sei, in ein Wurfgeschoß, das den 22jährigen Dra-
menautor Schiller niederstreckt. *So* viel »Unvollendetheit«
kann gar nicht anders als tödlich wirken.
In gewissen epochalen Abständen darf jeder Theatertext
begründbar umfunktioniert und den aktuellen Zuständen
als Spiegel vorgehalten werden. Da läßt sich der Zeitgeist
einen roten (Piscatorschen) Karl, einen völkischen Franz,
vielleicht auch eine nur unvollständig entnazifizierte, weil
in den böhmischen Wäldern nur schwer zu ergreifende
Mörderbande gefallen.
Aber heute? Die »Räuber«-Freßwelle unter Deutschlands
namhaften Regisseuren begann vor zweieinhalb Jahren in
Bremen. Da wurde, noch angstvoll unter Mitternachtskura-
tel gestellt, von Zadek und Minks eine Comic-Bande unter
ihrem Super(haupt)mann Karl präsentiert. Das ließ sich
ästhetisch abtun oder goutieren. In Wiesbaden veranschau-
lichte der hochbegabte Heyme seinen Kritikern an Hand
eines aseptisch-medizinischen Interpretationsversuchs auf

kahler Bühne, daß er auch anders kann, als den »Tell« ins
Gammlerkostüm zu stecken. Man durfte bei Heyme schon
mißtrauisch werden: Da bastelte bloß einer an seiner Re-
gisseursbiographie herum.
Irgendwann um diese Zeit gab es übrigens eine vergessens-
würdige Ruhrfestspielinszenierung mit Messemer. Danach
ging wohl Utzerath mit den »Räubern« aus Düsseldorf
fort: Spiegelberg als SDS-Stratege, und äußerlich: Blue
jeans. Da waren wir erstmals auch wieder politisch auf der
Höhe der Zeit.
In diesem Jahr tut es vollends niemand mehr unter den
»Räubern«, ob er sich nun das »Kursbuch« oder das Mao-
Brevier auslegt, eine neue Intendanten-Ära einleitet oder
beendet. Günther Büch vor Wochen in Düsseldorf: Die
Bande in Provojacken als anarchistische langhaarige Bürger-
schrecker, Schillersche Brocken versetzt mit obszönem
Hippiejargon.
Während Egon Monk in Hamburg in seiner Zweitpremiere
mit Schillers Erstling alle Zweifel an seinen Theatertalenten
zerstreute (Joachim Kaiser: »Es waren ›Räuber‹, bei denen
man nicht ein einziges Mal aufhorchte«) und Hans Lietzau
sich jetzt in München eher zufällig als neubestallter Hamburger Intendant mit – ja womit wohl? – den »Räubern«
vorstellte, läuft die Moor-Moritat als Motto-Rahmen bei
der Münchner »Lach- und Schießgesellschaft«; und man
müßte sich doch sehr täuschen, wenn diese clevere, über-
regionale Fernsehwitzelrunde ihre Nase nicht wieder tief
ins Glas des Gängigen-Allzugängigen gesteckt hätte.
Im Jahre 187 nach der »Räuber«-Niederschrift, also 1968,
kann kein deutscher Regisseur gegen einen deutschen Stu-
dienrat den Vorwurf erheben, er vermiese seiner Sekunda
den Sturm-und-Drang-Klassiker. Schillers Erstgeburt richten augenblicklich Deutschlands Regisseure ein zweites Mal
zugrunde. Sie sind die Nachfolge-Sachwalter der Deutsch-
lehrer geworden. Zwischen beiden Berufsständen besteht
keine qualitative Differenz mehr, allenfalls eine der Tech-
nik der Übermittlung. Beide reiten auf einem tradierten
Mythos herum, der eine von Geschlecht zu Geschlecht fort-
geschleppte Fiktion ist, von der spektakulären Schockauf-
führung in Mannheim her: Dies Stück sei ein *großes*, das
Unruhe- und Jugendstück par excellence des deutschen

Theaters. So ist es natürlich: weil kein besseres zur Hand
ist und kein dramaturgisch offeneres, allen interpretatori-
schen Beliebigkeiten gefügigeres.

Unter diesen Inszenierungen wurde Hans Lietzaus am
7. Dezember 1968 im Münchner Residenztheater aufge-
führte am meisten diskutiert. Der Dramaturg der Aufführung, Ernst W e n d t , erläuterte ihre Absicht:

»Wie begegnen wir den ›alten‹ Stücken? Die Inszenierung
der ›Räuber‹ hat versucht, diese für die fortwirkende Existenz des Theaters entscheidende Frage in sich aufzuneh-
men. An manchen Punkten der Aufführung ist das Erstaunen bei der Begegnung mit dem alten Text selber sogar the-
matisch geworden. Noch das fertige Produkt von zehn
Wochen Arbeit birgt das Erschrecken über Schillersche
Sätze, über die Untiefen eines Monologs, die abgrundböse
Konstruktion einer Intrige.
Die Inszenierung bildet selber den Widerspruch ab, der bei
dem Versuch entsteht, die theatralischen Mittel, mit denen
einer einen Gegenstand reproduziert, zu vervollkommnen
und gleichzeitig ganz in diesen Gegenstand einzutauchen.
Das heißt: sich den während des Arbeitsprozesses täglich
neu und bewußter hervorspringenden Verzweiflungen, die
der Text Schillers verborgen hält, auszusetzen mit der täg-
lichen Existenz und sie doch nur auf eine einzige gemäße
Weise überwältigen zu können: auf die Weise des Theaters,
mit theaterhaften Mitteln – Sprache, Gestus, Raum, Licht.
Moralische Entscheidungen artikulieren sich in der Kunst
als formale: die Aufführung stellt sich dieser neuerdings
von vielen als unschicklich denunzierten Tatsache, der aber
auf die Dauer doch nur jener entkommt, der entweder ein
routiniertes Verhältnis zum Theater hat – also auf die moralischen Entscheidungen gleich ganz verzichten kann –
oder ein überwältigend naives Verhältnis sich bewahrt, das
ihm erlaubt, den unauflöslichen Zusammenhang zwischen
›Bezeichnetem‹ und ›Bezeichnendem‹ – und damit die for-
malen Entscheidungen – zu ignorieren.
Sich hineinlassen in den alten Text bedeutet zunächst, eine
Entscheidung treffen gegen sich selbst: nämlich den Verzicht auf Interpretation, den Verzicht darauf, eigene Welt-

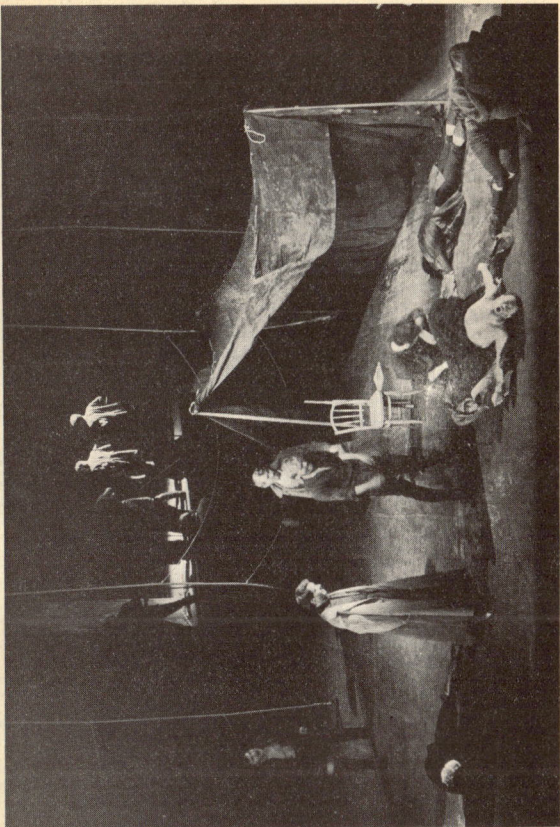

Szenenfoto der Inszenierung von Hans Lietzau, Bayerisches
Staatsschauspiel München (Foto: Rudolf Betz, München)

haltungen, eigene Urteile, Erwartungen, Sehnsüchte in den
Text hineinzutragen. Susan Sontag, die amerikanische Es-
sayistin, hat in einem Aufsatz ›Against Interpretation‹ vermutet, in der vorherrschenden Sucht nach Interpretationen
drückten sich so etwas wie Racheakte des Intellekts an der
Kunst aus; sie behauptet, daß interpretatorische Unternehmungen in dem kulturellen Zusammenhang, in dem wir
heute leben, größtenteils reaktionär und stickig und phili-
strös seien. Sie befürwortet, indem sie sich ›gegen Interpretation‹ wendet, eine Haltung, die verschiedenen neueren
Entwicklungen in den Künsten eigentümlich ist: all jenen
Unternehmungen in der Literatur und in der bildenden Kunst,
welche die Dinge, denen der Kunstmacher begegnet, durch
diese Begegnung zu sensibilisieren suchen.
Sich selbst in die Phänomene zu investieren, statt immer
nur Auslegungen dieser Phänomene herzuzeigen –: das kann
nun auch die Haltung eines Theatermachers gegenüber
einem alten Text sein. Sich so verhalten, heißt natürlich,
eine quasi moralische Entscheidung vorwegtreffen, indem
man die ›deutende‹, auf sich selber hin interpretierende
Haltung zu dem alten Text als intellektuelle Unredlichkeit
begreift und sich vornimmt, ihn nicht durch Auslegungen
zu verändern.
Lietzaus Inszenierung legt es darauf an, der ›Bedrohung‹
durch Interpretationen soweit nur irgend möglich zu entfliehen und dem Wust der vorhandenen, über den Text ge-
lagerten vorliegenden Urteile so sehr wie den möglichen
eigenen Vor-Urteilen zu entkommen. Sie ist bemüht, die
Mittel den Text nie übersteigen zu lassen, und immer dann,
wenn die dem Theater zuhandenen Mittel vor dem Text
versagen, das Heil nicht in deren exaltierter Zuspitzung zu
suchen, sondern den Text durch seine latente Sinnlichkeit,
seinen direkten Impuls, sein einfaches Da-Sein in Erscheinung treten zu lassen.
Die Inszenierung gräbt also nicht gleich hinter dem Text,
sondern schaufelt sich zunächst einmal den Weg frei zu seiner Oberfläche. Wer so vorgeht, will, was er vorfindet,
nicht durch etwas anderes – sei es heimlich oder offen – er-
setzen, sondern dem alten Text dazu verhelfen, in dem
Medium Theater sein unmittelbar sinnliches Äquivalent zu
finden.«   (Theater 1969. Sonderheft von »Theater heute«. S. 32)

Gegenteilige Auffassungen dazu vertraten Jost Nolte und Siegfried Melchinger.

Jost N o l t e (geb. 1927):

Ebenbürtig im Unheil: die Brüder Moor

»Die Räuber« im Münchner Residenztheater: Hans Lietzau entdeckt Karls Tragödie wieder

Merkwürdig ist es schon, daß Hans Lietzau in München just mit dem Stück triumphiert, mit dem Egon Monk in Hamburg so hoffnungslos einbrach. Wer nach der Aufführung an der Elbe zu dem Schluß kam, Schillers »Räuber« seien nun endgültig dahin, sie seien Schullesestoff und darüber hinaus bestenfalls noch Vorwand für szenische Exzesse, wie sie Peter Zadek vorher auf der Bremer Bühne veranstaltet hatte, muß jetzt sein Urteil revidieren:
Die »Räuber« von Schiller sind ein irrwitziges Schauspiel, aber sie sind total ernst zu nehmen, und als wichtigste Entdeckung ist zu melden, daß die Tragödie nicht etwa Rechtens »Franz die Kanaille« heißen müßte, während die Szenen, die Karl betreffen, nur noch die restlos überholte Mär von einem etwas peinlichen Heißsporn abgeben können. Nein, die »Räuber« sind – Lietzau beweist es – ein abgründiges Doppeldrama. Sie sind, wie immer die Effekte hochgepeitscht werden, ein melancholisches Stück Untergang in zweifacher Ausfertigung: Karl und Franz sind ebenbürtig in ihrem Unheil. [...]
Karl Moor lehnt, während Roller zu sich kommt, halb abgewendet an einem Zelt. Er hat den Freund mit einer Mord-und-Brand-Tat gerettet. Er hat alles riskiert, und er hat gesiegt. Aber er zeigt weder das eine noch das andere. Während seine Kumpane an Rollers Lippen hängen, ist Moor nichts als erschöpft. Er als einziger kennt den Preis, den Rollers Freiheit gekostet hat. Und als sich Schufterle des bösen Kindsmordes rühmt, wallt in seinem Hauptmann nicht etwa edle Empörung auf. Der Räuberführer versucht nicht, sich ins Pathos zu retten. Sein »Fort, Ungeheuer! Laß dich nimmer unter meiner Bande sehen!« ist nicht die Schlachtung eines Sündenbocks. Sein Spruch trifft auch ihn selbst, und er weiß, daß es für ihn so wenig ein Entrinnen aus seinen Taten gibt wie für Schufterle. Schon jetzt, lange

vor der Katastrophe, ist er der Sünder, der nicht umkehren kann.

Lietzau zwingt der Tragödie keine gegenläufige Psychologie auf, aber er unterlegt dem hochgemuten Text neue Konsequenzen des Fühlens und Denkens, die frappierende Wahrheit ans Licht zu bringen, und das von Anfang an. [. . .]

Griems Karl Moor aber ist bis hin zu dem Satz »Dem Manne kann geholfen werden« von Schwermut gezeichnet, und diese Schwermut ist das Bewußtsein des Bösen, mit dem er paktiert.

Hans Lietzau hat die Tragödie des Karl von Theaterballast befreit. Er braucht keinen Kosinsky, der mit der Geschichte von seiner Amalia Karl an die eigene Amalia erinnert. Er braucht keine Wiedererkennungsszenen mit dem alten Daniel, die doch nur Rühreffekte bringen könnten. Er braucht nicht einmal jenen Auftritt, in dem Amalia Karl nicht erkennt. Bei Lietzau kehrt Karl sofort zum Schloß seines Vaters zurück, nachdem Amalia ihr »Karl lebt noch!« gestammelt und er selbst seinen Schwur erneuert hat, daß er seine Bande nie verlassen werde. Der harte Schnitt braucht nicht motiviert zu werden.

Nach seinem Sieg muß Karl, so wird ohne ein Wort unterstellt, die Gier nach Rückkehr überkommen. Er muß das Leben suchen, aus dem er ausgebrochen ist, und folgerichtig sind er und Amalia bei ihrer ersten Wiederbegegnung ineinander verfangen. Mit ihrem »Es reift keine Seligkeit unter dem Mond« greift Amalia nach Karls Hand. Sie kennen sich, aber sie scheuen zurück vor ihrer Kenntnis. [. . .]

Dieses Drama könnte, so scheint es, für sich stehen. Diese »Räuber« brauchten den Franz eigentlich nicht. Die Post könnte die Intrige bringen, ohne daß man den Absender kennenlernte. Und doch ist die Aufführung im selben Maße die Tragödie des Franz. Sie ist es, weil Lietzau auch den Intriganten, auch den bösesten der Bösewichter freihält von aller Theaterbosheit. Der Franz, den Martin Benrath spielt, denkt sich seine Untaten nicht zurecht. Wie [Helmut] Griems Karl gehorcht er den Gedanken, die ihm durch den Kopf schießen.

Er ist eine gepeinigte Natur, die sich auflehnt gegen ihr Schicksal. Und ist es nicht unrecht, wozu Franz verurteilt ist: der Zweite zu sein, der Häßliche, der Ungeliebte? Merkwürdig unentschlossen und doch sehr hastig bereitet er die Intrige vor, unsicher lauert er auf die Reaktionen des alten Moor. [...]

Dann aber, wenn sich die Entschlüsse formen, wenn Franz abwägt, womit er den Vater treffen kann, mit Zorn, Sorge oder Gram, wenn er eine Taktik nach der anderen verwirft und schließlich den Schreck beschließt, »dieses Giganten eiskalte Umarmung«, dann ist Franz der Herr seiner Bosheit, und es ist klar, daß er Herr durch Bosheit sein wird. Er wächst, als er seine Zweifel überwunden hat, an seinem Erfolg. Er legt sich glatteren Zynismus zurecht, selbst in der Nacht seines Untergangs trumpft er noch auf. Der Glaubensfestigkeit des Pastors Moser ist er nicht gewachsen, aber er ist gefaßt genug, das Gespräch durchzustehen. Er hängt sich auf unsägliche Weise auf, aber noch in der letzten Verzweiflung, in der er sich einen Strick um den Hals schlägt und von einem Tisch herunterspringt, steckt mehr verratene Menschlichkeit, als auf seine Rechnung geht. Franz rächt sich an sich selbst, und er rächt sich an seiner Welt.

Und eben in diesem Moment stehen die Untaten Karls zur Diskussion. Lietzau läßt Franz auf schrille Weise sterben. Das Feuer, das die Bande ins Schloß geworfen hat, wird mit Scheinwerfern markiert, die ins Publikum gerichtet sind. Die Riesenbühne mit ihren rostroten Wänden, auf der die Arrangements so raffiniert wie heftig abliefen, diese Bühne, die mit durchsichtigen Hängern und mit Stricken bei Bedarf zum Labyrinth verwandelt wurde und auf der Dunkelheit dramatisches Mittel war, wird zum grellen Folterinstrument. Dieser Tod, sagt das Stück, geht euch an. Die verzwickte Logik des Dramas ist erwiesen, denn es ist ja nicht Franz, der den alten Moor durch Schreck tötet. Der Räuber Karl wird dieses Geschäft besorgen. Die Brüder Moor arbeiten Hand in Hand.

[...] Diese »Räuber«-Inszenierung, in der es kaum blinde Flecken gab, war ein Sieg intelligenten Theaters.

(Die Welt, 10. Dezember 1968)

Siegfried M e l c h i n g e r (geb. 1906):

»Selten war eine Oberfläche so glänzend. Fehlings tiefer
Bühnenkasten mit der Schräge, von Jürgen Rose mit fast
dramatischen, aber doch aparten Valeurs ausgelegt, war
Szene für Szene in perfektem Stil dekoriert: ein nervöser
Geschmack, Sinn für federnde Präzision verbanden sich mit
jener Meisterschaft, wie sie langjährige Erfahrung im Umgang mit dem Effekt einträgt. Dahinter war nichts.
In Schillers superlativistischer Dramaturgie sind zwei Verbrecher zu ›Kolossen‹ übersteigert (aber Kolosse sind nicht
modern). Die Hölle des absolut Bösen tut sich abgründig
auf, aber auch das Gute wird hybrid, da es sich des Terrors
bedient. Der Zustand der Welt, wie sie ist, wird vor das
Jüngste Gericht gebracht, und dort erwartet auch diejenigen
das Urteil, die es unternommen haben, ihn zu ändern (aber
das Jüngste Gericht ist nicht modern). Welche Dimensionen
der Denkkraft und Leidenschaft, vor allem aber des En-
gagements! Und wann wurde man sich in dieser Aufführung auch nur ein einziges Mal dessen bewußt, daß es sich
um Studenten handelt, die gegen eine (wenn auch historische) Gesellschaft Amok laufen?
Kennzeichnend der Spiegelberg des jungen Paryla: er hatte
nichts von Tücke, aber er gefiel. Benrath glitt virtuos in
den Geleisen des geölten Stils. Schwerer hatte es Griem, da
er nicht die Fähigkeit besitzt, so smart zu sein wie diese
›Modernität‹. Aber Hauptsache: es wirkte und wirkt; es
blendet.«

                              (Theater 1969. Sonderheft von »Theater
                              heute«. S. 36)

Einen parodistischen Schluß der »Räuber« schrieb Ernst
P e n z o l d t (1892–1955). Er erschien mit folgender An-
merkung: »Dem Kustos ist es gelungen, die schmerzlich
vermißte 3. Szene zum 5. Akt der ›Räuber‹ in den Archi-
ven von Mössel an der Maar zu entdecken. Es bleibt noch
aufzuhellen, wann Schiller in Mössel weilte. Wir legen diesen wertvollen Fund unseren Zeitgenossen vor – zu deren
Nutz und Frommen.«

Nachspiel zu den »Räubern«

5. Akt, 3. Szene (nicht bei Schiller)

Vor einer ärmlichen Hütte in Franken. Ein Taglöhner,
Besen bindend. Kinder in allen Größen bis zu sechszehn
Jahren teils spielend, teils gärtelnd. Es ist gegen Abend.

Der Räuber Moor *(tritt auf).* Guten Abend, Besenbinder.

Der Taglöhner. Grüß Gott, Herr Räuber.

Moor. Ihr kennt mich also noch.

Taglöhner. Ei freilich! Auch wenn ich Euch neulich
nicht gesehen hätte, da Ihr des Wegs nach dem Schloß
Eurer Väter vorüberkamt, so wüßt ich's doch, wer Ihr
seid. Hängt doch Euer wahrhaftiges Konterfei hierzu-
lande in allen Stuben. – Kommt Kinder, macht dem
Herrn Hauptmann einen schönen Diener.
(Sie tun's ohne Scheu.)

Moor. Sie fürchten sich nicht vor mir, dem Räuber und
Mordbrenner?

Taglöhner. I wo! Sie spielen ja den ganzen Tag nichts
anderes als Räuber und Schandi. Ich tue selber zuweilen
mit. Nur – –

Moor. Nur?

Taglöhner. Komisch: es will partout keiner Gendarm
sein.

Ein Bub *(mit Schlapphut und Federn darauf).* Ich bin
der Hauptmann. Der da ist der Schweizer, der ist der
Roller und der der Spiegelberg.

Ein anderer *(heult).* Ich mag doch aber nicht der
Spiegelberg sein.
(Sie trollen sich.)

Taglöhner *(weiterarbeitend).* Macht's Euch bequem,
Hauptmann. Was führt Euch zu uns?

Moor *(wirft sich ins Gras).* Ich habe ein Geschäft mit
dir.

Taglöhner. Ein Geschäft? Ich bin ein armer Mann.
Mit mir ist kein Geschäft zu machen.

Moor. Vielleicht doch. Es ist ein Preis von tausend Louisdor auf meinen Kopf gesetzt.

Taglöhner. Gott verdamm mich! Ein hübsches Sümm-
chen.

M o o r. Du kannst es dir leicht verdienen, Mann, und alle
Not hat ein Ende.

T a g l ö h n e r. Tausend Louisdor! Das ist kein Pappen-
stil. Es ist sündhaft viel Geld! Was muß ich dafür tun?

M o o r *(legt seinen Säbel und seine Pistolen ab).* Mich den
Gerichten ausliefern.

T a g l ö h n e r. Ich? Euch? Den Gerichten? Was denkt Ihr
von mir? Das – verzeiht –, das ist nicht schön von Euch.

M o o r. Überleg's dir wohl! Du bist ein armer Schelm. Du
hast, wenn mir recht ist, elf lebendige Kinder.

T a g l ö h n e r *(kratzt sich hinterm Ohr).* Mit Verlaub:
Elfeinhalb. Eins nämlich ist noch unterwegs.

M o o r. Um so mehr bist du's bedürftig.

T a g l ö h n e r. Bedürftig! Weiß Gott, das sind wir wirklich. Obwohl – die Großen helfen schon recht wacker
verdienen. Wenn nur die unruhigen Zeiten nicht wären.

M o o r. Und die unruhigen Köpfe, nicht wahr?

T a g l ö h n e r. Ganz recht! Wir könnten ein Paradies auf
Erden haben. *(Zu einem Kind.)* Melk die Ziege, Hann-
chen. Hörst sie nicht plärren? Es ist gar nicht das Hann-
chen. Es ist das Lieschen. Ich kann sie schier nicht mehr
auseinanderhalten. Aber: Man merkt's halt doch gleich,
wenn einmal eins fehlt. – Ihr habt keine Kinder, Hauptmann?

M o o r. Ich? Nein.

T a g l ö h n e r. Dacht ich's doch! Ich habe schon öfters
darüber sinniert, ob nicht, ich meine, ob so manches
Abenteuer in der Welt –

M o o r. Sprich dich nur ruhig aus, Freund.

T a g l ö h n e r. Zum Exempel: Ob Ihr wohl der große
Räuber Moor geworden wäret, wenn Ihr Kinder hättet.
Es müssen ja nicht gerade elf sein.

M o o r. Unter diesem Aspekt habe ich die Weltgeschichte
noch nicht betrachtet.

T a g l ö h n e r. Tut es, Hauptmann, tut es!

M o o r *(einen Grashalm pflückend).* Ich fürchte, es ist zu
spät. – Du kennst meine blutigen Taten?

T a g l ö h n e r. Aber freilich! Von den Bänkelsängern auf
den Jahrmärkten.

M o o r. Bis zuletzt?

T a g l ö h n e r *(leise).* Ja, bis zuletzt.

M o o r. Sag, hab ich nicht wie einer den Tod verdient? Ich habe Amalien, –

T a g l ö h n e r. Ach, ich weiß, ich weiß. Das war bitterer als der Tod.

M o o r. Hör zu. Nach Petrus Lombardus gibt es sieben Todsünden: Superbia, das ist die Hoffart, Avaritia, die Habsucht, Luxuria, die Wollust, Ira, der Zorn, Gela, die Völlerei, Invidia, der Neid, und Acedia, das ist die Trägheit des Herzens.

T a g l ö h n e r. Diese dünkt mich von allen die schlimmste und häufigste zu sein. Welche aber habt Ihr begangen? Ich finde Rauben, Morden und Brennen nicht darunter.

M o o r. Die Beweggründe sind's, nicht die Taten, die Gesinnung ist's, die als Sünde wiegt.

T a g l ö h n e r. Ich bin nicht Euer Richter, Hauptmann. Doch laßt sehen: War es nicht Hoffart, die Euch zum Räuber werden ließ? Anmaßung der Gerechtigkeit? Ruhmsucht, Undemut; Großartigkeit und Eure grenzenlose Ungeduld? Wolltet Ihr nicht mit diesem Säbel und mit diesen Räuberpistolen etwas in Ordnung bringen, was nur durch unendliche Liebe gutgemacht werden kann? Vielleicht wäret Ihr der einzige Mensch gewesen, der es vermocht hätte. Denn Ihr seid tapfer und zieht die Herzen an.

M o o r. Mann, glaubst du das wirklich im Ernste?

T a g l ö h n e r. Wenn einer, so hättet Ihr es vermocht. Es wäre auch, wie ich die Menschen kenne, nicht weniger lebensgefährlich gewesen. Und – war es nicht auch Hoffart, daß Ihr nun nach soviel Irrtum meintet, Ihr brauchtet nur zum Besenbinder zu gehen, und der arme Hund wüßte nichts Eiligeres zu tun, als Euch an den Galgen zu liefern und das Sündengeld einzusackeln? Und Ihr glaubtet noch dabei wunder wie großherzig zu handeln!

M o o r *(fast etwas gekränkt)*. Aber ich meinte es doch wirklich nur gut mit dir.

T a g l ö h n e r. Oh, über die Toren, die immer so leicht bereit sind, für sich anzunehmen, sie hätten es gut gemeint. Diese sogenannte »gute Meinung«, ist das nicht am Ende die achte Todsünde?

M o o r. Was soll ich aber tun, denn ich sehe, armer Mann, dir kann nicht geholfen werden.

T a g l ö h n e r *(gutmütig)*. Wieso? Ihr hättet Euch die
ganze Zeit schon beim Besenbinden nützlich machen
können, anstatt an einem Grashalm zu kauen. – Was Ihr
tun sollt? Ihr wollt sterben. Gut, das kann ich verstehen.
Stellt Euch den Gerichten, aber seht Euch vor, daß Ihr
unterwegs niemandem Gelegenheit gebt, die tausend
Louisdor zu verdienen und einen Sünder mehr zu machen.
– Und wenn sie dich aufs Rad flechten, Hauptmann, in
deinem letzten Stündlein, will ich bei dir sein und dich
immerzu ansehen.

M o o r *(indem er seinen Säbel überm Knie zerbricht und
die Stücke hinwirft)*. Verlaßt Euch auf mich, Besenbinder, lebt wohl! *(Er geht.)*

T a g l ö h n e r . Macht's gut! Und Friede werde deiner
armen, unruhigen Seele!

(Penzoldt: Drei Romane. Frankfurt a. M.:
S. Fischer 1952)

VII. Texte zur Diskussion

Das Gleichnis vom verlorenen Sohn, Luk. 15,11–32:

»Und er sprach: Ein Mensch hatte zwei Söhne. Und der jüngste unter ihnen sprach zu dem Vater: Gib mir, Vater, das Teil der Güter, das mir gehört. Und er teilte ihnen das Gut. Und nicht lange darnach sammelte der jüngste Sohn alles zusammen und zog ferne über Land; und daselbst brachte er sein Gut um mit Prassen. Da er nun all das Seine verzehrt hatte, ward eine große Teuerung durch dasselbe ganze Land, und er fing an zu darben. Und ging hin und hängte sich an einen Bürger des Landes; der schickte ihn auf seinen Acker, die Säue zu hüten. Und er begehrte seinen Bauch zu füllen mit Trebern, die die Säue aßen; und niemand gab sie ihm.

Da schlug er in sich und sprach: Wie viel Tagelöhner hat mein Vater, die Brot die Fülle haben, und ich verderbe im Hunger! Ich will mich aufmachen und zu meinem Vater gehen und zu ihm sagen: Vater, ich habe gesündigt gegen den Himmel und vor dir und bin hinfort nicht mehr wert, daß ich dein Sohn heiße; mache mich zu einem deiner Tagelöhner! Und er machte sich auf und kam zu seinem Vater. Da er aber noch ferne von dannen war, sah ihn sein Vater, und es jammerte ihn, lief und fiel ihm um seinen Hals und küßte ihn. Der Sohn aber sprach zu ihm: Vater, ich habe gesündigt gegen den Himmel und vor dir; ich bin hinfort nicht mehr wert, daß ich dein Sohn heiße. Aber der Vater sprach zu seinen Knechten: Bringet das beste Kleid hervor und tut es ihm an, und gebet ihm einen Fingerreif an seine Hand und Schuhe an seine Füße, und bringet ein gemästet Kalb her und schlachtet's; lasset uns essen und fröhlich sein! denn dieser mein Sohn war tot und ist wieder lebendig geworden; er war verloren und ist gefunden worden. Und sie fingen an, fröhlich zu sein.

Aber der älteste Sohn war auf dem Felde. Und als er nahe zum Hause kam, hörte er das Gesänge und den Reigen; und rief zu sich der Knechte einen und fragte, was das wäre. Der aber sagte ihm: Dein Bruder ist gekommen, und dein Vater hat ein gemästet Kalb geschlachtet, daß er ihn gesund

wieder hat. Da ward er zornig und wollte nicht hinein-
gehen. Da ging sein Vater heraus und bat ihn. Er aber antwortete und sprach zum Vater: Siehe, so viel Jahre diene
ich dir und habe dein Gebot noch nie übertreten; und du
hast mir nie einen Bock gegeben, daß ich mit meinen Freunden fröhlich wäre. Nun aber dieser dein Sohn gekommen
ist, der sein Gut mit Huren verschlungen hat, hast du ihm
ein gemästet Kalb geschlachtet. Er aber sprach zu ihm:
Mein Sohn, du bist allezeit bei mir, und alles, was mein ist,
das ist dein. Du solltest aber fröhlich und gutes Muts sein;
denn dieser dein Bruder war tot und ist wieder lebendig
geworden; er war verloren und ist wieder gefunden.«

Hans S c h w e r t e (geb. 1910):

»Ob Schiller selbst jemals daran gedacht hatte, sein Stück
›Der verlorene Sohn‹ zu betiteln, darf, trotz einigen Text-
anspielungen, heute nach den Forschungen Stubenrauchs
füglich bezweifelt werden. Daß ursprünglich dieses biblisch-
literarische Motiv trotzdem mitanregend gewesen ist, schon
von der Schubartschen Quelle her, bleibt darum ebenso
offensichtlich. Aber in den ›Räubern‹ geht es gar nicht
mehr um ›den‹ verlorenen und um ›den‹ wiederkehrenden
Sohn; beide Söhne des biblischen Gleichnisses sind diesem
Vater verloren, jeder in anderer Weise, und die Wiederkehr
wenigstens des einen bedeutet paradoxerweise im selben
Augenblick ›Vatermord‹, den beide Söhne, der eine gewollt,
der andere ungewollt, längst vollzogen zu haben meinen.
Dies macht das Drama von vorneherein ›zwielichtig‹.
[...]
Aber die Umkehrung der alten Parabel geht noch eine
Wendung weiter; sie erst ist für die Deutung der Tiefen-
perspektive dieses Schauspieles entscheidend: sie liegt in der
Figur des Vaters, des alten Moor. Dieser wird, wie mir
scheint, meist falsch beschrieben – und entsprechend falsch
auf der Bühne gespielt. Daß Schiller selbst zu diesem Miß-
verstehen einiges beigetragen hat, da ihm die poetische
Zeichnung dieser Figur am wenigsten gelungen ist, viel weniger als die oft gescholtene Amalia, darf ohne weiteres zu-
gestanden werden. Der alte Moor ist nicht nur ein im Alter
hilflos gewordener, doch ehrwürdiger, weißlockichter Greis,

der den Lebenssituationen, erst recht der Intrige jetzt nicht mehr gewachsen ist: der alte Moor ist der versagende Vater, er ist, so wie die Söhne verlorene sind, der verlorene Vater. Da er in seinem Vateramt versagte, zerstörte er die Familie, löste er die Söhne aus diesem Band. Er machte sie zu verlorenen, weil sie den rechten Vater nicht kannten. Den Grund des Dramas bildet der Zweifel am Vater, die Verzweiflung am Vater. In ihr erst wird der Zweifel an Gott wach. Den einen Sohn hat der alte Moor zu zärtlich und ohne Strenge, den anderen lieblos und dumpf erzogen. Selbst wenn wir von den intriganten Aussagen Franz' viel abziehen sollen, ein Bild von der Familie Moor können wir uns dennoch machen; noch genauer können wir ein Bild dieses schwächlichen Vaters aus dem Handlungsablauf selbst entnehmen. Er ist nicht nur zärtlich schwach, sondern meist töricht schwach. Seine Entscheidungen sind vorschnell und unüberlegt, ohne vernünftiges Maß; mit seinen Einsichten kommt er immer zu spät. Wohl liebt er, aber er weiß sich und seine väterliche Liebe nicht durchzusetzen. Er ist um nichts weniger blind, als seine Söhne verblendet sind. [...]

Schiller selbst hat nicht gezögert, in seinem Schauspiel – neben den Rudimenten der Verlorenen-Sohn-Handlung – die Umdrehung dieser Parabel, mit allen ihren theologischen und historischen Konsequenzen, anzudeuten, ja sie deutlich auszusprechen. Wenn irgendwo, dann erwarten wir die geradezu sakramentale Satzfolge, nach Lukas 15, ›Vergib mir ... Ich hab gesündigt im Himmel, und vor dir. Ich bin nicht wert, daß du mich [Sohn] nennst‹ von einem der verlorenen Söhne ausgesprochen, also von Karl, da Franz schlechterdings nicht in Frage steht. Aber Schiller, in genialem künstlerischem Einfall, wendet diesen Satz um und legt ihn im letzten Auftritt, vorgedeutet schon im ersten Auftritt des Spieles*, dem Vater in den Mund: ›Ich hab gesündigt im Himmel und vor dir. Ich bin nicht wert, daß du mich Vater nennst‹ [S. 131]. [...]

Den Grund des Dramas bilde der Zweifel am Vater, die Verzweiflung am Vater, sagte ich – von dem einen Sohn raffiniert gefördert, von dem anderen mit allen seelischen

---

* Der alte Moor zu Franz, I,1: »Vergib mir, mein Kind ...« [S. 13].

Qualen, wenn auch blindlings, erlitten, doch beide auf ihr
Ich-Selbst werfend. Auch gerade nur andeuten kann ich,
wie seit den letzten Jahrzehnten des 18. Jahrhunderts bis
in unsere eigene Gegenwart der Ruf nach dem Vater – ›Vater, wo bist du?‹, ›Ich habe keinen Vater mehr‹, ›Es ist
kein Gott‹, ›Gott ist tot‹ – der Schreck- und Angstruf der
wachsten Geister dieses Zeitraumes wurde*. Vom Sturm
und Drang und Schillers ›Räubern‹, der ersten Romantiker-
Generation und Georg Büchner bis zu den Vatermord-Dramen der Expressionisten, bis zu Benn und Sartre und Ernst
Jünger und so fort, von Nietzsche, Dostojewskij zu schweigen, ist diese Thematik, verbunden mit der Bezweiflung
des Vierten Gebotes**, geradezu zu einem Leitmotiv, zu
dem unheimlichsten Leitmotiv zweier Jahrhunderte geworden, durchgespielt in allen nur möglichen Variationen der
inneren Zernichtung bis zur höchsten Triumphekstase. Aber
zu wiederholen ist ebenfalls, daß der junge Schiller in den
›Räubern‹ diese Leitthematik zweier revolutionärer Jahrhunderte nicht nur am erregendsten vorausgespielt hat,
auch indem er sie sogleich in die äußerst möglichen geistigen und theologischen Horizonte stellte, sondern daß er
diese Thematik ebensogleich abzudämmen versuchte und
sie auf eine Besinnung des dem Menschen und seiner Freiheit gesetzten Maßes öffnete. Er öffnete zugleich, mir
scheint das die entscheidende Leistung, die in diesem Thema
angelegte Tragödie.«

(Schwerte: Schillers ›Räuber‹. In: Der
Deutschunterricht, Jg. 12, 1960, H. 2,
S. 27–31)

Sigmund F r e u d (1856–1939):

»Der Vatermord ist nach bekannter Auffassung das Haupt-
und Urverbrechen der Menschheit wie des einzelnen. Er ist
jedenfalls die Hauptquelle des Schuldgefühls, wir wissen

---

* Vgl. meine kurze Arbeit: Der Ruf nach dem ›Vater‹, in: Die neue
Furche, 6. Jg. ’52, H. 9, 593 ff.
** Franz’ bohrende Fragen zu diesem Thema des Vierten Gebotes werden, nach Zwischenstufen, bezeichnenderweise wieder zu Beginn des
›modernen‹ Dramas am Ende des 19. Jahrhunderts aufgenommen; erinnert sei neben vielem anderen nur an Anzengrubers »Viertes Gebot‹,
Ibsens »Gespenster«, Hauptmanns »Vor Sonnenaufgang«, Holz/Schlafs
»Familie Selicke«, Wedekinds »Frühlings Erwachen« usw.

nicht, ob die einzige; die Untersuchungen konnten den seelischen Ursprung von Schuld und Sühnebedürfnis noch
nicht sicherstellen. Er braucht aber nicht die einzige zu
sein. Die psychologische Situation ist kompliziert und bedarf einer Erläuterung. Das Verhältnis des Knaben zum
Vater ist ein, wie wir sagen, ambivalentes. Außer dem Haß,
der den Vater als Rivalen beseitigen möchte, ist regelmäßig
ein Maß von Zärtlichkeit für ihn vorhanden. Beide Einstel-
lungen treten zur Vateridentifizierung zusammen, man
möchte an Stelle des Vaters sein, weil man ihn bewundert,
so sein möchte wie er und weil man ihn wegschaffen will.
Diese ganze Entwicklung stößt nun auf ein mächtiges Hin-
dernis. In einem gewissen Moment lernt das Kind verstehen,
daß der Versuch, den Vater als Rivalen zu beseitigen, von
ihm durch die Kastration gestraft werden würde. Aus
Kastrationsangst, also im Interesse der Bewahrung seiner
Männlichkeit, gibt es also den Wunsch nach dem Besitz der
Mutter und der Beseitigung des Vaters auf. Soweit er im
Unbewußten erhalten bleibt, bildet er die Grundlage des
Schuldgefühls. Wir glauben hierin normale Vorgänge be-
schrieben zu haben, das normale Schicksal des sogenannten
Ödipuskomplexes.«

> (Freud: Dostojewski und die Vatertötung
> [1928]. Studienausgabe Bd. 10. Frankfurt
> a. M.: S. Fischer 1969. S. 276 f.)

»Daß der Teufel zum Ersatz eines geliebten Vaters gewählt
wird, klingt wirklich befremdend, aber doch nur, wenn wir
zum erstenmal davon hören, denn wir wissen mancherlei,
was die Überraschung mindern kann. Zunächst, daß Gott
ein Vaterersatz ist oder richtiger: ein erhöhter Vater oder
noch anders: ein Nachbild des Vaters, wie man ihn in der
Kindheit sah und erlebte, der Einzelne in seiner eigenen
Kindheit und das Menschengeschlecht in seiner Vorzeit als
Vater der primitiven Urhorde. Später sah der Einzelne seinen Vater anders und geringer, aber das kindliche Vorstel-
lungsbild blieb erhalten und verschmolz mit der überliefer-
ten Erinnerungsspur des Urvaters zur Gottesvorstellung des
Einzelnen. Wir wissen auch aus der Geheimgeschichte des
Individuums, welche die Analyse aufdeckt, daß das Verhältnis zu diesem Vater vielleicht vom Anfang an ein ambivalentes war, jedenfalls bald so wurde, d. h. es umfaßte

zwei einander entgegengesetzte Gefühlsregungen, nicht nur
eine zärtlich unterwürfige, sondern auch eine feindselig
trotzige. Dieselbe Ambivalenz beherrscht nach unserer Auffassung das Verhältnis der Menschenart zu ihrer Gottheit.
Aus dem nicht zu Ende gekommenen Widerstreit von Vater-
sehnsucht einerseits, Angst und Sohnestrotz anderseits haben
wir uns wichtige Charaktere und entscheidende Schicksale
der Religionen erklärt.«

> (Freud: Eine Teufelsneurose im siebzehnten
> Jahrhundert [1923]. Studienausgabe Bd. 7.
> Frankfurt a. M.: S. Fischer 1973. S. 300)

Eric J. H o b s b a w m (geb. 1917) vertritt in seiner nur
bedingt auf Schillers Stück anwendbaren Studie »Die Banditen« (Frankfurt a. M.: Suhrkamp 1972, suhrkamp
taschenbuch Bd. 66) die Grundthese, daß »Sozialbanditen-
tum« »in allen Typen menschlicher Gesellschaft« vorkommt, »die sich in der Entwicklungsphase befinden, die
zwischen primitiver Stammes- und Sippenorganisation
einerseits und dem Kapitalismus der modernen Industrie-
gesellschaft anderseits liegt; eine Phase, die sowohl die Periode der Auflösung einer auf Verwandtschaftsbeziehungen
aufgebauten Gesellschaft als auch den Übergang zum
Agrarkapitalismus einschließt« (S. 12). Leicht übertragbar
auf »Die Räuber« sind folgende Bemerkungen Hobsbawms:
Der Prototyp des »edlen« Räubers:
»Erstens beginnt der ›edle‹ Räuber seine Banditenkarriere
nicht mit einem Verbrechen, sondern als das Opfer einer
Ungerechtigkeit, oder weil ihn die Obrigkeit für eine Tat
verfolgt, die zwar von den Behörden als verbrecherisch angesehen wird, nicht jedoch dem Brauchtum seines Volkes
widerspricht.
Zweitens macht der ›edle‹ Räuber ›begangenes Unrecht
wieder gut‹.
Drittens ›nimmt er von den Reichen, um die Armen zu be-
schenken‹.
Viertens ›tötet er nur zur Selbstverteidigung oder in be-
rechtigter Rache‹.
Fünftens kehrt er, falls er überlebt, als ehrenwerter Bürger
und als Mitglied der Gemeinschaft wieder zu den Seinen
zurück; eigentlich verläßt er die Gemeinschaft niemals
wirklich.

Sechstens bringt ihm sein Volk Bewunderung, Hilfe und Unterstützung entgegen.

Siebtens ist sein Tod stets und ausschließlich die Folge eines Verrates, denn kein anständiges Mitglied der Gemeinde würde je der Obrigkeit gegen ihn beistehen.

Achtens ist er – zumindest theoretisch – unsichtbar und unverwundbar.

Neuntens ist er nicht ein Feind von König oder Kaiser, der ein Hort der Gerechtigkeit ist, sondern bloß Gegner des lokalen Junkertums, der Geistlichkeit oder sonstiger Unterdrücker.«

(S. 49 f.)

Das Menschenpotential, aus dem sich die Räuberbanden zusammensetzen:

»Es gibt aber stets Gruppen, deren soziale Stellung die dafür nötige Handlungsfreiheit gewährt. Am wichtigsten ist da die Altersgruppe männlicher Jugendlicher zwischen Pubertät und Ehe, d. h. zu der Zeit, da das Gewicht aller Verantwortung für eine Familie ihre Rücken noch nicht beugt. [...]

Unter den Außenseitern am Rande der Gesellschaft spielten Soldaten, Deserteure und Abgerüstete eine wichtige Rolle. [...]

Die nächste bedeutende Rekrutierungsquelle Unabhängiger sind jene Gruppen von Männern, die aus irgendwelchen Gründen der Agrargesellschaft nicht integriert sind und die deshalb an den Rand der Gesellschaft oder in die Gesetzlosigkeit gedrängt werden. [...]

Wurden die Quellen, aus welchen das bäuerliche Banditentum seinen Nachschub bezieht, mit diesen Kategorien zwar gewissermaßen erschöpft, so dürfen wir dennoch nicht zwei Gruppen übergehen, die beide in Agrargegenden Sammelbecken der Gewalt sind und deren jede raubt und erpreßt. Es handelt sich um die ›Raubritter‹ und um die Kriminellen, welche man zuweilen mit Recht, meistens allerdings fälschlich, dem bäuerlichen Banditentum zurechnet.

Es ist leicht einzusehen, daß verarmte Edelleute einen ständigen Nachschub an Raufbolden darstellen, sind doch die Waffen das Privileg ihres Standes und das Kämpfen sowohl ihr Beruf als auch die Grundlage ihres Wertsystems.

Ein Großteil dieser Gewalttätigkeit wird in der Jagd, der Verteidigung der eigenen Ehre wie der der Familie in Duellen, Fehden und ähnlichem institutionalisiert oder von vorsichtigen Regierungen in politisch nützliche oder zumindest harmlose Wege wie Kriegsdienst oder Kolonialabenteuer gelenkt.«

(S. 35–41)

Benno von W i e s e (geb. 1903):

»Familie als die Urform des gesellschaftlichen Lebens, in der noch Natur und Gesellschaft zusammenfallen, kennt Autorität, Liebe, Vertrauen, Erbarmen, aber nicht Intrige. Der Einbruch des Bösen als Intrige in die Familienordnung und damit in die bürgerliche Ordnung überhaupt bedeutet daher die Auflösung der Familie und ihrer Sittlichkeit und alle die Folgen, die sich aus eben dieser Auflösung ergeben. Da aber in der Familie Natur und Gesellschaft noch identisch sind, muß die Intrige des Bösen, die sich gegen die Naturverhältnisse von Vater und Sohn, von Bruder und Bruder richtet, zugleich das Naturlose schlechthin sein, weil nur unter dieser Bedingung *in* der Familie *gegen* die Familie gehandelt werden kann. Bezeichnenderweise wird die Familie beim jungen Schiller allein durch den Vater repräsentiert, die Gestalt der Mutter fehlt ganz oder tritt zurück, das Weibliche ist in den ›Räubern‹ lediglich durch Amalia, die Braut des älteren Sohnes, und zwar in vorwiegend passiver, erduldender Weise vertreten. Amalia ist eine mehr lyrische als dramatische Figur. [. . .]

Ein ›großer Mann‹ wird man bei Schiller nicht durch seinen eigenen individuellen Wuchs, sondern nur durch die überpersönlichen Aufgaben, die einem gestellt sind und die der Einzelne aus der Kraft seines Wesens heraus bewältigt. Karl glaubt sich durch sein Jahrhundert um solche Aufgaben betrogen. Seine Tragik setzt im Drama damit ein, daß ihn die angebliche Verstoßung durch den Vater in eine Lage hineindrängt, in der er ein neues großes Ziel zu finden glaubt, in Wahrheit aber nur in eine ungeheure Verirrung hineingerät. Schiller selbst hat das so ausgedrückt: ›Die Privaterbitterung gegen den unzärtlichen Vater wütet in einen Universalhaß gegen das ganze Menschengeschlecht aus.‹[1] *Der eine Vater steht also hier für alle Väter.* Jede Ordnung des Zusammenlebens ist gestört, wenn in der Familie auf ›Vertrauen‹ nicht mehr ›Erbarmen‹ antwortet. Nicht Karl, sondern Spiegelberg verführt die Kameraden zur Räuberbande; dieser schäbige Bösewicht, dem Größe und Mut gerade abgehen – darin ist er durchaus Kontrastfigur zu Karl Moor – trillert das Sirenenlied, das auch für Karl noch zum Verhängnis wird. Dennoch ist es der von seinem Vater angeblich verstoßene Karl, der aus seinem Menschenhaß heraus mit emotionalem Pathos erklären kann: ›Der Gedanke verdient Vergötterung – Räuber und Mörder! – So wahr meine Seele lebt, ich bin euer Hauptmann!‹ (I, 2). Wenn Karl der menschlichen Gesellschaft nunmehr den Krieg ansagt, so ist das nicht so sehr ein freier Entschluß – er hätte viel lieber das Idyll der väterlichen Haine gewählt –, es ist vielmehr eine erzwungene Reaktion auf die in Unordnung geratene Gemeinschaft der Familie, die für ihn die Urform allen Zusammenlebens überhaupt bedeutete. Wo es kein Vertrauen, keine unüberwindliche Zuversicht, kein Erbarmen, keine Vaterliebe und damit keine Menschheit mehr gibt, da bleibt für den tatendurstigen und freiheitsliebenden Geist nur die Parole: ›Mörder, Räuber! – mit diesem Wort war das Gesez unter meine Füße gerollt.‹ Es gehört zur Tragik Karl Moors, die ihm selber zunächst noch gar nicht zum Bewußtsein gelangt, daß er in diesem Augenblick einem ungeprüften Schein verfällt, der ihn in die unausweichliche Wirklichkeit des Bösen hineingeraten läßt.«

(Von Wiese: Friedrich Schiller. Stuttgart: Metzler 1959. S. 146, 148 f.)

Hans M a y e r (geb. 1907):

»Franz Moor wird als Intellektueller folgerichtigster Prägung vorgestellt, der es dahin gebracht habe, ›seinen Verstand auf Unkosten seines Herzens zu verfeinern‹. Wenn Schiller deutlich von ihm abrückt, diesen geistigen Ruhm ihm nicht neiden möchte, in dem jüngeren Moor einen Menschen erblickt, dem das Heilige, die Menschheit, die Gottheit nichts bedeuten, so liegt darin doch mehr als ein

---

1. Vgl. die Selbstrezension, Kap. V,5, S. 161.

Zugeständnis an das offizielle Christentum und die her-
kömmliche Moral. Der Verfasser der ›Räuber‹ ist Rous-
seauist; damit sieht er Franz Moor und in gewissem Sinne
auch Spiegelberg als konsequente Aufklärer, sogar solche
philosophisch-materialistischer Prägung, deren geistige Li-
bertinage ihm als Laster erscheint. Dies vor allem ist wesentlich an der Beurteilung Franz Moors durch seinen
Schöpfer: nicht so sehr die Untaten selbst, nicht so sehr der
Vorsatz des Vatermords und Brudermords sind für Schiller
ausschlaggebend bei der Beurteilung der Gestalt, sondern
die geistigen Grundlagen, die den Vorsatz überhaupt erst
aufkeimen ließen. Materialismus und Rationalismus sind für
Schiller offensichtlich weltanschauliche Pflanzstätten des
Lasters. Ganz ähnlich sah es Rousseau. Nicht minder ver-
trat später der rousseauistische Flügel der Jakobiner unter
Führung Robespierres den Standpunkt, philosophischer
Materialismus und Atheismus seien nichts anderes als aristo-
kratische Entartung, Luxus einer verantwortungslosen Ober-
schicht. Auch dem jungen Schiller ist es in diesem Sinne
ernst mit seiner angeblichen Verteidigung von Moral und
Religion durch den – richtig verstandenen – Text seines
Schauspiels.
Wird die Gestalt des Franz Moor als Widerlegung des
französischen philosophischen Materialismus und Atheismus
verstanden, so haben wir in Schillers Deutung der Gestalt
seines Karl Moor in gewissem Sinne auch bereits eine Kritik
am Rousseauismus vor Augen. ›Falsche Begriffe von Thätigkeit und Einfluß, Fülle der Kraft, die alle Geseze übersprudelt, mußten sich natürlicher Weise an bürgerlichen
Verhältnissen zerschlagen, und zu diesen enthusiastischen
Träumen von Größe und Wirksamkeit durfte sich nur eine
Bitterkeit gegen die unidealistische Welt gesellen, so war
der seltsame Donquixote fertig, den wir im Räuber Moor
verabscheuen und lieben, bewundern und bedauern. Ich
werde es hoffentlich nicht erst anmerken dörfen, daß ich
dieses Gemählde so wenig nur allein Räubern vorhalte, als
die Satyre des Spaniers nur allein Ritter geißelt.‹ Die ›fal-
schen Begriffe von Thätigkeit und Einfluß‹, eine Kraftfülle,
›die alle Geseze übersprudelt‹ – darin erblickte man doch
bisher die besonderen Kennzeichen des vom deutschen
Sturm und Drang gepriesenen ›Selbsthelfertums‹. In diesem

Geiste hatte der junge Goethe seinen Götz, Mahomet oder Prometheus geformt. Einflüsse Rousseaus hatten dabei wesentlich mitgebildet und mitgewirkt.

In Schillers ›Räubern‹ dagegen haben wir, ein Jahrzehnt nach Goethes und Herders Straßburger Zusammentreffen, bereits den Ausklang des Sturm und Drang, die kritische Auseinandersetzung mit dessen Grundprinzipien vor Augen. Karl Moor ist ein Stürmer und Dränger, der nicht, wie Gottfried von Berlichingen, an den Umständen zugrunde geht, sondern an sich selbst, dem also auch kein preisender Nachruf am Schluß des Schauspiels gewährt werden kann. Daß Schiller mit der Gestalt seines Karl Moor nicht bloß weit über seine epische Vorlage, nämlich Schubarts Novelle vom verlorenen und wiedergefundenen Sohn, hinausgeht, sondern ebensosehr den Bereich der Sturm-und-Drang-Ethik überschreitet, darf nicht verkannt werden. Schillers Ironie unterstreicht denn auch: das Schicksal des Karl Moor solle nicht bloß Räubern und Räuberhauptleuten zu denken geben; bekanntlich gäbe es nicht bloß unter den fahrenden Rittern die Spezies des Don Quijote. Hier sollte jedes Wort genau gelesen und interpretiert werden. Nicht leicht ist schließlich auch die Kennzeichnung des Karl Moor als eines Don Quijote zu nehmen, was doch wohl heißen soll: als eines lebenden Anachronismus.

Aus diesen Gründen ist es Schiller durchaus ernst, bleibt es weit mehr als eine diplomatische Rechtfertigung, wenn die Vorrede nun erklärt, das Schauspiel, das hier zu lesen sei, diene der Verteidigung von Religion und ›wahrer Moral‹. In den Räubergestalten nämlich seien jene Zeitgenossen getroffen, die, der Tagesmode gemäß, danach strebten, ihren ›Witz auf Kosten der Religion spielen zu lassen‹. Abermals ist eine rousseauistische Abwehr der Aufklärungsideen.«

(Mayer: Schillers Vorreden zu den ›Räubern‹
Von Lessing bis Thomas Mann. Pfullingen:
Neske 1959. S. 148–150)

»Wer Schillers ›Räuber‹ aus geschichtlichem Verständnis des Heute interpretiert, sieht sich vor ein Problem gestellt, das zum Bereich einer *Dialektik der bürgerlichen Aufklärung* in Deutschland gehört.

Zuerst ist dabei vom *Problem der Macht* zu sprechen, wie

es sich in den ›Räubern‹ präsentiert. Vater Moor ist seines
Zeichens ›Regierender Graf von Moor‹. Reichsunmittelbar
also, nicht domestizierter Hofadel. Er ist souverän. Das
Stück verrät auch, wie diese gewaltige Hausmacht zu-
standekam. Man hat nicht, falls von Grafen oder Grafschaft die Rede ist, die höfische Hierarchie zu assoziieren.
Im Heiligen Römischen Reich Deutscher Nation war der
Herrschaftsbereich eines Reichsgrafen nicht unbedingt kleiner und ärmlicher als derjenige eines Fürsten. Daß Schiller
die Verhältnisse des württembergischen Herzogtums auch
in den ›Räubern‹, ebenso wie später in ›Kabale und Liebe‹,
vor Augen hatte, darf angenommen werden.

Damit aber entfernt sich die Auseinandersetzung zwischen
den Brüdern, distanziert sich besonders Franz Moors Kabale
von aller Misere eines bloßen Familienzwistes. Nun stehen
nicht mehr die Kategorien der Vater- und Bruderliebe und
des familiaren Zusammenhalts im Vordergrund. Die Quan-
tität des Einsatzes, absolute Herrschermacht, schlägt um in
neue Qualität. In den notwendig reduzierten Verhältnissen
der deutschen Klein- und Vielstaaterei wird Shakespeares
Stück vom dritten Richard gespielt. Es geht um Thronfolge,
um die Macht. Daß Schiller sich die Figur des Richard
Gloster als Vorbild seines Franz gewählt hat, ist evident
und vom Autor ausdrücklich einbekannt. Damit aber wird
es notwendig, die Aktion des jüngeren Sohnes Franz, der im
Falle eines Regierungsantritts von Bruder Karl nur die Wahl
hat, Offizier in fremden Diensten zu werden oder sich mit
kleinem Grundbesitz abspeisen zu lassen, da die lutherische
Reformation in Deutschland den katholischen Ausweg des
hohen Prälaten versperrte, ebenso zu interpretieren wie man
heute Shakespeares Königsdramen zu verstehen beginnt.
Kein monströser Einzelfall mit Buckel und Hinken und
Grimassen und roter Perücke; ebensowenig die moralische
Scheußlichkeit eines, der gewillt ist, ein Bösewicht zu werden. Sondern Sichtbarwerden einer notwendigen Aktion in
einer bestimmten gesellschaftlichen Konstellation. Franz
kann nicht anders handeln. Seine Mittel müssen adäquat
sein den erstrebten Zielen.«

(Mayer: Schillers ›Räuber‹ 1968. In: Theater
heute. Oktober 1968. S. 2)

VIII. Literaturhinweise

1. Bibliographie

Schiller-Bibliographie 1893–1958. Bearbeitet von Wolfgang Vulpius. Weimar 1959. Zu den Räubern: S. 65–70 (Ausgaben), S. 322–330 (Sekundärliteratur).

2. Werke und Dokumente

Die Räuber. Ein Schauspiel. Frankfurt und Leipzig 1781.

Schillers Räuber. Urtext des Mannheimer Soufflierbuches. Hrsg. von Herbert Stubenrauch u. Günter Schulz. Mannheim 1959.

Die Räuber, ein Trauerspiel von Friedrich Schiller. Neue für die Mannheimer Bühne verbesserte Auflage. Mannheim, in der Schwanischen Buchhandlung 1782.

Schillers Werke. 3. Teil: Die Räuber, Fiesco in beiden Bearbeitungen. Hrsg. von Robert Boxberger. Berlin u. Stuttgart o. J. (Deutsche National-Litteratur, hrsg. von Joseph Kürschner, Bd. 120.)

Schillers Werke. Nationalausgabe. Bd. 3 Die Räuber, hrsg. von Herbert Stubenrauch. Weimar 1953. (Zitiert als NA.)

Friedrich Schiller. Sämtliche Werke. Auf Grund der Originaldrucke hrsg. von Gerhard Fricke u. Herbert G. Göpfert in Verbindung mit Herbert Stubenrauch. Bd. 1 Gedichte / Dramen I. München ⁴1965.

Schillers Briefe. Hrsg. und mit kritischen Anmerkungen versehen von Fritz Jonas. Kritische Gesamtausgabe, 7 Bde. Stuttgart 1892–96.

Briefe des jungen Schiller (1776–1789). Hrsg. von Karl Pörnbacher. München 1969.

Schiller und Goethe im Urteile ihrer Zeitgenossen. Gesammelt u. hrsg. von Julius W. Braun. 1. Abt.: Schiller. Leipzig 1882. (Zitiert als Braun.)

Schillers Persönlichkeit. Urteile der Zeitgenossen und Dokumente, 1. Teil (gesammelt von Max Hecker) Weimar 1904, 2. und 3. Teil (gesammelt von Julius Petersen) Weimar 1908/09. (Zitiert als Schillers Persönlichkeit.)

Schillers Leben dokumentarisch in Briefen, zeitgenössischen Berichten und Bildern. Zusammengestellt von Walter Hoyer. Köln 1967. (Zitiert als Hoyer.)

Schiller – Zeitgenosse aller Epochen. Dokumente zur Wirkungsgeschichte Schillers in Deutschland. Eingeleitet u. kommentiert von Norbert Oellers. 1. Teil 1782–1859. Frankfurt a. M. 1970. 2. Teil 1860–1966. München 1976.

3. Forschungsliteratur

Blochmann, Elisabeth: Das Motiv vom verlorenen Sohn in Schillers Räuberdrama. In: Deutsche Vierteljahrsschrift für Literaturwissenschaft und Geistesgeschichte 25 (1951) S. 474–484.

Böckmann, Paul: Formgeschichte der deutschen Dichtung. Bd. 1. Hamburg 1949. S. 668–694.

Boxberger, Robert: Die Sprache der Bibel in Schillers Räubern. Erfurt 1867.

Brahm, Otto: Das deutsche Ritterdrama des 18. Jahrhunderts. Straßburg 1880.

Burschell, Friedrich: Friedrich Schiller in Selbstzeugnissen und Bilddokumenten. Hamburg 1958. (rowohlts monographien Bd. 14.)

Dieckhöfer, E.: Der Einfluß von Leisewitz' ›Julius von Tarent‹ auf Schillers Jugenddramen. Diss. Bonn 1902.

Koopmann, Helmut: Friedrich Schiller I, 1759–1794. Stuttgart 1966. (Sammlung Metzler Bd. 50.) S. 4–19.

Kraft, Günther: Historische Studien zu Schillers Schauspiel ›Die Räuber‹. Über eine mitteldeutsch-fränkische Räuberbande des 18. Jahrhunderts. Weimar 1959.

Kullmann, Wilhelm: Die Bearbeitungen, Fortsetzungen und Nachahmungen von Schillers Räubern. Berlin 1910.

Mann, Michael: Sturm und Drang Drama. Studien und Vorstudien zu Schillers Räubern. Bern u. München 1974.

Mayer, Hans: Schillers ›Räuber‹ 1968. In: Theater heute, Oktober 1968.

Mayer, Hans: Schillers Vorreden zu den ›Räubern‹. In: H. M., Von Lessing bis Thomas Mann, Wandlungen der bürgerlichen Literatur in Deutschland. Pfullingen 1959. S. 134–154.

Michelsen, Peter: Studien zu Schillers ›Räubern‹, I. In: Jahrbuch der deutschen Schillergesellschaft 8 (1964) S. 57–111.

Minor, Jakob: Schiller. Sein Leben und Werk. 2 Bde. Berlin 1890.

Müller, Ernst: Der junge Schiller. Tübingen 1947.

Rudloff-Hille, Gertrud: Schiller auf der deutschen Bühne seiner Zeit. Berlin u. Weimar 1969. (Beiträge zur deutschen Klassik.)

Schwerte, Hans: Schillers ›Räuber‹. In: Der Deutschunterricht 12 (1960) H. 2, S. 18–41.

Staiger, Emil: Friedrich Schiller. Zürich 1967.

Wacker, Manfred: Schillers ›Räuber‹ und der Sturm und Drang. Stilkritische und typologische Überprüfung eines Epochenbegriffs. Göppingen 1973. (Göppinger Arbeiten zur Germanistik 85.)

Weltrich, Richard: Friedrich Schiller. Geschichte seines Lebens und Charakteristik seiner Werke. Bd. 1. Stuttgart 1899. (Zitiert als Weltrich.)

Wiese, Benno von: Friedrich Schiller. Stuttgart 1959.

Wilpert, Gero von: Schillerchronik. Sein Leben und Schaffen. Stuttgart 1958. (Kröner Taschenbuchausgabe Bd. 281.)

[Wolzogen, Caroline von:] Schillers Leben verfaßt aus Erinnerungen
   der Familie, seinen eignen Briefen und den Nachrichten seines Freundes Körner. 2 Bde. Stuttgart u. Tübingen 1830.

Für die freundliche Genehmigung zum Abdruck von Zitaten und Aus-
zügen aus urheberrechtlich geschützten Werken danken Herausgeber und
Verlag den einzelnen Rechteinhabern. Die genauen Quellennachweise
finden sich jeweils unter den Zitaten.

Inhalt